U0811637

书山有路勤为径，优质资源伴你行
注册世纪波学院会员，享精品图书增值服务

简致咨询组织发展
系列丛书

简致咨询
K.S CONSULTING

引导型教练

提升能力并达成持续性效果的工具箱

[美] 黛尔·施瓦茨（Dale Schwarz）
安妮·戴维森（Anne Davidson） 著
邝耀均 生娜 吴娟 译
王小红 高牵牛 审校

FACILITATIVE COACHING

A Toolkit for Expanding Your Repertoire and Achieving Lasting Results

電子工業出版社
Publishing House of Electronics Industry
北京·BEIJING

Copyright © 2009 by Roger Schwarz & Associates and Dale Schwarz. All Rights Reserved.
Published by Pfeiffer
An Imprint of Wiley
989 Market Street, San Francisco, CA 94103-1741

本书中文简体字版经由 Pfeiffer 授权电子工业出版社独家出版发行。未经书面许可，不得以任何方式抄袭、复制或节录本书中的任何内容。

版权贸易合同登记号　图字：01-2017-1072

图书在版编目（CIP）数据

引导型教练：提升能力并达成持续性效果的工具箱 /（美）黛尔 •施瓦茨（Dale Schwarz），（美）安妮 • 戴维森（Anne Davidson）著；邝耀均，生娜，吴娟译. —北京：电子工业出版社，2017.9

书名原文：Facilitative Coaching: A Toolkit for Expanding Your Repertoire and Achieving Lasting Results

ISBN 978-7-121-32771-1

Ⅰ. ①引… Ⅱ. ①黛… ②安… ③邝… ④生… ⑤吴… Ⅲ. ①企业管理－销售管理 Ⅳ. ①F274

中国版本图书馆 CIP 数据核字(2017)第 235795 号

策划编辑：晋　晶
责任编辑：杨洪军
印　　刷：三河市双峰印刷装订有限公司
装　　订：三河市双峰印刷装订有限公司
出版发行：电子工业出版社
　　　　　北京市海淀区万寿路 173 信箱　邮编 100036
开　　本：787×1092　1/16　印张：21.75　字数：375 千字
版　　次：2017 年 9 月第 1 版
印　　次：2022 年 1 月第 15 次印刷
定　　价：108.00 元

凡所购买电子工业出版社图书有缺损问题，请向购买书店调换。若书店售缺，请与本社发行部联系，联系及邮购电话：（010）88254888，88258888。

质量投诉请发邮件至 zlts@phei.com.cn，盗版侵权举报请发邮件至 dbqq@phei.com.cn。

本书咨询联系方式：（010）88254199，sjb@phei.com.cn。

丛书序

以群体研讨推动组织发展

组织在为社会提供产品和服务，以及提升人类福祉方面的重要性超过了大部分人的直观估计。在环境变迁、科技创新、全球化等不断深化发展的今天，组织的形态和运作方式在某些方面已经和过去迥然不同了，有些组织短暂辉煌然后倏烟消云散，有些则遭遇危机却又重获新生，是什么给这些组织带来了命运的差异呢？没有一个简单的答案对应上述问题，而在很大的程度上，那些兼具效率（投入产出比）和有效性（为外界提供价值）的组织会赢得生存并在竞争中脱颖而出。组织发展研究的正是对上述问题的答案：推动组织变革以适应环境的需要，保持组织的高效率和有效性。

作为一家以推动“组织发展”为使命的专业咨询机构，简致咨询一直在寻找组织发展的关键所在。组织发展领域的权威专家，为我们带来了不少启示。从库尔特·勒温（Kurt Lewin）身上我们得到的启示是要改变组织中人的行为，其中一个重要的方面是需要提供环境支持。而理查德·哈克曼（Richard Hackman）指出，群体是一个最佳的变革干预切入口，既能规避组织层面的文化惰性阻挠，又能为个体转变行为提供足够的支持。奥托·夏莫（C.Otto Scharmer）则要求我们以全新的视角来审视世界，通过U型过程，学会与知识和灵感最深层的源泉联结，让我们学会感知正在生成的未来……

站在这些已提及和未提及的思想巨人的肩膀上，我们大胆假设，组织变革的干预举措可以从群体层面入手，建构有利于探询的环境，让群体成员就关键的经营和变革议题进行深层次的对话，并以综合性的手段协助团队从过去、当下和未来的角度学习，推动团队作为一个整体在行动中持续改进和反思，以提升团队乃至组织的有效性。换言之，我们将群体研讨作为推动组织转变和发展的重要支点，以群体/团队为切入口，撬动个人层面的深度转变和组织层面的广泛革新。

我们笃志实践并检验上述的理论假设。而在研究和实践的过程中，我们认识到自己必须深刻理解经典的组织发展知识以建构自身的系统认知，并学习具体而有效的教练\引导技巧，以掌握引发深度对话的实务技能。因此，我们致力于构建一个兼具理论高度而又具备实操指引的系列丛书，帮助所有对组织发展感兴趣的领导者和组织发展的专业人士掌握扎实的理论知识和实用的工作技巧。因受制于时间与版权限制，未能穷尽该领域之经典，以下概括性地介绍一下我们去芜存菁后选入的几本专业书籍。

《NTL 组织变革与发展手册》(*The NTL Handbook of Organization Change and Development*)

简介：组织发展（Organization Development，OD）领域最权威的机构当属美国的NTL（National Training Lab），由组织发展领域的泰斗库尔特·勒温创立，凝聚了NTL数十年研究精髓的组织变革与发展手册，独立来看，是组织发展专业人士的必读书籍，提供了组织发展的核心理念、整体框架和具体的干预指导。在本系列中，此书为我们设计群体研讨提供了一个完整的、系统的整体理论框架。

《IAF 群体引导手册》(*IAF Handbook of Group Facilitation*)

简介：IAF（International Association of Facilitation，IAF）是引导（Facilitation）领域最权威的国际机构，其编制的手册内容来自于 50 位全球顶尖的从业者和学者的研究和实践，涵盖了引导领域必须了解的所有关键信息，堪称引导领域的“圣经”。无论是独立来审视，还是放在本系列中，IAF 引导手册都能为我们创建参与式的群体对话场景、引导群体/团队达成共识和决策、提升团队研讨的结构化程度和效率等方面提供极具指向性的指导。

《行动探询》(*Action Inquiry*)

简介：《行动探询》由比尔·托伯特（Bill Torbert）所著，他开创性地探讨如何在行动当下实现根本性转变（Transformation）的方式，并详细列举了 7 种典型的行动逻辑类型。独立来看，《行动探询》为我们理解个体领导力提供了重要的参考依据。在本系列中，此书为我们在群体研讨的过程中促进个人实现深层次学习和转变提供了重要的方法论指导。

《引导型教练》(*Facilitative Coaching*)

简介：《引导型教练》将引导和教练进行了深度融合，使个人教练（Individual Coaching）的过程更加透明和多元化。独立来看，《引导型教练》是一本个人教练方面的独特工具书。在本系列中，此书可以为教练协助群体研讨参与者改善心智、调整状态、促进个人实现深层次学习提供非常具体的持续性教练干预指导。

我们致力于为读者提供高质量的译本，对于专业术语的多种译法，我们倾向于沿用同系列书籍中的既定用词以创建读者的一致理解。此系列丛书能够呈现在读者面前，除了三位译者和两位审校组成的译审团队的不懈努力之外，还有赖于电子工业出版社编辑的专业指导和支持，以及简致咨询研究团队的鼎力相助。

译审过程中，我们常常为原著者博大精微的思考所震撼。带着对原著的敬重和对读者的负责，我们常常纠结于如何将这些模型、原则和技巧等极具实用意义的知识用恰当的中文语言表述出来，囿于时间和专业经验上的不足，本系列译著的译审过程中难免有错漏和不足之处，若应用的过程中存在疑惑或发现译本存在的错漏，欢迎随时联系译审团队，使我们可以共同探索真理之所在，同时强化实务操作的技能，一起学习，共同进步！

简致咨询

2017 年 3 月 7 日

序

我体验过引导型教练的威力。1995年，我和妻子、我们的两个孩子、我姐姐黛尔及她丈夫在圣达非度假。我们坐在当地一家餐厅的露天座位上等待我们的早餐，那天早上天气晴朗，但是我的心情却有些低落。

几个月以来，我一直因为工作而懊恼。尽管我不久前刚在北卡罗来纳大学教堂山分校政府学院获得终身职位，并被提升为副教授，可学校在咨询和出版方面的限制政策让我觉得很沮丧。我所撰写的《专业引导技巧》（*The Skilled Facilitator*）第一版刚刚出版，我希望在大学教书职能之外进行更多的咨询和写作工作，我想将大学职位的工作（和收入稳定）与广泛咨询和出版的自由结合起来。当我在探索有关选项时，发现这二者不能兼顾，这让我左右为难。

早餐送来前，黛尔问我是否愿意通过绘画的方式来探索这个问题。她向我担保这不需要任何艺术技巧。当我同意后，她将餐垫纸翻转过来，从口袋里掏出一盒小蜡笔（她总随身携带小蜡笔）。黛尔让我画出两年后我想要的人生的画面，可以画任何我想画的内容，采用任何我想要的方式进行。这并不容易，我是一个非常喜欢用语言表达的人，如果不采用语言的方式进行探索，我会觉得有些无力。然而，我信任我的姐姐，于是我用蜡笔在纸上涂写。几分钟后，我画出了自己的完美人生。

当我完成后，黛尔让我描述自己所画的内容。图画上的人物都是用线条构成的，有我的家人——亲密而幸福——我的姐妹和父母、朋友，有我在航海和跑步的画面，还有我生活其他部分的画面。我在描述当中，突然停了下来，直盯着那张餐垫纸。“怎么了？”黛尔问。“画里没有我工作的学院。”我说。

在那一刻，直觉清醒地告诉我一个事实。我决定离开大学，创立一家咨询公司。现在回想起来，这是我此生中做过的最好的选择之一。

读到这里，你可能会对教练活动产生了兴趣。虽然教练活动通常是与某个被称为教练的人在一起时才会发生，它也可能通过别的角色以非正式的形式进行。

作为领导者或经理的部分职能，作为一个非正式的领导者或同侪，或者作为一个引导者或顾问，你可能会对他人进行教练[①]。如果你的工作任务就是帮助他人学习和成长，有可能你已经或者将有机会为他人提供教练服务。

《引导型教练》提供了帮助个人厘清并实现自己目标的一种重要方式。本书在好几个方面有别于其他教练书籍。书中所有的练习都以交互学习模式（Mutual Learning Approach）为基础，该模式也是专业引导技巧的基础。这意味着练习的设置能让你和客户对所发生的一切及发生的原因保持透明公开，对教练的结果保持好奇，对教练的过程承担责任，让你带着对自己和他人的同理心进行教练活动。这种方式看起来对教练而言是显而易见的，很多教练都在支持它。然而，我经常遇到一些学员，他们所学的教练方式会在不知不觉中损害教练关系。引导型教练（技术）将会在教练与客户间和客户与他人间建立更好的关系并达成更好的结果。

因为工具包（本书所提供的技巧和方法的统称）是以专业引导技术的核心价值观和原则为基础的，你可以将工具包的练习与专业引导技巧或引导型领导技巧（Facilitative Leader approach）中的练习毫无障碍地联合使用。

同样，即使不熟悉专业引导技巧，你也能使用这些练习；甚至就算不使用引导型教练的模型，你也可以使用本书中的练习。只要你的方法符合引导型教练的指导原则，这些练习就会发挥作用。

本书为你帮助他人学习提供了多种方法。黛尔和安妮认为，世界上存在很多不同的认知方式，人们也有很多不同的学习风格，在教练活动中采用各种方式能产生新的成果（她们已经为我的学习提供了帮助）。通常，当人们使用一个不太熟悉的方式时，会获得一个新的视角，从而引发重大突破。有时候让人们获得成功的语言和分析技能会阻碍学习，我的故事就是一个示例。

黛尔和安妮研发的工具包和教练方法融合了她们独特的经历、才能和对教练领域的成果及贡献。作为一个教练、培训师和艺术治疗师，黛尔拥有 30 多年的从业经历，已经帮助了几千名客户厘清并实现他们的目标。她深刻地了解在教练过程中会出现重要的

① 教练（coach）一词作为专业词汇，在原文中也会以动词形式出现，为保留原文的专业性以及避免为符合中文语言习惯采用相近词汇而引起的歧义，故中文的译法严格沿用英文句式结构。

动态学习机会点，知道如何对其进行利用以更好地促进客户的学习。在提供服务的过程中，她一直秉持一名教练应有的基本素质：关注当下、富有同理心、态度谦逊。作为一名拥有超过 25 年从业经验的组织发展内部和外部顾问、培训师和教练，安妮已经帮助几千个团队和个人实现了更为有效的团队工作，增强了他们彼此相互学习的能力。她能够从组织内部与外部两个方面来理解教练的相关背景。她对领导力、团队发展和组织学习有着深刻的理解，擅于通过讲故事的方式引导学习，她的教练方式也因此深受自己专长的影响。正如你所期望的，本书作者介绍了使用不同认知和学习方式的价值，黛尔和安妮一直在践行着她们的方法，她们都是艺术家，都在练瑜伽（安妮是认证导师），自己也都在记日记。

我亲身感知过引导型教练方法的威力。我观摩过黛尔和安妮的教练过程，有时在这个过程中，她们也教练了我。我从她们的智慧中受益匪浅。我相信这个工具包也同样会为你带来收获。

罗杰·施瓦茨

前　言

本书为教练、顾问、领导者、心理治疗师和其他从事指引人们成长和发展的专业人士提供了大量的练习、工具、技巧和理念。我们希望你用两种重要的方式来使用本书：首先，用本书指引自己的学习和成长；其次，用本书指引客户的学习和成长。我们使用一种对成长和发展进行整体性分析的方法来帮助你实现这两个目的：这种方法借助了目前的一些最新研究成果，包括大脑的工作方式，以及如何通过多种认知和表达方式来实现最佳学习效果。

引导自己的学习

黛尔喜欢说的一句话是“教练是一份有关内心的工作”。我们认为，优秀的教练、顾问、培训师、老师、导师和其他为他人提供帮助的专业人士对于自己的成长和学习都是满怀激情的，对于客户的成长和学习也一样。虽然我们为客户所做的及与客户一起进行的一切都服务于帮助他们实现自己的目标，如果我们不进行自我开发，我们能帮助客户进行探索的领域将因此受限。从我们自我修炼之旅中收获的学识将帮助我们选择合适的装备放入引导型教练之旅的行囊中。即便我们的问题和内心状态与客户截然不同，作为经验丰富的探索者，我们还有很多工具和技巧。就像在旅途中的优秀向导一样，就算没有地图，还可以分享有价值的技巧和智慧。

想要获得这些技巧，我们建议你先使用本书中的练习来增进自己的学习。一旦理解这些活动和干预手段是如何对自己产生效果的，你就能去探索它们会如何同样或者有差异地对客户产生效果。我们邀请你，当读到练习中“引导客户……”内容时，将自己想象成一个客户，感受自己的体会，关注自己认为有效和无效的是什么。

引导你的客户

我们使用“教练服务”（Coaching）这个术语来代表指导个人和团队实现目标、取得重要收获的活动。无论你是否把自己的角色定义为教练，你都可以实施这种活动。你可能是一个把教练下属当作自己部分领导职能的经理；你可能是一个帮助领导者管理冲突或者使其行为协同的顾问或引导者；你也许是一个帮助艺术家跨越重大障碍或者帮助家庭学会有效沟通的导师。在任何这类角色中，如果你们处于一种学习伙伴关系，其目的是为了生成富有创造力且目标明确的行动来实现客户的目标和渴望，我们就认为你实践了教练服务。无论你是全职的专业教练，或者教练只是你的部分职能，本书中的工具和技巧都有助于你扩展工作的有效性。

很多练习看起来都十分简单。然而，根据经验，简单的往往意义深远。大部分我们建议的练习都意在直达某个特定问题的核心或者超越一个障碍。有些练习可以轻而易举地实现这一目的，有些则需要客户在长期的工作或教练环节之后自行练习和研究。对于每种工具或者技巧，我们认为它们针对某些目标或问题能特别有效，并据此提出了建议。在本书中，我们广泛涉及了教练生涯中经历的很多领域，研发并改编了来自不同学科的工具。大多数为自己和客户带来了收获工具都可用于多种目的。基于自己的应用，我们提供了建议，但希望你不要就此局限于我们的典型用法。我们的愿望是这些练习能发挥催化剂的作用，激发你们自己的创造性，点燃探索新路径和方法的理念火花。我们希望你能自由试验，为自己和客户带来了收获，并将你的创造性方案与我们及更广泛的教练、咨询群体分享。

教练服务没有固定的“食谱”，每个客户和每次面临的情境都各不相同。但使用这些练习作为基础可以开发你自己的“营养菜单”。这些练习结构严谨，能够解决主要的教练问题；同时它们又形式灵活，能让你在自己的实践中进行个性化使用。你能提供的选择越多，就能越好地根据每个客户的问题、喜好和未知的才能改编你的实践。而你能进行改编和个性化定制的活动越多，你和客户发现强大方法的频率就越高。这些方法能克服障碍，创造新的可能性，并生成全新的有效行为。

探索未知领域

大部分人进行教练服务和相关领域的活动时，都会采用一种特定模型或者一套特定技巧。通常我们会选择一种符合我们喜好的学习和行为方式的方法。如果我们偏好用一种分析式的方式进行学习和处理人生问题，我们会更可能选择一种强调理性分析的教练方法和一种结构化的线性方式来处理问题。如果我们偏好更加直觉性的方式，我们会选择那些基于非语言的信息处理方式及更具体验性和探索性的模式，如艺术表达、身体觉察、隐喻思考等。这种处理方式很容易让人过于依赖觉得最自在或最符合自己风格的方法，或者将教练方法放置一旁，孤立地假设哪些技巧会对特定类型的顾客有效。

本书将为你和客户带来挑战，推动你们走出学习偏好的舒适区。我们相信，通过将体验、探索、发现和认知等多种方式融合，扩展你的教练技能，你能充分利用人类的全部智慧和潜能。借助未被发现或者休眠的才能，你可以克服自己的障碍和困境，也可以用相同的方式帮助客户。如果你只固守在自己的舒适区，是不可能发现这些潜能的。带着这一认识来使用本书中建议的活动，作为探索自身未知新领域的起点，它们能形成强大而持续的学习效应。

为了增进你对合并使用我们提供的模式所能实现结果的认识，很多客户慷慨地允许我们在本书中用他们的故事作为案例。通常这些故事和实例都是高度个人化的，因此我们会更改案例内容的名称和细节以保护客户隐私，还有些实例是由几个类似情境混合组成的。然而，我们使用干预手段的方式和客户由此获得的洞见是真实的，我们也尽可能地采用类似于客户向我们陈述的方式将它们展示出来。我们希望他们的经历有助于提升你进行试验的心理舒适度，在与客户的共同工作中尝试新方法，激发你的成长和创造性。

对群体进行教练

本书大部分练习的框架都是以一对一教练服务为基础的，我们经常会将它们改编以用于群体教练。安妮为一些完整的工作小组和来自专业引导者和引导型领导工作坊的学习小组进行了大量的小型群体教练服务。群体教练（Group Coaching）让客户在完成练习时互相合作，整体群体效能得到提升的同时，也培养了个人的同侪教练能力（Peer Coaching Ability），这是一个巨大的持续收益。如果你还没有进行过这种类型的教练活动，我们鼓励你尝试对群体采用这些技巧和练习。这些练习中很多也用于引导群体，为交流沟通、群体建设、冲突处理等类似的问题提供支持。如果你决定在群体教练时使用这些活动，谨记以下几点重要建议。

1. 我们基于一对一的教练服务假设对每个活动建议了大致时间框架。实际操作时，每增加一个人，时间要相应增加。可以进行累积计算，考虑每个人将自己的体会分享给其他群体成员需要多长时间，然后在此基础上再额外增加时间，用于参加者比较和对照大家的体验，讨论它们对群体学习的启示。

2. 确保你对计划要使用的练习完全熟悉且运用自如。通常，在团队教练活动中指导每一个成员比个人教练活动指导单个客户的要求会高一些。如果你对自己的设计和指令还不是完全明白，情况会变得更艰难。你可以和同事一起对这些活动进行测试，并且先在一对一的教练活动中使用这些练习，这样有助于你完全熟悉自己所设想的引导方式。

远程教练

我们和客户工作的方式，有面对面进行的方式、电话进行的方式，还有越来越普遍的网络会议的方式。你可能会奇怪，当与客户进行远程教练服务时，该怎样使用这些练习。有了技术支持，几乎所有这些练习都可以在远程教练环节中实施。

例如，当需要对客户进行引导式图像练习或一种涉及身体活动的练习时，客户可以把电话设置成免提状态，这样声音通过扬声器传出来，引导他进行练习，就如同我们同处一间房进行面对面教练一样。因为我们无法看到客户是否已经准备就绪可以开始练习；或者他已经完成了一套指令，可以继续进行，我们会要求他口头告诉我们这些信息。

当客户要进行视觉表达练习，需要腾出双手使用美术材料进行创作，同时还要和我们进行交谈的时候，非手持电话也能派上用场。大多数客户已经能够很容易地找到我们练习所需的简单美术材料。多数练习只需要马克笔、蜡笔和纸就可以完成。不需要我们在场或者我们所提供的材料，客户就能轻松完成练习。

对我们的教练工作而言，发掘的过程远比客户创造出的成品重要得多，因此，即使看不到客户实际的运动状况、视觉表达和书面表达的作品，你也能有效地引导客户进行这些练习。我们会邀请客户描述他们的创作过程、他们的画作，阅读他们的文字。这已经成为远程教练环节的一个组成部分，通常它能揭示出更加深入的见解。客户经常喜欢将他们的艺术作品拍下来或者复制自己写下的文字，然后通过电子邮件发给我们。随着科技的不断发展，我们在和客户远程工作时，也开始尝试电话会议的形式，使用网络摄像头来创造更为“身临其境”的感受。我们鼓励你发掘更多的教练形式，使用新媒体来帮助你“亲临”客户的身边，拓展你实施教练服务的范围，增强客户实际的体验。

我们发现，借助想象力和创造力，远程使用这些教练活动练习并没有障碍。事实上，我们和客户都不断地惊讶于我们所感受到的教练连接的深度。空间距离已逐渐消融，客户经常说：“我觉得你好像就在身边一样。”我们也深有同感。

如何使用本书

本书的预期目的是，当你想满足自己具体的需求时，它可以让你自由驰骋和探索。本书第二部分的每一章都详细介绍了我们会如何处理某种特定的认知方式（模式）及这么做的目的（如改善心智或评估结果）。每个练习都突出显示了使用该练习的主要目的，列举出我们认为练习会有效的使用场景（何时使用），建议练习时间框架，并给出所需的材料，还提供了分步的指导介绍。

在每个练习的指导介绍之后，我们还提供了使用或改编练习的提示，有的还列出了我们认为会有帮助的其他资源。除此之外，很多练习还附上了客户案例，展现我们使用该练习的方式及客户是如何具体受益于这个练习的。另外，前言之后的“教练活动练习矩阵”帮助你将练习与客户的需求及会出现客户典型需求的不同教练阶段（起始阶段、中间阶段、结束阶段或全过程）进行匹配。你可能会喜欢使用这个矩阵来指导你的探索。

本书的第一部分让我们大致了解指导我们的教练方法及本书第二部分中练习、工具和技巧的使用方法的理论和原则。如果没有浏览第一部分的基础材料，你也可以使用第二部分的所有资源。但是，我们相信，第一部分所总结的教练方法对于工具包中其他资源使用的有效性影响重大。希望你能花时间思考我们所使用的指导原则、理论和技术，以此阐明自己的教练方法，为你处理教练练习和教练关系建立一个坚实的基础。

本书第三部分旨在帮助你将工具包中的工具、技巧和练习融合成复杂而强大的干预手段，使用多种认知方式，以符合交互学习模式的形式进行教练活动。鼓励并指导你充分利用自己的创造性，改编、设计新的干预方式应用于自己的客户。我们相信，本部分的内容会帮助你将书中提供的活动的可能性发挥到极致。

我们最大的期望是这个工具包能为你所用。当我们去拜访你时，希望在你的书架上看到已被翻得磨损了的这本书，上面部分内容还做了记号，贴了标签。这样你可以和我们分享你的收获，为我们的资料收集增添有用的练习、工具和技巧。

享受这个引导型教练之旅吧！请和我们联系，分享你在旅途中的感悟。

教练活动练习矩阵：将方法与客户需求相匹配

教练活动练习矩阵的设计是为了帮助你快速锁定可采用的活动来解决客户的具体需求。我们在矩阵中列出了一些在教练环节中会出现的典型需求，按照教练活动过程的不同阶段（起始阶段、中间阶段、结束阶段）进行分列。根据我们的经验，在教练的不同阶段某些需求出现的频率特别高。在矩阵的最后部分，针对教练关系各个阶段通常都会遇到的一些问题，我们也提供了有关活动。所有活动按照实施的基本方式（认知模式）进行分类，这样你可以根据自己和客户的偏好进行匹配选择。请记住，大多数的活动都可以进行改编，从而采用多种方式进行实施，它们中有很多可以满足广泛的需求。我们在矩阵中仅仅选择了各种活动最典型的用法，帮助你开启引导型教练之旅，但是在你自己和客户的无限创意指引下，请积极思考它们其他的应用方式。

我们发现，当我们为教练环节做准备工作时，这个矩阵是个非常有效的工具。希望它同样能帮助到你。

教练活动的起始阶段

方法 客户需求	符合交互学习模式的会谈	角色扮演	引导式图像练习	书面表达	视觉表达	身体活动	实地调查与试验	仪式
学会关注当下	4.4				8.3 8.5 8.6	4.1 4.2 4.3 9.1 9.2 9.3 9.6 9.7		
生成愿景和目的	6.7 7.1		6.8 7.6	7.1 7.2 7.6 7.7 7.8	4.7 6.7 8.3 8.7 8.1 8.11	9.5 9.6 9.7	10.5	11.1
制定目标				7.2 7.3	8.7		10.4 10.8 10.9	11.2
识别障碍	4.5 5.1 5.5 6.7		4.5 5.5	4.5 7.7 7.8 7.1	4.5 5.5 6.7 8.3 8.5	9.3 9.8	10.7	11.2
解决基本障碍	4.6 4.7 5.1 5.5		4.6 4.7 5.5	4.7	4.6 4.7 5.5		10.8	

续表

方法 / 客户需求	符合交互学习模式的会谈	角色扮演	引导式图像练习	书面表达	视觉表达	身体活动	实地调查与试验	仪式
关注行为和模式	5.5 6.1 6.5	6.6		7.1 7.12	5.5 8.5 8.6	9.8	10.3 10.4 10.7 10.8 10.9	
认可天赋和才能	6.5			7.6	8.4		10.6	11.3

教练活动的中间阶段

方法 / 客户需求	符合交互学习模式的会谈	角色扮演	引导式图像练习	书面表达	视觉表达	身体活动	实地调查与试验	仪式
解决障碍	5.2 5.3 4.5	5.2 5.3 5.4	5.5	5.3 5.4 7.11	5.5 8.4 8.7 8.8 8.10	9.5 9.6 9.7	10.1 10.9 10.10	11.1 11.2 11.4
探索新的可能性	6.4 6.7		6.8	7.7 7.9	8.7 8.8 8.9	9.7	10.1 10.2 10.4 10.7	
转换思维模式	5.2 5.5 6.1 6.3 6.4	5.2 5.3 5.4		5.3 5.4 7.5 7.10 7.11	5.5 8.5 8.8 8.11	9.5		11.3 11.4
解决冲突	7.1			7.1 7.5 7.11				

续表

方法 / 客户需求	符合交互学习模式的会谈	角色扮演	引导式图像练习	书面表达	视觉表达	身体活动	实地调查与试验	仪式
重新设计谈话	5.3 6.2 6.3 6.6	6.6		7.10			10.9	
定义选项，做出决策	7.1		6.8	7.1 7.2 7.4	8.1 8.2 8.8 8.9 8.10	9.3 9.4 9.6 9.8	10.2 10.5	
计划				7.3 7.4			10.1 10.9	
练习新的行为和技能	6.3	6.6		7.3			10.3 10.7 10.8 10.9 10.10	11.1

教练活动的结束阶段

方法 / 客户需求	符合交互学习模式的会谈	角色扮演	引导式图像练习	书面表达	视觉表达	身体活动	实地调查与试验	仪式
评估成果	6.1 12.1 12.2			12.1 12.2			10.3 10.4 10.6 10.10	
庆祝成果	6.1 12.2			12.2 12.3	12.3 12.5			11.3 12.4 12.5 12.6

教练活动的全过程

方法 客户需求	符合交互学习模式的会谈	角色扮演	引导式图像练习	书面表达	视觉表达	身体活动	实地调查与试验	仪式
关注注意力	4.4		6.8		8.3 8.6 8.11	4.1 4.2 4.3 9.1 9.2 9.3 9.4 9.5 9.6 9.7		11.1
减少压力			6.8		8.6	9.1 9.2 9.3		
阐明想法和感觉	6.4 6.5 6.7		6.8	7.4 7.7 7.8 7.9 7.11 7.12	8.2 8.3 8.5 8.6 8.7 8.8	4.1 9.3 9.4 9.5 9.8	10.1 10.2 10.4 10.5	
反思	4.4 5.1 6.1 6.4 6.7		6.8	7.4 7.7 7.8 7.9 7.11	4.7 8.3		10.3	11.3 12.4

目　录

第 2 部分 工具、技巧和练习

第 3 部分 合并使用不同的干预方式

附录　引导型教练基础模型

第 1 部分

引导型教练的基础

本书的前三章简要介绍了我们所倡导的教练方法的基础。写本书的主要目的是提供教练过程中可实际操作的工具和技巧，尽管如此，工具使用的指导原则也很重要。使用书中的练习可能会让客户发现他们自身的创造力和潜能，也可能收效甚微。我们认为使用这些练习、工具和技巧的方式对加强它们的有效性很重要。无论你选用的是这些方法的理论原则，还是在自有的教练模式下选用这些技巧，我们都希望通过对这些理论原则的反思，让你有所收获。

第 1 章阐明了教练充分掌握包含多种学习模式的全方位干预技能的重要性。基于神经科学和认知心理学的最新研究，本章介绍了使用丰富的组合方法及多重认知方式（如听觉、动觉、语言和视觉）将如何有助于我们迅速进入客户所面临问题的核心。教练服务过程中，在具有适应性潜意识层面使用多种模式能提升教练效果，帮助客户清晰定义并展开富有创造性且以目的为导向的行动。第 1 章强调了本书所介绍的方法的特别之处，以及我们所能实现的具体成果。

第 2 章总结了构成本书中教练方法理论基础的指导原则。这些原则的建立基于这样一种目的，那就是在教练关系的各种互动中体现交互学习这一理念。这意味着要努力使教练过程透明；能激起教练和客户的好奇心；富有同理心；教练和客户就教练成果共同当责；建立知情选择，从而对教练中或教练后任何可能采取的行动做出承诺。我们也借鉴了专业引导者打造高效团队基本规则里的部分体系来结构化我们的行为，以确保我们的行为符合引导型教练的原则。本章简要介绍了我们的原则和基本规则，以及其他有关的学术资源，便于读者更充分地探索我们研究成果的核心部分。

第 3 章提供了一些窍门，用来准确诊断客户的需求，激励其朝着自己的目标前进。我们概述了如何选择合适的干预方式，以及采取的每个步骤，与客户共同做出选择。在使用工具包中的所有技能时，我们提供了具体的实例来说明在实施干预时具体的话术和工作步骤。

CHAPTER 1

第 1 章

扩展教练技能的重要性

人们会因为各种原因选择教练服务。通常他们会感觉生活中的某些领域陷入了困境；他们可能正面临着重大的职业转型或想为人生下一阶段开辟新的视野；有时他们想重新定义自己生命的意义或者想更好地平衡事业和家庭的关系；领导者可能需要发展下属的技能以适应新阶段的组织发展或者解决绩效差距的问题。无论当前的问题或目标是什么，教练服务经常都会转到一个无法预知的新方向。根据经验，最初的目标、问题或困境通常都不是教练服务最终的焦点。在教练服务过程中，当人们确定了障碍，看到了新的可能性时，教练服务的目的会不断被阐明和深化。在坚实的理论基础上掌握广泛的技能，可以使教练在目标转变后及时适应、调整，为客户提供更加丰富深入的教练指导。下面这个故事就是客户在教练服务过程中目标转变的典型案例。它展示了如何借助清晰的理论基础和各种技巧帮助客户继续前行。

安妮 · 玛丽的困境

安妮 · 玛丽为了让工作更有创造性，和黛尔建立了教练关系。很快，教练辅导结果提示，她需要解决的是影响她这一生的一种关系模式，在这种关系模式中她变成了一个总是承担过多工作的“保姆”。她总是替别人去做一些别人能做或者应该学着自己做的事情，大家都依赖她，而她自己却筋疲力尽。通过教练服务，她认识到这一点并开始改变这种在工作上、在家庭生活中总是拯救他人的模式。

在长期教练过程中的某个阶段，安妮·玛丽开始关注其他的问题。安妮·玛丽在一家成功的金融服务公司工作，四年里她雇用又辞退了四个助理，频繁地更换助理影响了业务的稳定。安妮·玛丽希望得到指导，来定义好助理的标准，建立适当的职位描述，确定招聘时间表。这个过程变得有些复杂，不是因为招聘这件事情本身，而是安妮·玛丽对于是否雇用现在的临时助理詹妮举棋不定。

安妮·玛丽的教练黛尔帮助她探究当前状况时，她是这样陈述的："我很矛盾，是该重新雇用一个助理还是继续留用詹妮呢？詹妮虽然才 22 岁，但她看起来比实际年龄成熟，大多数情况下她都能出色地完成工作。但是最近她因为母亲过世，情绪十分低落，常常忘记制订通话计划或者回电，而这对公司业务是必须的。我和她沟通过，可没有解决问题。我真的喜欢她，她风趣机灵。我很同情她，我不知道该怎么办。"

安妮·玛丽还说道："我老板告诉我，'你需要一个坚如磐石的可靠助理，一个生活总是四平八稳的人'。我意识到詹妮不是这样的人。"显然老板的建议不是安妮·玛丽想听到的，她说："我想和一个风趣的人一起工作，我不认为坚如磐石等同于风趣。"

在这个实际的招聘程序之外，还有更深入的工作要做，一个明显的内在障碍突然出现了，这在教练过程中是常有的情况。黛尔意识到安妮·玛丽又陷入到原来那种拯救他人的低效模式中了（这次拯救的是詹妮）。安妮·玛丽在学习摆脱拯救他人模式方面已经有了很大进步，黛尔帮她回顾了已经取得的成效并建议她可以进行学习迁移。安妮·玛丽很受鼓舞，愿意继续推进。

同时，黛尔认为，在新的情境下解决旧模式的问题需要改变方式，帮助安妮·玛丽更深入地发掘自我。这么做需要采用一些不同的干预方式，以吸引安妮的全部感觉，使用新的认知方式。黛尔建议采用一种新方式，用视觉表现和身体意识来帮助安妮·玛丽有效地挑选新助理。尽管满心疑问，安妮·玛丽还是同意尝试新方式。于是，黛尔拿出一张纸、蜡笔和马克笔，让安妮·玛丽跟随自己的想法和感受，真实记录她的视觉表达。以下是她们的对话节选。

黛尔："当你想到工作和要雇用新助理时，你感觉如何？"

安妮·玛丽：（面部表情扭曲）"我对要雇人这件事儿觉得不知所措。"

黛尔："你愿意将这种感觉画在纸上吗？你可以用任何你觉得有意义的方式来画。"

安妮·玛丽很快画了一个人形，只有上半身，头发直立至发根，嘴巴是一条锯齿状的线。在颈部挂着“求助”的标识（见图 1.1）。

黛尔：（指着这张图）“她需要什么样的帮助？”

图 1.1　安妮・玛丽的“求助”图像

安妮・玛丽写下了一列带有复选框的选项，包括条理、结构、进攻性思维、智慧、系统、个性、稳定和风趣。然后大声读出了这列选项。

黛尔：“从这些选项看，你似乎已经非常清楚你希望新助理拥有哪些特征了。”

安妮：“没错。”她浏览着这些选项，同时考虑詹妮是否符合这些特征。最后重申：“詹妮不会‘坚如磐石’，现在我认识到是需要招聘新助理了。”

黛尔：“我认为对招聘要面临的困难你已经准备好了，你觉得呢？”

安妮：“是的。”

黛尔：“重新招聘会遇到哪些困难？”

安妮・玛丽很快在纸上画了一个黑色的大圈，并在里面写下这些句子：“没时间；拒绝；如果又招错人怎么办？现在是一年中最艰难的时间；人员变动对客户的影响；我能负担得起我想招的人吗？又从头开始；我想要什么？”最后她写下：“什么情况对业绩最有利？”她一边写一边逐个念出，最后她说：“我觉得很恐怖，很忧虑。”

黛尔：“我认为我们有两种继续前行的可能性。我们可以仔细讨论这些困难，或者我们也可以把目光投向一个更广阔的视角，考虑一下你的总体工作目标是什么。你认为你需要哪种方式。”

安妮・玛丽：“不同视角可能会有帮助。我的工作目标是服务好客户，合格的助理能帮我实现这个目标，我不能拯救詹妮，这于她于我都无益。你和我已经深入探究了这个行为模式的根源。我已经准备好放手，并彻底清除残余的旧模式了。”

安妮·玛丽的图画帮她明确了雇用新助理要面临的困难，也使她明白了自己拯救他人的模式是如何影响工作中的决策的。借助图画进入她的意识让教练服务能快速触及问题的核心，安妮·玛丽因此发现了新视角，证实了自己的感觉。

接着，作为突破困难的方法，黛尔帮助安妮·玛丽聚焦在她的目标 “服务好客户”上。黛尔采用了身体意识练习。她让安妮·玛丽仔细思考了自己的目标后，在心里从头到脚地对自己扫描一遍，关注自己身体的哪个部位产生了对“服务好客户”这一目标的共鸣。安妮·玛丽的手直接指向了自己的心脏部位。她现在清楚自己非常在意能否服务好客户，她不想让自己的行为方式阻碍她全力实现这一目标。

黛尔再次采用视觉表现的方法帮助安妮·玛丽固化概念并深深地注入她的感受。这一次安妮·玛丽画了一个类似司法天平的天平图像（见图 1.2）。画完后，她如释重负：“我觉得平静了。我真的觉得我现在能开始招聘流程了。这就是我需要做的事，这样能最好地平衡我的、客户的和詹妮的需求。”

图 1.2 安妮的天平图像

本书推荐的方法的特别之处

安妮·玛丽的案例展示了我们的教练方法和大多数其他方法的不同之处，主要表现在以下三个方面。

1．采用并分享特定的理论基础

我们将三个基础理论结合在一起，他们是交互学习（专业引导方法的基础）、人生学习模式（创意 / 生存循环）和戏剧三角形。这些理论帮助教练调整所使用的工具和技巧来适应各行各业的客户和各种各样的情境，从而个性化地满足客户的需求和适应他们的学习风格，这也与我们的价值观和原则一致。运用这些理论基础有助于客户识别并成功锁定核心问题和困难，并且有助于在实际中应用这些理论。这样做，我们可以明确地和客户分享基础模型。例如，黛尔帮助安妮 · 玛丽越过招聘新助理的具体工作，进一步确定并改变了拯救他人的低效行为模式。从这点看来，黛尔选用并与安妮 · 玛丽分享了戏剧三角形理论和人生学习模式理论方面的基础模型。

2．展现专业引导方法

我们在教练服务的每个环节中展现了专业引导者的核心价值观和实践（此方法的详细解释请见第 2 章和附录 B、C、D）。这意味着整个过程和思考都对客户公开，我们不为客户作选择。这也意味着我们用自己的行动为客户作示范：当他们朝着自己的目标前进时，如何在日常互动中使用这种方法提升自己的效能。

在安妮 · 玛丽的教练环节中，黛尔和她分享了自己的想法并询问安妮 · 玛丽要实现目标需要什么帮助。例如，黛尔曾说："我认为我们有两种继续前行的可能性。我们可以仔细讨论这些困难，或者我们也可以把目光投向一个更广阔的视角，考虑一下你的总体工作目标是什么。你认为你需要哪种方式。"此时，黛尔所做的就体现了专业引导者交互学习价值观里的透明和知情选择原则，运用主张与探询的基本法则和客户一起计划下一步行动。

3．使用多重认知方式

我们的方法让客户亲身体验了认知世界的广泛模式和多重方式，从而使其产生浓厚的兴趣。举例而言，我们使用书面表达、视觉表达、语言表达和身体觉察的方式来吸引一个人的全部——从身体到思维到心灵。这有助于客户直面他们的目标和恐惧，为他们对外界环境做出有效回应开创了新的可能性。实施不同模式能迅速深化并推动教练进程向前进行，因为客户会拥有真实的即时体验，这种体验会转换他们的心智模式。

在上面的案例中，不同认知方式——身体感受的关联、想象、图像创作——为安妮·玛丽建立并打通了一个联系她内在智慧和力量的途径。她最终忠实于自己，与自己的目标保持一致。这让她能够去雇用新助理，一个符合标准、风趣、不需要被拯救的助理。顺便说说这个案例外的故事，詹妮并不想成为正式助理，后来她进入了健康服务领域工作。

本书的焦点是分享具有多重认知方式的全方位干预手段。这些基础理论的指导和我们展现引导型方式的能力，对干预手段的实施及成果的达成非常重要。我们鼓励读者仔细研读第 2、3 章中分享的指导原则和方法使用指南。为了在工作中有助于和客户建立透明、有好奇心和同理心的教练关系，促进共同当责和建立知情选择，你可以考虑全盘或选择性采纳这些原则和方法。这么做，你运用干预手段成功扩展自身技能的可能性将大大提高。

采用全方位干预手段的重要性

人是复杂的。学习也是一个复杂的过程。一个干预手段有限的教练可能无法进入客户想要和需要到达的领域来最大化他的成长及发展成果。如果只使用单一的干预手段，安妮·玛丽大概也会实现同样的进展，但可能需要更长的时间，经历更多的挣扎。通常一开始看起来简单的改变行为，例如，记得去经常告知同事最新的进展，最后却被根深蒂固的价值观、假设和旧模式所束缚。客户可能会承诺去遵循一个新的做法或采取特定的行动，但最终却总是执行不了。问题也许不在于客户对教练服务或者做出改变的承诺，而是潜在的驱动因素作用于他们意识的外在表现结果。抓住这些表象之下的根源问题通常是实现快速成长和改变的唯一途径，而这么做通常也需要各种方法和技巧。

使用我们的适应性潜意识

大多数人，特别是在西方传统学校接受过教育的人，都被训练将“知识”等同于理性的认知。西方的社会和教育系统强调逻辑的、分析性的、有意识的想法。在这种教育过程中，由于对生活环境的最初心理反应，人们往往低效开发或者关闭了相当一部分大脑能力。事实上，神经科学家认为，理性的认知过程仅仅只使用了我们大脑的一小部分——小到只有 5%（Szegedy-Maszak，2005）。在大脑处理理性认知的部分之外，还有很多我们未觉察到其存在的意识层，它们负责处理我们的感觉和情绪。心理学家所指的“适应性潜意识”就驱动着我们很多内在程序，包括感觉、情绪，应对真正的和想象的危险，开展行动和制定目标。它也是直觉智慧的源泉。直觉智慧让我们能识别出看起来不相关的模式，找到创造性的解决方法，能够使用隐喻和图像，还能“毫无理由的就是知道”。

如果你曾经对某件事过分反应，大发脾气，情绪失控（我们又有谁没有过呢？），你正在体验适应性潜意识的能量。蒂莫西・威尔逊博士（Dr. Timthy Wilson，2002）在他对适应性潜意识的研究中指出，通过不断重复，我们能够开发出特定的潜意识特征和倾向性，就像习惯一样。威尔逊博士对有意识地识别倾向性和习惯这一过程的描述和克里斯・阿吉里斯（Chris Argyris）所做的描述类似，阿吉里斯的理论是专业引导方法的支撑。他认为标榜理论和践行理论的区别在于：我们必须观察自己的行为，再从行为推断我们潜意识的感觉和动机。例如，我们可能说自己是诚实的人，但当认真审视时，却发现自己总是用许多复杂的策略来避免说出心中真正所想。如果不分析行为本身，很难发现自己宣称支持的价值观和假设与自己实际行为所表现出来的存在差距。

威尔逊认为，内省地、理智地决定哪些无意识动机和“故事”对我们的行为有驱动性是徒劳的。他发现人们所说的感受和态度中，很多都是一种误导。因为人们关注的是浮现于心中的理由，这些理由可能并不能反映他们的感觉之下所隐藏的真相。理性思维过滤掉了直觉和适应性潜意识，这个过程扭曲了真相。

包含多重认知方式

某些价值观和信念将导致出现无法实现的可能性或不确定的障碍，根据经验，处理这种情况最有效的方法就是转变认知的模式或方式。有很多人类智能和信息处理的模式，举例来说，你可能听说过对左右脑信息处理的研究或是区分如何用不同方式理解这个世界和自己而进行的脑象限研究。4Mat 系统引入了一种包含四种不同的学习风格的模型，这四种学习风格确定的依据是人们倾向于用感觉还是用思考来感知，是反映性地还是主动地处理信息。[①]MBTI 性格评估测试（the Myers-Briggs Type Indicator）也提出了一种类似的模型，提供了两种不同的信息接收方式（直觉和感觉）和两种不同信息处理方式（思维和情感）。加德纳（Gardner，1983，1999）在他的研究中提出人们至少有七种不同

---

① 有关 4Mat 系统的解释和相关研究可浏览网站 www.aboutlearning.com。

形式的智能：语言智能、逻辑-数理智能、空间智能、身体-动觉智能、音乐智能、人际智能和自知-自省智能[①]。

如何定义人类智能，心理学家和研究者们众说纷纭，莫衷一是。对人类而言，大脑仍是最前沿的已知和未知领域之一。然而，从自己的求学经历和旁观我们的孩子、同事和朋友的成长过程可以得知，我们有不同的方式来了解世界并与其互动。我们中的大多数人似乎都有一套倾向性的模式或偏好，当我们试图学习新知识或者改变行为时，就会被这些模式和偏好影响。它们已经成为思维习惯，指引着我们的行为，帮助我们利用与生俱来的天赋。与此同时，这些偏好也会让我们对有价值的信息视而不见，而通过其他方式则能比较容易地接收到这些信息。

很多教练服务中的突破都是借助特定练习和技术绕过理性思维才得以实现的。视觉表达、身体意识和反思性书写都属于这一类的方法。还有些突破直接来自理性思维的结果，通过探询、认知上的反思及实践性的谈话技巧来探索我们内心深处秉持的价值观与信念。没有总是正确的方法。有关人类智能的最新研究明确指出，无论是直觉决策还是理性决策都有缺陷（Myers，2007）。多进行尝试总是有益的，采用多种模式的组合会实现惊人的效果。在教练服务中要牢记：作为协调统一、实际存在的人类，我们既需要有意识的理性决策，也需要直觉的无意识过程。要避免与客户一起建立一种非黑即白的二分法，否则这只会进一步分裂思维、身体和心灵。

这就是我们为何要鼓励教练去掌握那些采用多重认知和存在方式的技能。在解读人类体验的各种技巧方法中，你切换得越自如，就越能更好地帮助客户采取有针对性的、有创意的行动，这对客户而言是最有利的。

倚技启程

在本书中，我们提供了使用多种认知模式的混合技术。它们并不是泛泛的常规活动，而是经过特意挑选、对你和客户都有效的活动和方法，能帮助你开启扩展教练技能的旅程。

---

① 此处提到的不同学习风格的区别有关信息可见《心智的架构》（*Frames of Mind*）（Gardner,1983），《智力的重构》（*Intelligence Reframed*）（Gardner,1999）、《创造性思维》（*The Creative Brain*）（Herrmann, 1989）、《全脑商务书》（*The Whole Brain Business Book*）（Hermann, 1996），《左脑和右脑》（*Left Brain, Right Brain*）（Springer & Deutsch, 1985）。MBTI 性格评估测试的资源可浏览网站 www.cpp.com/products/mbti。

我们的焦点是开发大多数人平常意识不到的智慧。我们知道，无论是在理性思维还是直觉思维模式下，我们内心深处秉持的价值观、信念、假设和恐惧经常像一个隐形的操作系统驱动着我们的行为。

在面对人生的挑战与机遇时，我们的干预手段为人们提供了方法，快速直达核心。有时我们是绕开防御心理和合理化心理才来到这里的，得以读取位于障碍另一边的丰富数据。有时我们运用了干预手段让人们的防御心理显露出来，使我们可以直面它。无论是哪种方式，我们所分享的活动都能发挥催化剂的作用促使问题得以解决，即使这些问题通常都很难表达出来。这些活动提供了具体有形的数据让人们可以向别人展示自己的想法和感受。干预手段是一个分享有效信息的强大方法，经常能将人们引领至更加深入的意识和学习阶段。

扩展教练技能的收获

使用本书中的技术能为你和客户带来的特定成果有：

更深入的学习。使用体验似乎可以增强人们内心对学习的承诺，某种程度上，这是因为它们包含了大量的学习模式（如视觉的、言语的、动觉的、听觉的）。我们使用的模式越多，就越有可能创建有震撼力的难忘经历，从而增强信心去跟随直觉。当运用不同的认知方式时，产生的直接体验的那一刻深深吸引了我们。我们不是在直接讨论或是间接谈论某件事，我们就是身处其中，当下在面对它。

建立共同语言。共享图片、文字、故事及根深蒂固的信念和经历建立了一种纽带，创立了一种共同的隐喻语言和定义。这种语言形式丰富且有特定含义，这些共同的意义就像速记，可用来讨论和理解很多情境。

改善交流和决策。清晰地定义理念和感觉，将它们和视觉隐喻作对比，记录问题并验证问题，这样会得到更多的相关信息。这些信息能改善交流，并且全面地渗入个人和集体的决策中。

培育创新性思维。通过让人从一个全新的视角看待问题，我们帮助他建立了新连接，形成了创造性的理念。通过浮现、重构或放弃过时的故事和习惯性防卫，我们能解放精神和情绪的能量以实现新的可能性。很多客户在教练过程中发现了自己在艺术和创作领域的天赋，这是他们从未觉察到的。

强化个人觉察和同理心。深入的教练干预所实现的成果让我们在某个特定时刻能进行自我反思。这些成果存在于自我之外。这样的方法能帮助个人获得新信念、客观性和对自我的接受。这会扩张自我的同理心，也会增强对他人的同理心。

增加冒险精神。本书所提供的技巧可看作一种邀请，鼓励你在实施过程中进行试验，在可控范围内尝试冒险。冒险经常会带来意想不到的结果。冒险涉足未知领域，收获新的领悟，这样的实践会大大加强你在其他方面承担更大风险的能力。

直面艰难而又无法言表的问题，解决它，超越它。识别并解决难题比回避它更有帮助。但是这些没有挑明过的问题通常很难被定义。与其相关联的是不确定的情绪、未识别的个人敏感话题和过往经历造成的无谓恐惧之类的问题。它们无意识地指引着我们进行无效的思考和行为。运用干预手段可以发现并且清晰界定这些艰难而又无法言表的问题，从而更容易展开讨论并解决问题。

促进团队默契和统一。当在团队中分享了文字、图片、故事和经历，人与人之间的联结会更加紧密。人们会感觉被看见、被见证、被听到。这个时候人们通常会觉得对他人和自己怀有更多的同理心。

建立信任。客户在实施我们所建议的练习过程中，会变得敏感而脆弱，更易于建立信任。当你对这种脆弱性报以理解和尊重时，客户会更坦诚，更信任你，客户和他人之间也是如此。

CHAPTER 2

第 2 章

指导原则

本章我们将分享引导型教练指导原则并进行简略的解释。这些原则的基础是展现“交互学习”价值观。“交互学习”能产生同理心和真诚，而不是单边控制与对抗。我们邀请你在阅读本章和回顾本书中所展现的练习与技巧时，反思自己的指导原则。

本章的指导原则来自引导型教练金字塔模型，该模型综合地概括了教练关系的九个平面。完整的模型可参见本书附录 A。工具包中的练习和技巧体现了这些指导原则和模型的其他特性，同时也能作为特定的教练模型独立使用。在教练过程中也可以采用其他有效的实用模型。要了解其他重要的模型，可见书后资源库推荐的教练书籍。

我们非常希望你能使用或者创造一个综合模型，用模型指导你和客户一起启动教练服务，实施教练约定，顺利完成教练工作。这个模型应该以一套清晰明确的原则为基础。这些原则是指导你与客户和同事一起工作的价值观、信念和惯例。像引导型教练模型这样的清晰指导框架能实现教练服务的完整性和一致性，它有助于你向客户清楚地解释将要采用的方法，共同决定是否合作和如何开始合作，它还让你能创造出一些新的工具和技巧，既符合你的指导原则，又比你所学到的任何特定工具或练习更适用于特定的客户。

我们的原则和教练模型是建立在专业引导方法所宣扬的价值观和信念之上的。这些原则始终贯穿于我们如何设计与客户的谈话、如何指导练习的过程中。每个人都可以在可知范围内自由选择教练服务的指导原则，但我们坚定地认为，选择遵守和我们类似的原则将让练习更加有效。虽然我们不会让客户来接受“这些原则就是正确的”这样的价值观，但是很多遵循这些原则的干预手段让客户了解了它们。这种方法帮助客户反思自己是如何思考的，这种思考方式所体现的价值观给自己的人生带来了哪些有意或无意的影响。这样，客户能自己决定是否及如何接受我们的原则和有关价值观。根据经验，如果你努力去教练或去帮助客户采取符合交互学习价值观的行为，这个客户将更有决心在生活中展现有创造力且目的明确的行为。

引导型教练的指导原则

图 2.1 中展示的三角形图表是引导型教练金字塔模型九个平面中的一面。这一面分享的是引导型教练的目的宣言和我们承诺要去遵守的指导原则。这些原则都是广义的术语，拥有很多种解读。我们对其所定义的方式只与交互学习方法有关，具体解释如下。

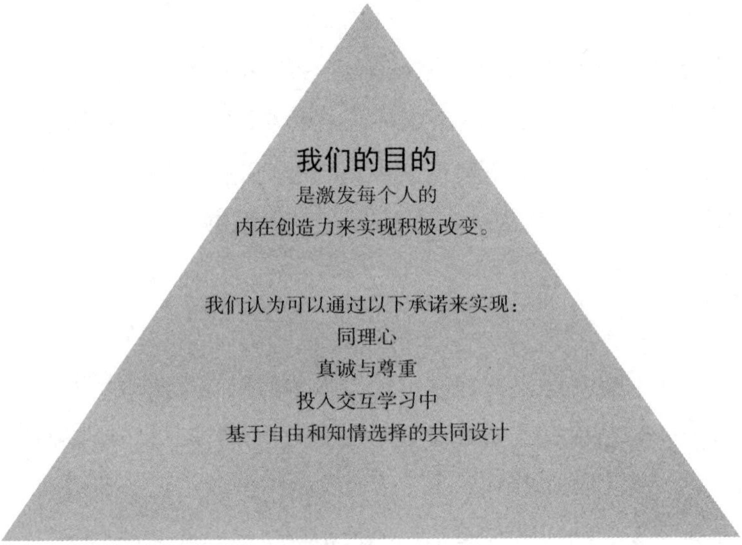

图 2.1　引导型教练的指导原则

同理心

同理心是教练方法非常核心的部分。同理心意味着要逐渐做到克制评价自己和他人，明白每个人都是以某个特定时间点所掌握的信息和技能为基础来进行决策的。同理心就是与他人的感情和思维建立连接，懂得自己及他人的各种挣扎都是人类境况的自然存在。苛刻的自我批评家和严格的裁判难以成为一名高效的教练。

同理心并不是那种为他人感到难过或保护他人免予承担无效行为的后果的怜悯与同情。与此相反，我们追求的同理心能使我们感同身受，不会消减个人责任，也不会弱化他人有效学习和行动的能力。例如，我们可能认为客户的某个选择是不明智的，我们可以鼓励他重新选择一个切实可行的选项。但是我们理解也接受这是他所作的选择，基于他的生活经历和世界观，这个选择对他而言是合理的。如果客户做出了选择，我们不需要提出建议，更不要评价或拒绝他。我们要帮他探究这个选择将带来的结果，从结果中学习。我们可能会惊奇地发现事实上这个选择是有利的，或者在选择之后我们要帮助客户经历一段痛苦的学习过程，但这也提供了一种良性支撑，因为没有给客户任何有关“我早就说过”的暗示。

真诚与尊重

真诚意味着坦诚并与自己的价值观保持一致。坦诚就是让他人对你所言所行的理由和意图一目了然。我们不隐瞒信息，不试图操纵他人做我们认为对他有益的事，也不会借口“是老板的意愿”而影响他人的选择或者努力说服他人赞同自己的主张，从而强迫其做自己不愿做的事。

与价值观保持一致就是要做到言行一致。我们拥护我们的原则、价值观和信念的方式就是对它们进行探询。我们也鼓励大家这么做。任何人都会有视觉盲点，看不到自己所标榜的（口头说的价值观）有别于自己实际所做的。一个真诚的人会努力消除这种差距，坦率地征求他人的反馈意见，发现自己不一致的行为，努力改变它直到符合自己的价值观和信念。例如，如果一个自认为真诚的人，却被同事实事求是地指出他在粉饰给下属的负面反馈意见，当他发现了这个差距后开始改变自己的行为，这个人展示出的就是真诚。

模型中的尊重体现在我们认为他人都是值得重视和关注的，并根据这个假设开展行动。我们相信每个人都是老师，同时他们也能从我们身上有所收获。我们不应该认为自己是完美的或者已经掌握所有情况，而应该好奇能学习到什么。人们的行为总有理由，尽管我们可能认为这不是个合理的理由，并且这个理由已不能实现行为的目的。我们尊重这种矛盾，并且想知道是什么产生了现在的信念和际遇，这就是尊重的特质。

尊重也意味着不单方面地保护他人，不将他人从本应由自己或自己学着做的事情中拯救出来。我们不保留困难反馈，不怯于挑战他人思维，以避免低估他人学习的毅力和能力。很多人被告知表示尊重就是要顺从他人，即便要顺从的是无效的或引起麻烦的行为。在交互学习原则中，我们关注不诚实的反馈所引起的长期后果：人们经常要在发生了像关系破裂或丢失工作这样的严重后果后，才会停止无效的行为。我们表示尊重的方式是认为他人拥有很强的自我反思和学习能力。这意味着双方可以共同设计在何时、以何种方式敞开心胸接受我们真实的评估。

在我们的模型中，尊重和同理心是不可分割的。因为尊重，我认为你是坚强而可敬的，你会告知我，你何时及需要何种方式的支持和保护。因为同理心，我会克制自己不去苛刻地评判你，并且想要努力帮你平息痛苦，最终让你自己实现目标，而不会因此受到打击。

投入到交互学习中

我们所说的“交互学习”只是表示用特定的心智模式或者思维模式来指导我们的想法和行为。交互学习模式包含了一整套核心价值观、假设和行为策略，这些元素贯穿了整个教练过程。我们只是简单地使用“实施交互学习”这一简称，而没有分别列出整套复杂链接体系的各个构成要素。附录 B 包含了完整的模型和单边控制的心智模式。单边控制价值观、假设和策略会无意识地（同时我们认为也是无益地）指导我们自己和客户的很多行为。本文将简单解释交互学习模型的工作原理和努力实施交互学习的原因。更多完整信息请参阅《专业引导技巧实践指导》（*The Skilled Facilitator Fieldbook*）①。

心智模式通常在我们的自觉意识之外发生作用，并且驱动我们设计自己的行为方式。它由价值观、信念和一系列有关世界如何存在的假设组成。德拉斯（Drath）和范 • 韦尔索（Van Velsor，2006）使用“信念网”这个术语来形容这些指引我们行动的思维习惯，并准确地指出信念网是由如线般相互关联交织的各种信念组成的，这些信念能相互强化。它们形成了一种心智模式——一种全面的习惯性方式，用来了解和探索我们所处的世界。

---

① 《专业引导技巧实践指导》（Schwarz, Davidson, Carlson & McKinney, 2005）第四章“了解是什么指引着你的行为”（第 33–59 页）解释了单边控制和交互学习的不同版本。自 20 世纪 90 年代以来，单边控制和交互学习一直作为专业引导者方法的一部分被传授。附录 B 包含了这两个模式的最新修订版本，是由罗杰 · 施瓦茨联合公司（Roger Schwarz & Associates）于 2008 年完成的。操作手册中的解释与改进后的版本完全一致。本书中，我们只是更改了模型中的一些语言以便更好地理解和记忆。

这种思维模式指导我们采取行动，让我们知道某些后果几乎是可预见的。随着时间的推移，心智模式已经深深嵌入我们的思维方式里，甚至连自己都觉察不到。

单边控制模式

对来自多个国家和组织的几千个案例的研究结果显示，当我们感到危险、沮丧或者不自在的时候，大多数人会采用“单边控制模式”①的心智模式。事实上，我们从小所受到的有关和他人相处的各种方式中就置入了单边控制模式。这种思维指引我们做出假设并用一种短期内似乎起作用但长期却无效的方式对待他人。例如，我们可能想赢得争论就会告诉对方为何他是错的我们是对的。对方可能会让步，服从我们。但是他们可能会对这种强迫的方式心怀芥蒂，等待时机要扳回一局，或者想避免与我们共事。

我们发现，当人们想要“指导”他人时，也会经常使用单边控制策略。他们丝毫察觉不到自己正在使用这种思维模式，但观察者通常能很清楚地发现。用单边控制来达成目标意味着，要确保谈话结束后对方或其他人会按照你说的做，就像你在开始谈话前就认为的那样。在单边控制框架下开展行动时，我们往往告诉他人应该做什么，秘密制定有关谈话和处理情况的策略方法，努力说服他人按我们认为最好的方式来做。为了掌控谈话，我们会尽可能不引起或者表达负面情绪；也就是说，我们单方面努力避免让对方不悦，因为这会更难以让事情朝我们期盼的方向发展。

在教练关系（或者任何其他关系）中采用一种单边的方式会产生问题，最后的结果往往和我们期待的南辕北辙。人们会抵制我们的建议，不信任我们，并且变得心有戒备。长此以往，就会产生错误的传达和错误的理解。人们认定我们的方法无效或者作用有限。他们可能觉得没有被充分聆听或者我们有所隐瞒。这会导致教练关系恶化，或者至少不能展现出人们最大的潜能。

---

① 交互学习模式和单边控制模式改编自克里斯·阿吉里斯和唐纳德·舍恩（Don Schön）的成果（1974），他们开发了自称为第一模式和第二模式的两套方法。行动设计咨询小组（www.actiondesign.com）将第一模式命名为单边控制模式，第二模式命名为交互学习模式。Argyris、Schön 和接替他们继续研究这些模式的人已经发现，大多数人（高达 98%~99%）在面临让他们感到艰难、尴尬或者有些凶险的情形时，一般会使用一种单边控制模式。

交互学习模式

我们能采用一套不同的价值观、信念和假设来避免单边控制模型的负面影响。我们认为，交互学习模式是更有益的思维方式（见附录 B）。本书第 21–22 页的清单“一个体现了交互学习理念的教练”概括了一些我们认为更符合交互学习模型的教练行为。下面我们将描述令交互学习区别于单边控制的价值观。

实施交互学习，对自我的同理心是关键原则。每个人都会时不时地采取单边行为。并且，因为我们通常洞察不到指引我们行动的思维模式，所以很难让自己的行为永远都符合交互学习的价值观和假设。交互学习是我们追求的理想，实现的过程通常会产生更优质的对话和关系。

作为教练，我们要留意自己和客户何时进入了单边状态，是什么引起了我们的单边倾向。接下来我们可以努力在更多的场景下做到和交互学习保持完全一致，从而创造更有效的教练关系。我们也能帮助客户留意到他们在何时使用单边控制策略。这让他们能发现他们所抱怨的人生难题正是由自己引起的，同时也给他们提供了选择去重新采用一套不同的价值观和行为。想了解更多如何与客户一起剖析指导思维和行为的价值观和信念并进行选择的有关内容，参见第 5 章“改善心智”。

交互学习的核心价值观

当与客户一起实施交互学习时，我们发现关注五个核心价值观会有帮助。这些价值观都嵌入在引导型教练指导原则的交互学习模型中。这些价值观让大多数人用一种比较容易和可理解的方法来实现思维与行为的调整。对大多数客户而言，这些价值观是值得追求的。客户会经常注意到，他们宣称拥护这些价值观，但是受根深蒂固的互动模式影响的行为却不符合这些价值观。以下列出了这些价值观及诠释这些价值观所使用的语言。

- **透明**——分享所有相关信息，即对形势有真正实质性影响的信息，包括分享你的推理、感觉、意图和策略。透明也融合了分享利益关系、特殊的示例和所观察到的他人所言所行的差距的理念。
- **好奇心**——聚焦于自己想了解他人想法的诉求。例如，探询他人的思维和你的分歧，或者通过坦率的提问来发现自己可能错过的信息。

- **当责**——为你的行为及行为所带来的短期和长期结果负责。承认是你促成了你所抱怨的问题，而不是责备他人。在交互学习过程中，我们也可以帮助他人去发现和接受他们对目前形势应该承担的适当责任。
- **知情选择**——在相关信息基础上，做出决策并最大化他人的决策能力。当人们做出了知情选择，他们更可能对这些选择做出承诺。承诺是指愿意承担学习过程中的风险，做出改变，展开富有勇气的行为来完成所选择的目标。举例而言，它可能是提出棘手而不可讨论的议题和“向强权说出真相”。
- **同理心**——不对自己和他人做出评价，对自己的行为完全负责，同时也如此要求他人。此处对同理心的诠释与上文引导型教练指导原则中所表达的意思是相同的。同理心被看成教练模型中一个独立的原则，而不是把它看做内嵌于交互学习原则的一部分，这是因为我们认为它是所有有效的教练关系和互动的起点。

符合交互学习价值观的行为

在专业引导方法（Schwarz，2002）中，我们使用了一套基本规则（共九个），它们是符合交互学习模式价值观的基本行为策略。附录 C 列明了这套基本规则。基本规则适用于一对一的教练谈话，即使谈话对象并不了解这些规则也能起作用。然而，即便如此，仅仅使用基本规则也不足以进一步优化教练谈话。拥有交互学习的目的并努力去符合交互学习的价值观很重要。如果不思考指导行为的核心价值观，很容易陷入误区。例如，单方使用基本规则将规则强加给他人，或者一旦他人的行为不符合基本规则时，就开始评判他人。

在引导型教练模型中，我们主要关注基本规则中的五种规则，如图 2.2 所示，这是金字塔模型九面中的一面。第五个基本规则被合并到了我们最终的共同设计的引导型教练指导原则中，因为每一次干预和教练过程的每一步都会用到它。它提供了一种方法来维护客户的自由和知情选择，以及客户与我们在教练过程中平等的伙伴关系。以下为前四个基本规则的简要诠释，包含在运用它们时可能会对客户进行的谈话示例中。[①]

[①] 此处对基本规则的表述改编自《专业引导技巧实践指导》的第五章，第 61–67 页。

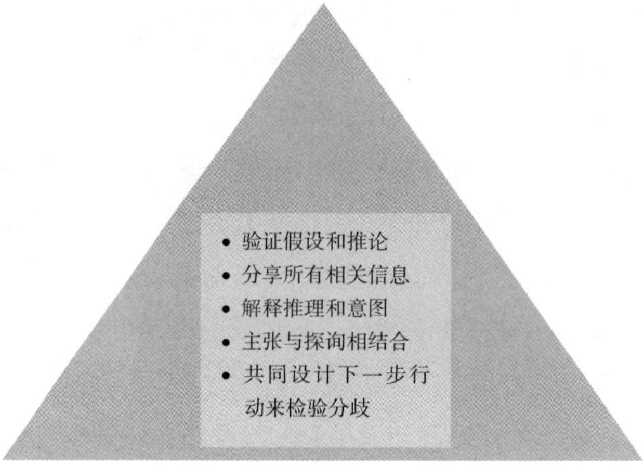

图 2.2　引导型教练的基本规则

- **验证假设和推论**——假设和推论是未验证过的设想或者对他人、对世界的存在形式所下的结论。例如，如果我们做了或者说了什么，就会怎么样或者就不会怎么样。人们都会做假设和推论却不自知，并且还会把它们当成事实并基于这样的事实展开行动。要实践透明和好奇心价值观，需要学会洞察何时正在做假设和推论，然后将假设和推论的内容进行分享并酌情验证，我们也要知道他人的假设和我们自己的有哪些异同。使客户能察觉到自己对以下内容的假设：有哪些是可能发生的？世界万物的存在方式是什么？再将这些假设进行验证，这是帮助客户创造新的可能性和新的行为最有效的方法之一。

  示例：“你刚才说你永远不可能升职因为你没有学位，我没说错吧？”［若得到肯定回答］“听起来你好像正在做一个假设，那就是你需要一个学位才能得到升职。这是你的假设吗？”［若得到肯定回答］“你有兴趣验证一下这个假设吗？如果愿意，你会怎么做？”

- **分享所有相关信息**——相关信息是指任何会影响决策或者问题解决的方方面面，包含支持或不支持特定的行动方针的数据、感觉、利益关系、假设和忧虑。分享信息并不是说出你所有的想法，而是一种思考的方式。这意味着从交互学习的角度思索你和他人需要考虑的因素，并且以准确、富有同理心和好奇心的方式分享出来。分享相关信息是透明原则的基础。

  示例：“尽管我认为先解决你启动项目的模式问题而不是直接完成项目会比较有帮助，我还是想让你知道，我觉得我们可以一起先确定你想干什么。”

- **解释推理和意图**——运用这条基本规则，就是你向他人解释（公之于众）引导你评论、提问、建议或采取特定的行动方针的是什么。意图是你行动的目的。推理是你得出结论的逻辑过程。解释推理和意图是一种分享所有相关信息的特定方法，也是对透明和当责这两个价值观的支撑。解释推理的关键在于将你在谈话中所使用的策略透明化。让你的行动和意图透明公开并对它们负责，这是向他人打开了一扇门，欢迎他们告诉你是否有不同意见。

  示例：“让我分享一下建议你画画儿的推理。这和你画得好不好没有关系。线条和简笔画都可以。画画儿需要访问的知识存在于大脑中的位置和负责有意识的理性思维的位置不同。画画儿能帮我们触及这些知识。所以我建议你尝试画画儿这种方式，看看是否对你有帮助。你觉得怎么样？”

- **主张与探询相结合**——主张就是陈述观点，包括推理和关注点。探询是提出坦率的问题以了解他人的观点。你可以通过探询确认理解，发现他人是否有不同的观点，了解他人是否觉得你的逻辑有瑕疵。主张与探询相结合是教练实施干预的基础。我们可以主张（建议 / 提议）一种行为或方向，当通过探询继续跟进这个主张时，我们要维护客户的自由选择和与我们一起共同设计前进方向及有效方法的能力。维护自由选择有助于建立对任何行动方针的承诺。

  示例：[同时使用主张与探询相结合的规则和解释推理与意图的规则]“我建议花几分钟探讨一下那些导致你不向老板提出这个问题的想法和感觉。我猜你可能做了某些假设，也可能执着于一些价值观和信念，这些因素让你产生了障碍。有什么是你现在愿意花点儿时间来探讨的吗？如果没有，你觉得目前发现最有帮助的是什么。”

一个体现了交互学习理念的教练
• 详细解释自己提问和建议的原因和意图。
• 给客户提供知情选择。
• 承认和客户共同造成了问题和困境（在教练关系中教练双方都会促成困难发生）。
• 不弱化情绪或者负面感觉的表达。
• 不使用不能公开的策略（不进行操纵行为）。
• 迎难而上，不回避。

- 不拯救客户或者单边保护客户。
- 不告诉客户该去做什么，和客户共同设计选择。
- 不插手客户的解决方案，不替客户处理决定和选择，不为客户作决定和选择。
- 在解决障碍、困境和困难时，对客户也对自己展示同理心，这些障碍、困境和困难是在教练服务过程中大家都会面对的。

采纳并且坚持实践交互学习理念是一个终身的旅程。旅程的第一步开始于反思自己在教练服务过程中所使用的策略，收集他人体验过你的方法后的反馈意见。经过一段时间的努力，在更复杂的情境下你的行为也能与交互学习理念保持一致。

基于自由和知情选择的共同设计

人们会支持自己参与促成的事情。客户只有完全做出承诺，才会进行艰难的行动，如改变行为、改变思维或者改变人生方向。教练对客户的个人发展做出承诺并不可取，除非客户自己对转变拥有同等的热情（如果不是更强烈的话）。人们不太可能对别人提出的好建议进行承诺，除非他们能确定这些建议能满足自己的需求。因此，我们要让客户做出知情选择，决定前行路上的每一步他们做什么、不做什么。

实际上，共同设计的基础是：由教练主张一个或者多个行动方针，然后探询吸引客户的是什么。这并不意味着教练放弃了他的能量和技巧。我们支持这样一种观点，大多数情况下，教练服务就是帮助人们利用自己还未被开发的智慧。我们也相信，当人们解构并重建信念网和旧的行为模式时，他们通常需要指导，以及来自他人准确的评估和新信息、新技能的支持。我们认为这就是教练要发挥的作用，提供这种指导并帮助客户设计更多的方法来实现目标。作为教练，我们总为客户提供服务，像一个同盟不作任何评价和指导，支持客户实现预期的目的。

展现指导原则

大多数人认为学习指导原则最好的方式就是观察这些原则被巧妙地展现出来。事实上，对一个教练的信誉而言，没有什么比支持、赞同一套价值观或原则而行为却与它们不一致更糟糕了。因此，阐明原则并严格检查行为就变得非常关键了，这样才能一致地展示指导原则。对原则只有理论上的理解是不够的。这就是“从自己开始”的地方（见

第 4 章），努力识别并改变那些不符合你原则的事情。

同时，我们都是有缺点的。顾名思义，有时我们的行为会不符合我们的价值观和原则。我们鼓励你与客户相互坦诚地建立一种期望，如果他们发现你的言行不符合你的价值观和原则，就会让你知道。这将有助于使用工具包中的方法来支持你的有效性，而不是削弱它。我们经常培训教练如何将交互学习价值观和他们的行为结合起来，并且在本书中所探讨的模式框架下使用这些价值观。为自己找一个教练或者加入一个教练群体将有助于支持你活出自己的价值观。我们鼓励以一种既符合你的价值观又符合交互学习的价值观和原则的方式使用所有你尝试过的技巧。

CHAPTER 3

第3章

工具技巧使用指南

有效的教练工具和技巧能满足客户的需求，促使教练服务朝着目标推进。如果你正使用工具指导自己的成长，所选用的工具要与你的个人需求和正面临的挑战相匹配。但是该如何认定这种匹配呢？首先，关注并记忆言行很重要。例如，客户的言行或者我们面临状况时的内在自我对话的故事剧本。然后对这种行为的含义和意义提出假设。这个过程在专业引导和引导型教练方法中被称为“诊断”。

本章提供了一些建议用于进行有效的诊断。除此之外，还介绍了干预的方法——将你的诊断与客户分享并推荐一种工具或技巧来解决你所识别的问题。这个过程也同样适用于诊断自己的行为并解决相关问题。但通常很难做到客观地诊断自己的行为，所以你会发现需要经过更多的试验才能找到合适的工具。

诊断的建议

你的诊断只是一种训练过的猜想。和客户相处的时间越长，就能得到越多的信息，从而对行为做出合理的解读。同样，每个人都有自己的有效行为模式，我们会不断将客户的言行和这些模式进行匹配。当你自己阐明了自己有关人类行为的理论、价值观和信念时，你的诊断对客户可能更有帮助。（本书第 2 章“指导原则”分享了我们有关人类行为的理论、价值观和信念）诊断时使用以下建议会有所帮助。

- **耐心。**以互敬互信的教练关系为基础，完全公开你与客户所需的信息。不要过快地深化教练进程，做到聆听、理解，保持开放的态度和持有好奇心。在引导型教练指导原则的基础上建立一种学习的伙伴关系，这将有助于你和客户对教练服务做出有用的诊断。
- **运用多重视角。**教练服务中的诊断过程需要使用多种思维框架和视角并获得多层次的信息。人们内心中需要被释放的信息通常深埋在混乱的信息、习惯性防卫心理、应对策略和遗忘了的梦想的层层堆积之下。但这些隐藏了的信息对帮助人们朝着自己的目标前进有着不可思议的威力。你需要运用多种模型和各种学习模式来发掘你和客户保持前进所需要的信息。越有能力使用更多的框架，如交互学习框架（见附录 B）、创意 / 生存循环框架（见附录 E）、戏剧三角形框架（见附录 F）和其他诊断工具，你发现重要有效信息的机会就越大。
- **聆听已说的和未说的。**获取及帮助客户获取我们所需的信息需要从两个层次来聆听——客户说了什么和客户没说什么。我们聆听就是为了找到差距——客户没有表达，而处于相似状况的人很可能会提出或关注到的领域。
- **注意不匹配之处。**经常会出现这样的情况，一个客户声称支持某种价值观、目的或方向，但其所描述的行为却和这些不一致。例如，一个客户可能谈到希望获得他人坦率的反馈意见，但他描述的系列行为中却没有体现这一点，甚至当有人这么做时他反而会很抵触。又如，有客户自我描述为善于建立协作关系，但经常谈到的是他如何指使别人来做事。在引导型教练模式下，我们仔细聆听客户的意图（如保持开阔的心胸和富有同理心）及他们深植于行为之下的价值观和假设（如不征求他人意见就下结论，不公开自己的推断和意图），关注二者的不匹配之处。
- **寻找模式。**我们聆听的另一目的是寻找模式，寻找出现在似乎不相关事件中的相似元素。例如，有人可能谈到在生活和工作中努力“帮助”他人，这种帮助的方式逐渐听起来像戏剧三角形模式中的拯救他人行为。我们会开始看到深陷拯救者 / 迫害者 / 受害者模式的永恒主题，那就是客户的时间和经历被剥夺而难以向创造性的目的前进（对戏剧三角形模式的解释见附录 F）。
- **将“当下”与描述行为对比。**作为教练，我们经常能从客户所描述的教练环节外发生的事件中获取部分信息。注意将这些描述与客户自己的观察和教练环节中你自己对客户的感受相比较看观察哪些异同。工具包中有很多干预手段能帮你和客户创造一个共享的“当下”体验，如绘图、人体隐喻或者谈话中的角色扮演。关注你在教练环节中所见到的是否与客户所描述的及他正在做的保持一致。在其他方面显现出来的行为模式通常会影响客户的教练关系。客户经常意识不到所发生的一切，或者觉察不到自己的描述与教练环节中自己的行为方式之间的差距。要特别关注教练过程中此时此刻出现的相似点和差距。

如何干预

在你向客户建议工具或技巧之前，你必须先确定你所观察到并正在思考的行为是否足够重要到需要解决。你所关注到的问题与客户的目标或者与阻碍目标实现的障碍有关吗？你所投射转移给客户的是他的心头大患还是你自己的问题？如果不把你所关注到的分享出来并得到解决将会发生什么？这些问题和类似问题的答案将有助于你决定是否分享并验证你的假说。这是诊断的最后一步。如果你判断你的观察及对观察做出的解读对客户的进步是重要而有益的，接下来要做的就是和客户分享你观察的结果，这就是“干预”的第一步。

在诊断和干预过程中，我们使用的流程基本上和专业引导方法所描述的诊断–干预循环方法六个步骤是相同的（见附录 D 中有关此循环的介绍）。该循环的步骤 1~3 总结了诊断的过程，刚才我们已经介绍过了。步骤 4~ 6 涵盖了如下的干预步骤。①

干预步骤

当你实施以下步骤时，你可能想要参看一份诊断–干预循环方法的说明，这在附录 D 中可以找到。每个步骤的说明都包含了一个示例来展示当我们使用该步骤时可能说的话。

1. 分享并验证你的观察（诊断–干预循环方法之步骤 4）

在和客户分享对其观点与行动的解读之前，先沟通你所观察到的特定行为。从行为

① 更多有关诊断–干预循环方法的信息，请参见《专业引导技巧》和《专业引导技巧实践指导》。

描述开始可以达成两个目的。第一，让客户知道你在教练过程中看到和听到了什么，特别是当你已经开始将所见所闻与某种具体行为模式关联起来时。这样客户也能回应是否认同你的描述。这一步骤显示了你有错过或者错误解读一些相关行为的可能性。第二，分享你的观察有助于客户跟随你的推理过程。他可能不赞同你的观点，但是如果他能知道你是如何建立假设的，对你所分享的内容产生抵触情绪的可能性会小很多。

示例："贾里德，我认为你刚才说到你几次尝试改变主题，因为你觉得老板对这个群体讨论感到不自在。我说对了吗？"

2. 分享并验证你的假设（诊断–干预循环方法之步骤 5）

一旦已经形成对所观察到的行为的假设，坦诚地与客户进行分享，验证你的假设。你对行为的假设 / 干预可能准确，也可能不准确。重要的是，要记住，假如没有一个能让你和客户共同承诺去实现透明、有好奇心和共同当责的教练关系，所有的工具和技巧都是徒劳的——只不过是空把戏罢了。正如莎伦·汀（Sharon Ting）和彼得·西斯科（Peter Scisco）所明确提出的那样，"我们相信，只有当以一种非指定性的、自我发现的方式来实施教练服务，并且在很大程度上依赖被教练者的知识和技能来引导其学习进程时，教练服务才能充分发挥其作用"（2006，第 7 页）。不应该由你决定客户某类行为意味着什么或者该如何处理。你能决定的只是提供那些可能的行为解读，然后和客户一起决策是否和如何处理该行为。我们发现，能真正实现这一点的唯一做法就是坦诚地分享想法，解释推理和意图，然后邀请客户做出回应，表示赞同或者提出异议。通过教练与客户之间共有的解读，以及就如何解读产生的共有疑问来决定哪些工具和技巧可能有助于教练过程向前推进。

示例："我觉得你做出推论认为老板感到不自在而没有去验证，也没有让你转移话题的原因公开透明。你觉得呢？"

3. 推荐工具或技巧并共同设计下一步行动（诊断–干预循环方法之步骤 6）

通常没有一个一定正确的工具或技巧。要从思考你和客户想要努力实现的成果着手进行选择，考虑客户偏好的交流或学习方式是什么，将不同的认知模式或方法融合可能会得到什么样的成果，判断你认为能够指导或者进行试验的技巧有哪些。提供一到两个选择并解释每个选择的推理，然后和客户共同决策是否要进行干预，如果是，再确定尝试哪种方式。要符合作为引导教练基础的交互学习原则，应该总是由客户来做出最终的决策。

示例：（假设贾里德同意教练的分析）“我觉得我们应该来探讨一下你如何验证你的推论及怎样使你的策略更公开透明，这样会对你有帮助。你认为呢？”（假设贾里德回答“好的”）“我能想到好几个方法。我们可以用角色扮演的方式进行对话，看你能说些什么来验证你的推论，然后设计接下来对话的走向，或者你可以花些时间将你可能说的话及这么说的原因写下来。这两个选项中有你喜欢的吗？你认为还有其他的做法吗？”

选择适宜的干预方式

当提到干预步骤（分享观察，验证假设，建议下一步行动、工具或技巧），我们指的是干预工具包中所包含的工具、技巧和练习，因为这些都是在观察和提出理论时需要用到的方法。我们建议你从选择工具或技巧开始，通过干预过程来试验那些引起你个人兴趣的方式。完全跟随自己的兴趣和好奇心的引导。黛尔喜欢把自己想象成科学家或探索者，她首先对自己进行干预，然后再对客户进行干预：“我从不知道在对自己进行的干预过程中我将学到什么，最终的结果将怎样。对我而言，这就是这些方法令人兴奋的地方。我经常惊奇于自己从中所收获到的。我的热情和好奇心也感染了客户，他们也愿意释放自己的恐惧，像做实验一样‘玩耍’这些干预方式。”

在本书中，每种介绍干预手段的开头部分，我们建议了这种方法能起作用的场景（何时使用）。本书第 13 章介绍了人们自己设计干预方式的指南。在动手设计之前，建议先浏览每个工具包介绍章节中所列出的技巧和练习，选择一些你感兴趣的，然后使用以下指南帮助你启动。

- **测试新技巧**。我们建议对不熟悉的干预方法和练习进行测试。在对客户使用这些方法前，先试用它们来帮助自己的个人发展，然后再以好朋友或同事为对象进行测试。我们发现，无论是朋友还是同事对于有机会和我们一起试用这些干预方法都表示欢迎，并提供了他们的反馈。大家对这样的体验和学习的收获很满意，从中得到了乐趣。

干预技巧测试过程能让我们了解很多信息——他人和我们自己是如何反应的。通过测试实践，我们更容易找到感觉，尤其在采用何种语言和措辞以适合自己的风格和客户的需求方面。我们会尽最大努力去探索在教练情境下对我们来说可能是全新的表现方法。例如，摆弄一些诸如蜡笔、记号笔和雕塑陶土之类的简单艺术材料有助于消除在干预过程中使用视觉表达时的不自在。你在干预过程中越觉得自在，你就越有信心和客户一起使用干预方式进行教练。

- **考虑客户的学习风格**。你可能想使用一种客户熟悉的模式来帮助他轻松掌握概念。大多数人都有一两种偏好的学习方式（如动觉的、视觉的、听觉的）。另外，你也可能想冒险尝试新的领域。你希望使用一种你和客户从没一起尝试过的模式来打破常规的刻板与无聊，或者你可能就想增加多样性。有时使用一种新的模式实际上会加强其他模式，例如，使用视觉隐喻会加强书面表达。考虑你的目的及这个模式或拟选择的模式能否符合这个目的。
- **评估试验意愿**。评估你和客户对试验新方法和其他获取信息的方式的兴趣和意愿程度，其他获取信息的方式是诸如视觉表达或身体意识之类的方法。有时试验是适宜的，但有时需要的是自在与稳定。和客户沟通，看看目前是否是尝试新方法的时机，还是应该继续使用熟悉的方法，巩固已学的知识，实践新获的技能。
- **探索全新领域来推进创造性方法**。评估对新视角的需求。试验一个不熟悉的新模式经常被证明是有益的，因为它提供了一个新视角来进行思考，能激发出人意料的信息和联结。它还能帮客户阐明自己的目标和对未来的展望，形成朝着目标前行的动力。
- **共同设计每个行动**。准备好几个备选方案，并能够解释对每个方案的推理过程。建议使用"共同设计下一步行动来检验分歧"的基本规则作为介绍任何干预方法的基础。下面的"共同设计干预方式"小节提供了一个示例来演示共同设计环节中可能说些什么。和客户共同设计能使人们以完全合伙人的身份参与到自己的成长和发展过程中。它让客户产生承诺去全情参与所有干预活动并充分发掘机会进行有价值的学习。
- **密切关注"取悦老师"的信号**。如果客户的身体语言、音质或观点表达似乎显示出缺乏热情或者注意力不集中的迹象，检查确定客户参与这个活动是否只是因为这是你的建议。客户很容易不知不觉间陷入到试图取悦老师或权威人士的旧模式中，还总是认为你拥有超出常理的能力，对你抱有不切实际的期望。随着时间的推移，客户无法全情投入练习所产生的结果会让你们双方都很失望。对任何显示客户更想满足的是你的而不是他自己需求的迹象，或者客户没有全情投入的迹象，都要进行探究。和客户一起共同设计一个详细的方案将防止这种问题发生。

诊断–干预是一个持续的过程。在教练环节和教练关系中，我们会多次在诊断–干预行为之间循环往返。每次的诊断结果都指引我们建议新的干预形式；每次干预的结果又提供了新的信息去重新定义目标，推动我们朝着渴望的成果前进或者发现沿途需要解决的问题。我们不断探索新的领域，不断帮助客户阐明目标和条件，来实施有创造性的、目的明确的行动。

共同设计干预方式

要与个人客户或者群体客户共同设计一种干预方式，首先要解释为什么你认为干预方式会有效。可以采用共同设计谈话的三步法：①明确目的；②对目的实现的过程达成共识；③实施教练内容。

1. 目的

教练：你知道吗，过去的几分钟里，你一直在告诉我关于一份新工作中你不想要的东西。而我们一开始要谈论的话题是新工作所能满足你的需求和利益关系。似乎你一直在告诉我你想避免的是什么。你也这么认为吗？还是有不同意见？

客户：嗯，我认为某种程度上你说的没错。比起想要什么，我的确更清楚我不想要什么。当我努力思考我真正想要什么时，大脑却一片空白。

教练：那么我认为你被卡在这个地方了。有一些障碍正阻止你去联结你的热情。你觉得这么说对吗？或者你有其他的方式来形容这种状况吗？

客户：可能是你说的这种情况。让我去思考什么东西会真正让自己兴奋起来，感觉很费力。

教练：好吧。如果我们尝试一些不一样的东西—— 一种新的活动，这种活动可以帮你连接到你无意识的渴求与愿望。你认为怎么样？你有兴趣试验这样的东西吗？我们可以看看它能否帮你确定什么能让你兴奋起来。

客户：嗯，我想我有兴趣。你的建议到底是什么？

2. 过程

教练：我建议我们采取一种不同的方式——这种方式也许可以开拓新的思维方式，进入存在于你大脑里却没有被意识到的信息。这样做可以帮你抛开一些旧的思维习惯，这些旧的思维习惯可能阻挡了通往你真正想要的东西的路径。我能想到几个这样的方式。我想先建议一两个不同的活动，看看你对哪个感兴趣。如果都不喜欢，我们可以继续探讨其他选项。你觉得这样做可以吗？

客户：当然。

教练：有一种方法很多客户都试过，他们觉得有帮助。这种方法采用了一种我们称为引导式图像练习的技巧，这种技巧的使用需要进行一个书面表达或者画画儿的练习。它的主要方式就是让你在放松状态下开启一个想象的旅程，我会向你详细解释。你要做的就是关注你能想到的画面、想法和感觉。不需要作任何解释，只要画一幅简单的图画或者写下几句话来表达你所想到和所感觉到的东西。

我们可以使用的另一种方法就是从什么是你不想要的来着手。你可以继续说出或者写下新工作中所有你不想要的特质。然后我们开始处理这个清单。我们把每项特质都转换成是你想要的东西的描述。例如，如果你不想要工作时间太长，不想周末上班，你可以把它转换成“我想平衡工作和属于我自己及用于其他兴趣的时间”。这两个活动中，你会选哪一个作为一种可能的方法来诊断你真正想要的是什么？

客户：事实上，这两个听起来都很有意思，但是冥想类的东西听起来有点儿奇怪。我很好奇同时又有点儿紧张。我能两个都试试吗？

教练：我觉得我们今天最好只进行一个，看看情况如何。然后你再决定这个方法是否有效，还是想尝试更多别的方法。你觉得如何？我们也可以在引导式图像练习之后，对画画儿和书面表达都尝试一下，看看这个方法对你是否有效。你的想法呢？

客户：太棒了，我喜欢这样的安排，然后我就能知道这个方法对我是否有用了。

教练：是的。如果你觉得这些活动都没有帮助，我们可以尝试其他不一样的方法。这样的话，即便我们所尝试的东西没有起作用，你也可以大致了解什么方式对你是有效的。现在你准备好开始引导式图像练习了吗？

客户：准备好了。

3．内容

教练：好的。接下来我想要你做的就是舒服地坐在椅子上，动动你的身体，找到一个让你觉得又省力又放松的姿势。现在闭上眼睛或者视线低垂。开始关注你的呼吸……（教练和客户开始进行引导式图像练习。有关引导式图像练习的示范请参见练习 6.8。）

通过认真地实施这些共同设计的步骤，你能和客户一起创造对做什么、为什么做和如何做等理念的共享理解。客户会更明白你们正一起朝什么方向努力，从而做出更多的承诺来全情投入到你的干预方式中并从中有所收获。

第 2 部分

工具、技巧和练习

第 4 章到第 12 章是本书的核心部分。在这一部分中我们提供了 71 个充分验证过的练习，这些练习可以帮我们和客户找到想知道的结果。每个练习中，我们都提供了分步指引，还包括了改编和自创类练习的提示。除此之外，你在这些章节中还能看到很多实例和客户的故事，通过它们，你不仅能知道如何使用这些练习，还能了解使练习符合指导原则所采用的技巧。

我们建议教练们将“从自己开始”作为练习的开始。第 4 章的内容来源于一个理念：要想教练活动更有效，教练必须先自我做好准备，开发自己的天赋，认识到自己的挑战、敏感话题和盲点。本章提供了一些练习来帮助教练和客户一起保持关注当下的状态，以满足教练过程中的需求。这些练习也能帮助客户在教练环节的开始，乃至在生活中更加关注当下。第 4 章也提出了妥善处理内在批判的问题——阻止你尝试新方法的那部分自我和想要以放弃开发潜能为代价来换取安全的那部分自我。我们提供了一系列练习，帮助你和客户识别这个批判的声音何时又是如何与你的意愿相悖的，最终能以富有同理心的方式将这些批判放置一边。

第 5 章“改善心智”指出了提供教练服务时我们与客户所作的核心决策：为了改变行为要在多大程度上改变我们的心智模式，包括我们的价值观、信念和假设。我们将基本教练服务与发展性教练服务区别开来。基本教练服务的目的是让客户拥有一种特定技能或行为，只需要一些专家指导（如如何建立一个项目或计划的架构）；发展性教练服务的目的是让客户改变根深蒂固的模式。第 5 章提供了一些有针对性的练习，当教练需求变得更与成长性相关时，可使用这些练习改善心智，不超出教练与心理治疗的界限。因为使用本书中任何的其他练习都会涉及“改善心智”的领域，故把本章放在各个学习模式的介绍章节之前。

从第 6 章到第 9 章，每一章都分别介绍了一个认知自己和世界的具体方式——一个具体的学习和表达方式。我们把这些模式称为言语表达（“说清楚”）、书面表达（“写出来”）、创造视觉表达（“看得见”）和身体表达（“动起来”）。在介绍过程中，我们给大家一些提示，以帮助大家把一种模式和另一种模式相结合，或者多种模式相结合，增强练习的效果。

第 10 章至第 12 章介绍了一系列采用多重模式的干预手段，可用来达成特定目的，这些目的被认为对实现成功的教练服务很重要。第 10 章“实地调查与试验”介绍了从外部资源和深入自我获取重要相关信息的方法。有几种练习能帮助客户开发和洞察自己的感觉、情绪和反映的能力，有了这种能力才是创造可靠行动的基础。第 11 章“举行仪式”介绍了一系列活动，这些活动帮助我们以一种尊重过渡阶段的方式来描述生活中要做出的改变，从而固化新的信念和选择。第 12 章“评估和庆祝结果”将指导你跟踪进展，通过认同和庆祝成功的方式继续生成积极能量来展开目的明确的行动。

当介绍每一个模式和目的时，我们也会解释活动的基本原理。希望这种广义的理解能激励你试验我们所提供的练习，将这些练习作为自己创造新活动的灵感，扩展自己的教练技能。

CHAPTER 4

第4章

从自己开始

我们相信真正能帮助客户的教练一定会先让自己做好准备。教练所拥有的力量、天赋、困境和盲点对教练关系有着意义深远的影响。它们会影响教练客观判定客户的天赋、问题和阻碍及教练进行一对一教练环节的方式。第5章“改善心智”将指导我们如何更深入地挖掘你和客户带入到教练关系中的价值观、假设和策略。本章将探讨两个几乎每个教练环节都会出现的问题：和客户一起保持关注当下的状态及妥善解决自己的内在批判。向客户提出这两个问题也同样有助于教练服务的开展，因此这个环节的练习被作为教练环节干预手段呈现给大家。

关注当下

在教练工作中，我们对关注当下的定义是“给予全面的、有意识的关注”。这意味着要全神贯注地观察、聆听某人或某事，完全不为自己的思想与感觉所干扰。为什么关注当下如此重要呢？

教练是一个发现的过程。我们和其他人一起进入一个未知的领域。我们不仅帮助客户去发现他们未知的自我，在这段教练关系中，我们自己也在学习。要深入推进教练服务使其富有成效，教练必须在处理自己的内在进程——思考、感觉、判断并给客户提建议的同时，全身心地聆听他人。这要求必须全神贯注。

人们能感觉得到我们和他们在一起时全身心关注当下的状态。这种关注当下的状态能唤起他人心灵和精神反思的空间：他们很少聆听自我。毫无杂念地聆听自己的心灵和思想有助于思考他人的感受，考虑他人可能经历的、可能联结的和可能需要的会是什么。当我们处于关注当下的状态时，我们的语言表达和非语言表达是一致的。我们不会发出混乱的信息。我们所关注的人能感觉到我们的精神，感受到我们正和他们一起保持着对话的框架。全神贯注能唤起创作灵感，这和投身于任何创造性的、改造进程的体验是一样的。保持关注当下的状态是征程的起点，从这里我们开始寻求教练的成果——目的明确的创造性行动。

进入关注当下的状态需要两个步骤。步骤一，让自己关注当下。运用练习和活动帮助自己进入毫无杂念、全身心关注客户的教练环节中。步骤二，连接到客户，帮助他全神贯注于教练环节的工作。教练此时的职责就是帮助客户进入并保持关注当下的状态，注意力完全集中。

在教练环节的准备阶段，理清思绪、放空有干扰因素的思想和感情非常重要（当然这对于我们生活的各个方面而言都很重要，但是我们现在讨论的是有关教练的话题）。以下建议有助于在教练环节前进入关注当下的状态。

- 复习与客户上一次教练环节时所做的笔记，与客户保持同步状态。
- 略微走动或伸展肢体。
- 花几分钟练习瑜伽或太极。
- 深呼吸，冥思片刻。
- 喝水放松一下，调整自己的感觉。
- 在户外待几分钟，享受在大自然中的感觉。
- 看看花或者望望窗外的风景。
- 写下或画出能反应你此时感觉和想法的线条或图形。
- 记下你需要加入“待办”列表的任何信息，以此结束你的思考并抑制住这些想法。
- 将在教练环节可能分散你注意力的任何议题的思考记录在日志中。
- 进行有助于你理清思绪的任何个人活动。

有助于你和客户关注当下的练习

接下来的练习将有助于你关注当下。在进入教练环节之前自己先练习，或者在开始教练服务的启动环节和客户一起实施这些练习，有助于你们双方聚焦在将要开展的工作上。本书是基于你和客户分享练习的情境下进行指导介绍的，你也可以把自己当成客户开展练习，能实现同样的效果。

练习 4.1　借由呼吸进入当下

目的

本练习将加强对当下的关注，以开始教练环节。

何时使用

- 帮助教练和客户调整状态至教练环节上时。
- 需要重新连接到教练准备环节中的自我状态时。

时间安排

2~5 分钟。

指导介绍

步骤 1： 询问客户是否愿意在教练服务开始前，做深呼吸来调整状态，转移注意力到教练环节中，更加关注当下；或者在教练服务开始前，自己进行这个练习（通常我们和客户都会进行）。如果客户同意，引导他进行以下练习。

步骤 2：“找个舒适的姿势坐好。闭上眼睛或者视线低垂。把所有的意识都放到你的呼吸上来，关注你的呼吸，留意它的节奏，感觉在你的鼻腔、肺部、胸部和横膈膜间空气的流动，感受呼吸的韵律，吸气，呼气。当你这么做的时候，去感觉呼吸的任何变化。”

步骤 3：“现在让你的呼吸更深入、更缓慢。继续关注它。让你的呼气长于你的吸气。用适合自己的节奏继续。想象呼吸为你身体里的每个细胞带来了空气。随着每一次的呼吸，你的身体得到了滋养，变得焕然一新、充满能量。”

步骤 4：“现在让你的呼吸恢复到正常状态。用适合自己的节奏继续呼吸，当你做好准备的时候，慢慢睁开眼睛，这样我就知道你已经准备好可以开始了。”

步骤 5：询问以下问题让客户反思或分享

- 在呼吸练习时你感觉如何？
- 你现在感觉如何？
- 你注意到在呼吸练习后有任何变化发生吗？
- 你准备好开始了吗？

步骤 6：当客户准备好后，开始教练环节。

提示

- 在教练环节中，你可以参照这个开场练习并要求客户关注他的呼吸一段时间。如果在教练环节的开始时引导客户进行这个练习，当客户在教练服务进行中注意力不集中或出现障碍时，她可能更容易重新进入关注当下状态。
- 你可以建议客户每天都练习，在重要的会议或者讨论之前关注呼吸一段时间。第 9 章“动起来”会提供更多的练习，通过关注呼吸来开发关注当下的能力。

客户案例

我的同事凯茜使用这种呼吸练习来开始她和客户公司的经理们的教练环节。起初，她有些担心客户们会比较抗拒这么感性的教练方法。但是她自己使用了这个方法后觉得很有帮助，于是她决定尝试一下。之后她和安妮分享了自己的体会：“现在我会邀请客户进行几分钟的呼吸练习来开始我们的教练环节。很多客户都喜欢这种方式。有一个客户最近告诉我，他最开始是心存疑虑的，但是现在他开始期盼这个练习了，因为练习让他有时间放松下来，缓解一天的疲劳，关注到底真正重要的是什么。关注呼吸并平静心绪的有效性简直不可思议。”

练习 4.2 静坐式或行走式冥想

目的

本练习是通过关注身体来进行的一个简短的过渡式冥想，主要用于教练环节开始时。教练和客户通常都是以快节奏进入教练环节，需要经过一些练习放松下来。

何时使用

- 帮助教练和客户过渡到教练环节中时。
- 和客户一起需要更加关注当下时。
- 为聚焦注意力提供框架时。

时间安排

5~7 分钟。

指导介绍

步骤 1： 询问客户是否愿意在教练服务开始前进行几分钟的行走式或静坐式冥想来调整状态，放松心情，进入教练环节。

步骤 2： 引导客户进行以下冥想，

备选项 1：静坐式冥想

a. “找个舒适的姿势坐好。闭上眼睛或者视线低垂。”

b. “把所有的意识都放到你的呼吸上来，关注你的呼吸，关注它的节奏，感觉在你的鼻腔、肺部、胸部和横膈膜间空气的流动，关注呼吸的韵律，吸气，呼气。当你这么做的时候，去感觉呼吸的任何变化。”

c. “继续关注你的呼吸。如果你开始走神了，有其他想法钻进脑子，这很正常，这是人的本性。当你发现有杂念了，自然地将自己的注意力引回到呼吸上，关注你的吸气，呼气。”

d. “继续静默 2~3 分钟。时间到了我会告诉你。”（留出 2~3 分钟进行静默，或者在开始的时候就和客户确定是否需要更长时间进行冥想。作为教练，你也可以在控制时间的同时进行冥想。）

e. “当你准备好了，请慢慢睁开眼睛。”

备选项 2：行走式冥想

a. “请起立绕着房间行走。开始关注你行走的步幅。注意在你行走的时候你的身体是如何移动的。关注在行走时你能体会到的感觉。”

b. “现在把所有的意识都放到你迈步时落脚到地面的动作，感受随着每一步行走你的脚跟、脚掌、脚趾接触到地面的瞬间。感受当重心从一只脚转移到另一只脚时你身体内的平衡。让自己关注将一只脚落在地面上时所走的每一步。”

c.“注意你的腿和臀部是如何移动的。注意你脊柱的运动。将你的意识带到颈部、头部，现在到手臂。”

d.“关注你的呼吸。注意呼吸的节奏。慢慢感受身体在空间中的移动。”

e.“继续，将脚慢慢地落在地面上，当你在移动时要集中注意力。继续行走 2~3 分钟。如果你开始走神了，有其他想法钻进脑子，这很正常，这是人的本性。当你发现有杂念了，自然地将自己的注意力引回到你的动作上。冥想时间到了我会告诉你。”（留出 2~3 分钟或者约定的时间进行静默。作为教练，你也可以在控制时间的同时进行行走式冥想。）

f.“走完下一步，逐渐将自己带回到静止状态并保持片刻，然后坐下。”

步骤 3：作为提示，询问以下问题让客户反思或分享。

- 你有什么体验想分享的吗？
- 你在冥想的过程中感觉如何？
- 你现在意识到了什么？
- 你注意到你的思维、感觉和身体有任何变化吗？
- 你准备好开始了吗？

步骤 4：当客户准备好后，开始教练环节。

练习 4.3 重新聚焦注意力

目的

本练习将有助于教练双方在教练环节中将注意力重新调整至关注当下状态。

何时使用

- 当你在教练环节中，发现自己走神了要重返当下时。
- 当你认为客户走神了，需要帮他重返当下时。
- 当谈到棘手或富有挑战性的问题，需要释放压力时。

时间安排

不超过 1 分钟。

指导介绍

步骤 1：坦承你推测客户正在开小差，询问这是否属实（或者注意到你自己的思绪已经转向别的地方）。如果属实，转到步骤 2。

步骤 2：要求客户“做一次深呼吸，将分散你注意力的想法抛开。然后改变一下身体的姿势，这会给身体一个潜意识的信息，你正在放空那个想法”。

步骤 3：如果你认为客户漏听了一些你的谈话，可向客户确认，了解他是否愿意你重复谈话内容或向你做一些解释。如果你作为教练在进行这个练习，你认为漏听了客户的谈话，可向客户坦承自己走神了，并阐明自己所漏听的内容。

练习 4.4　你在哪里

目的

本练习将加强关注当下状态以启动教练环节，并有助于构建自我反思技巧。

何时使用

- 教练环节中帮助客户转换状态，进入关注当下状态时。
- 帮助教练和客户设立教练服务的工作目标时。

时间安排

5~7 分钟。

指导介绍

步骤 1：询问客户在正式开始教练环节前是否愿意花几分钟时间进入关注当下状态，并且阐明其对今天的教练环节最大的期盼是什么。如果客户同意，转到步骤 2。

步骤 2：请客户改变坐姿，找到一个既省力又放松的姿势。建议他做几次深呼吸放松身心。

步骤 3：询问以下问题：

- 你现在在哪里？当我们准备开始教练环节时你觉察到自己有什么想法或感觉吗？
- 为了能全身心地投入到今天的教练环节中，你现在最想置之一旁的想法和感觉是什么？

- 你最想把什么带入到今天的教练环节中？
- 你最想或者最需要从我们今天的相处中得到什么？
- 为了让你能不受干扰地完全投入到今天的教练环节中，还有其他是你想分享的或者想做的吗？

步骤 4：当客户准备好后，开始教练环节。

妥善处理内在批判

我们的体内都住着一个“批评家”，他时不时会发表意见，负面地评价自己和他人的行为，有时是大声疾呼，有时是小声嘟囔；他会很轻易地质疑和严厉地评判自己与客户的工作过程。当我们尝试用新的干预手段来扩充教练能力时，这种内在批判会特别棘手。他的声音会阻止我们尝试可能为客户带来巨大收获的新练习，或者让我们对寻求不熟悉的领域犹豫不决。在某些时候，似乎只要带着信念和信心再继续推进下去，客户就可能取得重大突破，这时，教练却放弃了不熟悉的模式重回旧路。妥善处理内在批判能使我们和客户更加关注当下。当我们陷入批判的思维和感觉中，我们的思绪就会被占据并从当下的状态中抽离开来。我们关注当下、全面聆听和回应的能力就会减弱。

能采取的最有效的方法就是和自己的“批评家”做朋友——让他具体表现出来，并学会有效地处理他所传达的信息。当这样实践了，你也将学会如何指导客户去解决阻碍他们努力改变和成长的内在批判。下文将帮助你理解内在批判的形成过程，也给出了一些建议和练习来指导你和客户妥善处理内在批判问题。

内在批判始于应对策略

我们批判的声音产生于幼年时的羞愧或难堪的经历，或者来自权威人士（父母、老师）和年长的同伴带来的恐惧。举例来说，羞愧和难堪可能来自在课堂上因为错误地回答了老师的提问而受到的斥责或嘲笑。我们吸收了这些有关自己的负面信息并在脑海里不断重放。作为早期经历的创造性应对策略，这些内在批判在不断演变。我们用自我批判这样一种先发制人的形式来避免来自大众的批评和羞辱。内在批判的形成也是一种让自己适应主流文化的方法。在早期，自我批评使我们能应对并最终克服复杂的状况。

苏珊和她的内在批判

苏珊从小跟随挑剔的父亲长大。他要求自己的女儿顺从、听话、行为规范、成绩优秀。对苏珊这么大的孩子来说，大多数情况下父亲的期盼是不可能实现的。当她达不到要求时，父亲就会严厉地斥责她、惩罚她。

作为一个小姑娘，苏珊用力所能及的最有创造性的方式来应对父亲的要求。她通过一味追求良好表现的方式来顺从、取悦父亲和他人。表面看来她的人生很成功，是一个杰出的学生和运动员。内心的她却拥有另外一个版本的人生。她觉得无论自己做什么都不够好，慢慢地开始觉得自己也不够好了。作为一个顺从的学生，她学会了父亲清清楚楚传递给她的信息——批评和评判她自己。

她完全吸收了父亲的信念和要求，甚至更严格地要求自己。潜意识里，她希望这样做可以使自己免予或逃脱父亲的批评和惩罚。因此，苏珊的内在批判作为一种潜意识的创造性应对策略逐渐形成，保护自己不受父亲的批判式和完美主义者思维方式的伤害。这有助于童年时期的她应对那些来自父亲的极具挑战性的要求。

公平地看，苏珊的父亲认为他的行为对女儿是最有益的。他用惩罚性的方式来抚养苏珊，认定他的方式会让女儿取得他所认为的成功。事实上也是如此。但是所付出的代价是苏珊的情感健康和自我价值感的缺失。

苏珊长大后成了一名酗酒者。像大多数人一样，成人后她继续保持曾经的那种创造性反应来应对生活的需求。然而，身为一个成年人，这种策略已不再能帮她实现自己的目的和目标了。作为公司一名的副总裁，她总是争强好胜，需要不断地证明自我价值。她自认是一名完美主义者，只有自己才有能力按照正确的方式做事。对于下属的管理她经常事无巨细地都要过问，严格鞭策他们达到她的高要求。她的内在批判成了她自己生活的力量。正因为如此，很多她的直接下属都离职了，因为他们不认同她的管理风格。

在教练环节中，苏珊意识到自己孩童时期学会的防御性习惯已经过时了，她认同的成功方法（事实上是她父亲的）已经瓦解了。“我不能再这样了，”她说道，“做一个工作狂来持续证明我足够优秀的驱动力正在夺走我的健康、情感和家庭。我必须要学会停止苛求自己。”这种意识转变促使她开始了新的历程：处理内在批判传达出的“不够好”的信息，产生对自己的同理心。

从内在批判到同理心

作为教练，我们能从苏珊的经历中收获到对自己和客户都有利的体会。我们的内在批判可能和苏珊的类似也可能截然不同。但是所隐含的信息基本上是一致的——终归是沮丧而痛苦的。我们批判性的、带有恐惧心理的内在声音是我们很多无效行为的根源。它的触发经常将我们带入到单边控制、生存循环选择、不适宜的拯救或迫害他人的恶性循环中。（附录 B、E、F 介绍了被内在批判触发后我们表现出的特定行为模式）

当内在批判出现时，我们的经历一定是痛苦不堪、心烦意乱的。值得庆幸的是，通过妥善处理内在批判，我们能产生对自己和客户的同理心。同理心是内在批判的解药。通常富有同理心地对待他人是比较容易做到的，而真正有同理心地对待自己却更具挑战性。但是，只有我们变得真正对自己有同理心时，才能完全将这份同理心延伸至他人身上。

阴影自我

内在批判通常作为自我阴影部分的一个方面被提及[①]。阴影自我是在自觉意识之下的那部分自我。这部分的自我可以是积极的未经开发的特性、潜在的才能或未实现的潜能，也可以是消极的特性或低效的那部分自我。我们在否认抑制这一部分的自我，这也是“阴影”这个词语的出处，它们处于阴影中，不为有意识的自我所看见。

我们的阴影部分能教给我们大量有关自己的信息，这是根本的前提。在某些时刻，教练过程可以有助于深入探究这个领域的最深处。挖掘阴影自我（也包括了内在批判）并深入了解它，是解开巨大的宝藏（这个宝藏就是隐藏着的自我、我们的愿望和梦想）的一个钥匙，能充分释放我们的创造力，因此我们理应成为这一部分自我的朋友。

妥善处理内在批判

尽管这看起来是违反直觉的，但事实上，在妥善处理内在批判的过程中，我们的批判部分本身就是自己的同盟。批判的声音在提醒我们，我们可以从评判转变到理解。正如黛尔所解释的，“当我为内在批判所控制时，我仍旧要咬紧牙关来面对它，我会尽力把它看成一个机会的召唤。本质上说，这是又一个机会让我去删除不想再重复的信息，

① 心理学教科书和精神学说包含了大量有关阴影自我和阴影部分的文章。如《卡尔·荣格全集》（*The collected works of C. G. Jung*）（Adler, Fordham, & McGuire, 1981），《人类及其象征》（*Man and His Symbols*）（Jung, 1968）和《Beside Ourselves》（Quenk, 1993）。

聚焦有建设性的信息，探索我的阴影部分，并且加深自我同理心。”

我们能觉察到自己批判自己的方式和原因，这样我们能改变处理某类问题的方式。很可能一种未被发现的才能就藏匿于“我对这个不在行”或者“我做不了这个”的信息之下。举个例子，有一个客户曾经很确定他不会缝纫。但当他妥善处理了有关能力和创造力的内在批判之后，他最后变得对缝制被子极具天赋。越频繁地听到自我批判的声音并对它做出回应，我们就有越多的机会去改变和成长。一旦创造力从内在批判的力量中释放出来，它将流入生命的各个领域。

当内在批判的声音响起，我们可以倾听并且决定要在这部分的自我上花多少精力和关注。我们也可以判断内在批判是否能给我们带来任何有用的信息。用这种方式来关注内在批判，它的力量会慢慢消散。每一次我们听见内在批判的声音，我们可以承认它并且选择对它抱以同理心。了解你的内在批判并与之和平共处是一个持续的、通常也是不轻松的过程。然而，通过这个方式我们能进一步赋予自己力量，抱有同理心。我们开始更迅速地完成认知、选择，然后再释放部分自我的循环。

我们实践了一种方法并将它与客户进行了分享。这种方法就是赋予内在批判实体形式，用这种方法来妥善处理内在批判。以下是如何用这样的方法来帮助客户的示例。

苔莉和她的内在批判

苔莉参加了一个引导型教练工作坊。她发现，当她尝试新的练习类型时，内在批判会产生强烈的反对意识。她意识到这种批判对她平时的生活有着极大的影响。内在批判练习让她发现，通过用黏土创造一个实体的内在批判的方式能让她妥善处理它。她创作了一个人偶，还为它塑了一张扶手椅。她说：“如果我让内在批判坐在一个舒适的地方，它就不会想来麻烦我了。”在工作坊其间，她扩建了给内在批判休息的舒适场所，作为一种隐喻性的表达，让它别挡道，不起妨碍作用。她给椅子塑了配套的桌子和搁脚凳，甚至还做了满满一马克杯的咖啡来引诱内在批判放松心情呆在原地。通过这种方式，她给内在批判和自己施以了同理心。这样做的结果是，工作坊其间她能更轻松地表达自己，能更加关注当下地集中精力学习。从这之后，苔莉经常提及，用黏土雕塑来承认并处理自我批判的方式是令人难忘的（见图 4.1）。

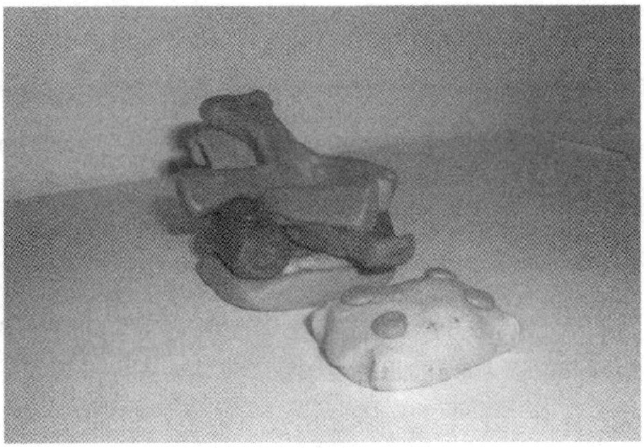

图 4.1　苔莉的内在批判图例

苔莉后来说:“我发现这个视觉练习是如此强大,我把这个故事和我的朋友分享了。我的朋友通过这个故事也识别了她的内在批判。那个黏土人形与她产生了强烈的共鸣,所以我把人形借给她,提醒她可以选择、控制她的批判。内在的声音也能释放她去做一些她曾经认为自己做不到的事。”本章后面的的练习将提供妥善处理内在批判的其他方法。

妥善处理内在批判的步骤

1. 承认批判的存在。
2. 从内在批判中确定任何有效的信息。
3. 选择同理心。
4. 释放对你没有帮助的部分。如果有需要,重复以上步骤。

过程中的希望

当我们听到内在批判的声音,有意地改变我们的意识和思维,我们就有机会:

- 认识到我们很多的判断都是推断和假设。
- 更迅速地完成对判断的承认–释放循环。
- 消除内在批判的力量。
- 选择从基于恐惧的单边控制模式行为改变到创造性的交互学习模式行为。
- 对自己的行为负责,更少地责备他人。
- 建立和深化对自己和他人的同理心。

内在批判和辨别性思维的区别

认识到不具有同理心、妄下判断的自我批判与被称为辨别性思维的分析式的、评估性的思维功能之间的差异是很重要的。辨别性思维是一种思维过程，能使我们辨别和决定我们认为什么是有价值的、我们坚信的是什么和我们视为重要的是什么。辨别性思维提供了有用的判断和思考，帮助我们做出精明的、清晰的、符合我们目的的决定。它支配我们的大脑明确选择同理心而不是单边评价的那部分。

例如，在教练环节中，我们可能意识到自己在用单边模式对待客户而不是在使用交互学习模式。客户可能还没有注意到，但是我们已经感知到了。我们运用辨别性思维观察到自己的行为不符合我们的核心价值观和目的，可以立刻反思并转变行为。我们也能选择通过同理心的眼光而不是贬损的内在批判来看待自己。通过这样的方式，我们可以有建设性地学习改进而不是因为做错事而让自己难受。内在批判和辨别性思维之间的区别就在于：内在批判是一种审判式的，它不断重复还建立负面的信息；而辨别性思维洞察到不一致性后把它当成学习的机会。内在批判会成为我们有效性的障碍，而辨别性思维将对我们有益。

如何与内在批判做朋友

直接与你的内在批判对话来进一步探索和学习这一部分的自我是很有帮助的。通过这种方式，你能对批判性的自我承担领导的责任。当你和客户觉得束手无策时，或者当你看不到在朝着既定目标前进时，这会非常有利。内在批判被识别后，它和辨别性思维会展开对话。

这种对话能通过口头、书面、视觉表现和身体动作的形式表现出来。本书中有很多练习可以用来发起或继续内在批判和辨别性思维的谈话。这些练习的结果将使批判所带有的有效信息浮出水面，也会收获观点、同理心和对自我的客观认知，同时还会运用辨别性思维梳理和了解任何阻碍目标前进的潜在信念。

当你将内在批判转变成你的同盟，大家可以肩并肩舒适地坐在扶手椅上和平共处时，就会得到丰厚的回报。本章中的练习就是专门帮助你和客户展开这种对话的。

内在批判练习系列

这些练习的设计是有顺序的。我们推荐你把它们作为一个系列来使用，让自己熟悉这个过程。然后根据你和客户的需求运用自己的想象对它们进行调整。

练习 4.5　赋予内在批判实体形式并与之对话

目的

本练习将为内在批判创建一个具体客观的实体形式，引发对它特性的学习。

何时使用

- 确定内在批判的存在和特性时。
- 了解内在批判妨碍有效教练过程的方式时。
- 了解你可能从内在批判得到的收获时。
- 理解内在批判对有创意、目的明确的行为的冲击时。
- 学习具有同理心地对待内在批判，把它当成发展过程中的同盟时。

时间安排

10~12 分钟。

材料

蜡笔、马克笔、白纸和橡皮泥黏土。

指导介绍

步骤 1：用一个简单的引导式图像练习来帮助客户将他内在批判的形态可视化。在引导客户想象时你可以这么说：

“让自己舒服地坐在椅子上。你可以闭上眼睛或者视线低垂。现在关注你的呼吸，留意你呼吸时气流的吸入与呼出。现在让自己开始关注在你身体的哪个部分可以感觉到内在批判。花些时间扫描你的身体，继续去感知在身体的哪个部分有内在批判的存在，通常它就在你觉得紧张和有压力的地方。然后让自己去想象内在批判的大小、形状、颜色、质地和运动方式。现在在你脑海里让一个能反映出内在批判的形象、象征符号或者画面显现出来。对你而言这个形象可能合理也可能不合理，它可能是具体而逼真的也可能是抽象的。没有一定正确或错误的形式，你只需要让内在批判显现并且生动起来。”

步骤 2：“通过画画儿或用黏土雕塑的方式给内在批判建立实体形式。”

步骤 3：通过询问反思性问题来更多地了解内在批判。要求客户代表内在批判，用口头或反思性书面表达的方式以第一人称（我）来回答问题。询问以下问题：

- 你的形式、颜色、形状和质地代表着什么？
- 你的特性是什么？
- 你从哪儿来？
- 你想从我这儿得到什么？
- 你是怎样让我束手无策的？
- 你能怎样帮助我？
- 你能教会我什么？

步骤 4：通过询问以下问题来听取练习的完成情况。

- 从对问题的回应中你获得了哪些关键性的领悟？
- 当你给内在批判建立实体形式时，你有什么其他的感觉和想法吗？
- 你的领悟可以怎样帮助你前进？

练习 4.6　要求内在批判让路

目的

本练习将有助于客户承认内在批判的存在，并使内在批判从它的负面信息中脱离出来。这个练习可以创造出空间，让有创造性的、富有同理心的那部分自我再次浮现。当你和客户攻克有挑战性的项目或者在内在批判突现牵扯注意力的任何时候，可以进行这个练习的简单版本，对解决问题会有帮助。

何时使用

- 当发现内在批判阻碍了你与客户保持关注当下状态，想要摆脱困境时。
- 和客户一起解决尝试新工具或者应对棘手问题的恐惧心理时。
- 更深入地连接自我同理心时。

- 当客户受制于内在批判，要帮他摆脱困境时。
- 开发一种练习来改变无效的批判式思维时。
- 应对阻碍客户朝着自己的目标前进的恐惧和判断时。

时间安排

5~7 分钟。

指导介绍

步骤 1：注意到客户的言行（或自己的）似乎为内在批判所驱动时，建议客户有必要对批判进行处理以继续前进。确定客户是否愿意采纳建议。

步骤 2：分享以下提示："要求内在批判的那部分自我让路，这样你可以自由地行动、表达和想象，这种方式能加强你学习的能力，帮助你实现目标。在你的脑海里为内在批判描绘一个场景或栖息场所。你去实现目标时要求你的批判就待在那里。尊重你的内在批判，这样，在与人性的抗争和学会接受人性的过程中，你对自己抱以了同理心。"

备选项：请客户用黏土、硬纸板或其他艺术材料创建内在批判的栖息场所。这有助于让场景更具体、更难忘。

步骤 3：请客户用口头或书面表达的方式描绘这个栖息场所。

步骤 4：询问反思性问题来听取练习的完成情况：这些问题只是提示，可以酌情使用。

- 你的体验是什么？
- 你的内在批判是如何回应的？
- 你的同理心自我是如何回应的？
- 描绘一下在你的思维和情绪中能感觉到的任何改变。

步骤 5：任何时候当客户留意到自己内在批判的声音阻碍了有创造力的、目的明确的思维和行动时，请客户使用练习来要求内在批判让路。

练习 4.7 赋予同理心自我实体形式并与之对话

目的

本练习将为同理心自我创建一个具体客观的形式，从而促进从批判自我开始转变提升，并提供了内在批判和同理心自我之间的鲜明对比。这个练习能对开发自我关怀、信心、自尊和自我价值产生作用。

何时使用

- 确定同理心自我的存在时。
- 帮助客户确定其有同理心自我的存在和特性时。
- 在教练过程中，要了解并创建通道进入你的同理心时。
- 进一步开发练习促使从内在批判转向同理心自我时。
- 学会理解同理心自我对有创造性的、目的明确的行为的效用时。

时间安排

10~12 分钟。

材料

蜡笔、马克笔、白纸和橡皮泥黏土。

指导介绍

步骤 1：用一个与下文类似的简单引导式图像练习来帮助客户将他的同理心自我的形态可视化。

“让自己舒服地坐在椅子上。你可以闭上眼睛或者视线低垂。你可能想要甩甩自己的手掌和手腕让自己放松。现在关注你的呼吸，留意你呼吸时气流的吸入与呼出。”

“现在回想一个当你对某个人或者某样东西产生同理心的时刻，可以是对人、对动物或者对世间的某个场景。留意你所感受到的关心、尊重和重视的感觉。关注在你身体的哪个部分可以感觉到同理心的存在。通常它就存在于你心脏附近的区域，尽管你可能在别的地方感受到它。把你的手放在能感觉到对同理心自我有身体连接的部位，保持深呼吸，让你的呼吸可以抵达这个地方，完全感受你的同理心。”

［**可选项**——如果你认为适宜将练习进行延伸，可以将这个部分包含在练习步骤中］

“当同理心的力量和能量逐渐增强，将这种情绪和感觉投向自己。将你给予他人的同理心投射给自己。敞开胸怀，无理由地对自己和自己的挣扎抱有同理心。”

步骤 2：继续引导说：“现在让一个能反映或对这种同理心的感觉能产生共鸣的形象、象征符号或画面浮现在你的脑海里。留意你觉得能和这种形象联系起来的形状、颜色和质地。对你而言，这个形象可能合理也可能不合理。抓住对你有任何意义的特质和特点。

它可能是具体而逼真的也可能是抽象的。没有一定正确或错误的形式，你只要让同理心显现并生动起来。通过画画儿或用黏土雕塑的方式给同理心自我建立实体形式。”

步骤 3：询问类似的反思性问题来更多地了解同理心自我。要求客户代表同理心自我，用口头或反思性书面表达的方式以第一人称（我）来回答问题。然后如下提问：

- 你的形式、颜色、形状和质地代表什么？
- 你的贡献是什么？
- 你能怎样帮助我？
- 你能教会我什么？
- 我怎样才能深化有关你的体验？

客户反馈：

客户通常会以一种出人意料和极具创造性的方式来反馈内在批判练习。以下示例来自客户的一段陈述和一首诗。对于客户完成练习后适应性地选择任何对他们有效果的表达方式，无论是作诗、做拼贴画或者雕塑，还是一纸空文，都保持开放的态度。让开放带来广泛可能性的空间。关注客户从练习中得到的任何成果并探讨它的意义。

> “当我和黛尔谈过之后，我意识到我的心魔（自我批判）正在显露出来——恐惧和‘永远不够’的心魔。这些心魔时常出现在我的生命中。因此我把那些心魔做成了黏土并且束之高阁。有意思的是，当我承认它们的存在后我能继续前进了。我也能一笑置之了。”
>
> ——伊莱恩 · 布鲁克斯，1996 年 3 月

心魔颂

你不请自来，
搅乱了我生命的流动。
恐惧与傲慢是你对我的诉说——
还有我的不够好。
我赞同你的英明：
现在的我不够，将来的我，
永远不够。
不够好，不够聪明，不够体贴，不够苗条，
无穷的不够。

你雄厚的嗓音，
回响经年；
我羽翼渐丰，
驻足、聆听、致敬。
你在提醒，不要播种自满于平静之下。
道谢之后我将继续前行，
因为我知道我已真正，
足够。

伊莱恩·布鲁克斯，1996 年 2 月

CHAPTER 5

第5章

改善心智

在很多情况下，最好的教练工作成果就是帮助人们改善心智——重新审视他们关于世间万物的关系和世界运转方式的价值观、信念和假设。

正如我们在“指导原则”（第 2 章）所指出的那样，人们的心智模式驱动着他们的行为。而且就绝大部分而言，这些心智模式，就像一个指导“程序”的操作系统，作用于我们的自觉意识之外。

在教练环节中所使用的任何一种多重认知方法都能揭示我们心智模式中有问题的方面——那些给我们或者给客户制造障碍的价值观、信念和假设。例如，视觉表现、身体活动和反思性书面表达这样的干预手段主要适用于让人们适应性潜意识的智慧显现出来，用这样的干预方式最有可能把深植在由价值观、假设与习惯性行为所构建的隐形网中的问题发掘出来。本章将提供如何处理人们心智模式的指导。我们会分享一些常用的基本干预手段，帮助人们改变价值观和信念来扫清障碍，增强有效性。

基本教练服务和发展性教练服务的区别

教练服务并不总是需要去深入研究人们的心智模式。有时人们寻求教练服务只是为了某一特定行为的改变，这只需要一些额外的指导。例如，有客户寻求教练服务来掌握一种决策模式并且运用到一个特殊的项目上。另一个客户需要影子教练来帮他设计出一场大型群体引导的流程。这些都是零散的任务，客户的主要需求就是一种可以遵循的模式及帮他们学会如何运用。这就是我们所说的基本教练服务。

大多数的教练服务都比基本教练服务更具发展性，即使教练服务开始的目的并不是这样。这是因为，大多数人都是在为某些未知的东西所阻碍或者自己正在纠结选择某一个方向时才寻求教练服务。如果他们知道如何解决问题或者能意识得到并控制得了这个问题，他们可能就不会借助教练的帮助来解决了。通常阻碍人们的是无效的心智模式，尤其是单边控制模式的思维和行为，或者是与其相对应的、基于恐惧的生存循环模式，或者是不真实的戏剧三角形关系模式（这些模式见附录 B、E、F）。

很多时候人们持有一个特定的目标或期望，却没有意识到他们没有觉察的那些信念正阻碍自己达成期望。开始的时候教练服务经常只是一些简单的议题，如设定新的职业目标或者离职。但是只有使用干预手段后，才揭露出一种深深的无法胜任的感觉，或是一种避免棘手问题的行为模式，或是害怕与他人分享控制权的心态，或者其他类似的障碍。要解决这些问题，我们需要和客户一起进行更有发展性的教练过程。正如德拉思和范·韦尔索所描述的，“有些信念一度让人感觉很舒服以至于我们都不能完全意识到它们的存在，但是不知何时它们的有效性就会达到极限，开始妨碍我们。发展总是事关超越一些早期的认知方式，将它们并入一种更新、更复杂的认知方式。”这就是我们要做的工作，帮助人们审视并决定是否改变思维和如何改变思维。

发展性教练服务：詹姆斯和他的会议

詹姆斯要求教练服务能指导他如何更好地管理会议。他在一家大型的会议管理培训公司工作，并且已经完成了好几个相关的工作坊。但是他的部门领导告诉他，如果他不能更好地组织会议，参会者还是一次又一次地事后否定会议决策，他就不可能升职。最近詹姆斯的团队要么不执行他们在会上做出的决定，要么找领导要求更改会议决定，领导好几次提起这件事，认为这种情况的发生是詹姆斯会议管理成效差造成的。

詹姆斯的教练服务是通过电话远程进行的，因此他的教练让他把最近几次会议的议程传真过去。然后两人一起回顾了这些议程。詹姆斯描述了整个会议的经过、谈话是如何进行的，以及会后又发生了什么。看起来似乎他的整个管理过程是没有问题的——制定议程，提前发出议程，让参会者知道需要完成哪些准备工作，给议程内的每项活动确定具体目标。于是针对会议后团队不执行或者不支持会议决策的案例，教练让詹姆斯挑选其中一个会议写出有关情况。他要求詹姆斯用左手栏案例法的格式来写（见练习 5.3）。用这种格式，詹姆斯需要准确记录在会议的决策环节自己所说的内容，以及他人是如何回应的，同时，在页面的左边还要记录在每段对话发生时詹姆斯的想法和感觉。

用左手栏案例格式进行回顾分析过的案例显示，詹姆斯几乎没有向参会者提问。他只是摆出自己的推理，建议一个解决方案，然后说："如果你不赞同这个提议请告诉我。"偶尔他确实也问了一个问题，但是一种诱导式的提问："我想大家都同意，对吧？"对于这两种情形，参会者几乎都没有给出反馈意见，然后詹姆斯就继续进行下一个议题了。

教练可以和詹姆斯一起努力帮助他学会真正地提问并且向团队成员征求更多的反馈意见。但是詹姆斯的左手栏案例分析显示，问题的根源在于他的一些假设和信念，而这些假设和信念构建了他有关管理方式的思维模式。他会有这样的想法："这是我熬了半宿想出来的。赶紧的，伙计们。这就是我们需要做的。"还有："我能成为你们的经理是因为我对这个很了解。我们根本不需要坐在这里说些废话。"有团队成员指出，詹姆斯的解决方案存在潜在瑕疵，詹姆斯却认为，"这个我都还没有弄懂的系统，你又可能知道什么呢？"教练觉得，显而易见地，詹姆斯不提出问题是因为他做出了假设，认为自己掌握了所有的情况而其他人没有，认为自己拥有正确的解决方案，而自己的工作就是要让组员们认识到这一点并采纳这个方案。

詹姆斯的意图是好的。他接受过专业的培训，在自己的专业领域经验丰富。然而，对他的想法和言论进行探究后，很明显地发现他认为自己必须要做一名专家。如果有什么是他不知道的，那就意味着自己无法胜任领导的职位。教练帮助詹姆斯看到，如果不能吸引小组其他成员的兴趣，不听取他们的意见，不通过真正的参与让他们对会议决策做出承诺，事情的发展会和他预期的截然相反：领导会认为他不是专家，而是一个不称职的经理。认识到这一点，詹姆斯的教练服务取得了突破进展。教练帮他识别了这个非预期的后果，剖析了他对于有效管理定义的假设。一旦他意识到事件的原委，明白自己的行为方式显示出对小组其他成员的不信任，詹姆斯就变得对他人的想法有好奇心了。在会议其间提出真正的问题，帮助小组制定大家都充分支持的决策。

心怀敬畏地使用共同设计、好奇心和同理心支持

在发展性教练领域，我们在第 2 章里概述的交互学习这个核心价值观非常重要。首先，不经过客户的许可，绝对不要深究这个领域。如果这么做很有可能激发防御和阻抗，这与有助于学习和行为改变的教练关系是完全相悖的。通常当客户拒绝改变一种行为，即便他认同这是个无效的行为，或者他尝试去改变这个行为却没有成功时，就是一个由根深蒂固的信念所引起的问题出现的时候。这种问题会带来紧张焦虑和自我批判，处理起来风险很大。这时需要和客户一起共同决定如何处理有关价值观、信念和假设的问题。你可以遵照第 3 章介绍的干预步骤，包括分享：自己对客户的观察、对观察的推理和假设及认为有必要继续深入探索的理由。然后教练必须探询客户是否有兴趣和意愿进行这个探索。

在詹姆斯的故事中，当人们寻求教练服务时，一开始不会想到他们需要审视自己的价值观和信念。作为教练，你最好在每个节点都要检查客户是否愿意进入这个领域。价值观和信念是高度相关的。因此，一旦开始审视一种价值观或信念，也就是在挑战其他与之相关联的价值观和信念。很多人形容这种经历的感觉就像整个大脑被重新接线。通常会有不自在和“清零”的感觉。客户有种重新回到起跑线的感觉，他们不想再使用旧的行为模式，但也还没有完全掌握符合他们想要植入的价值观的行为策略。

对大多数成年人而言，如果会给职业发展和家庭生活带来很大风险，重新回到茫然或感觉能力不够的状态是一个很大的挑战。在人们从旧模式向新模式转换时，教练的同理心和支持是非常关键的。有同理心的支持体现在保持耐心，通过提供选项来展开谈话，用角色扮演的形式练习新策略及用各种方式和他们一起一次又一次地努力。这也意味着，当客户在朝着新行为模式前进的路途中出现不可避免的退步时，不进行评价，同时帮助客户管理自己的内在批判。内在批判此时可能势头很猛，就像一种对改变现状的顽抗抵御，掠夺客户追求成长的能量和决心。帮助客户解决并跨越障碍的有效方法就是不隐藏像这样的问题，让它们显现出来并进行处理。

转换心智模式的旅程是高度个人化的。作为教练，尽管我们有很多模型帮助解读行为、预测结果，但是和其他所有的模型一样，这种过程也是有缺陷的。好奇心是帮助人们探索心智模式最宝贵的财富。询问大量的问题，谨慎地呈现并检验客户对现状的假设或猜想。保持客户自由的、知情的选择权利，只要客户自己能确认对那些驱动行为的价

值观和假设所作的推理是否是准确和有效的。

教练服务与心理治疗的区别[1]

当处理人们根深蒂固的价值观和信念时，偶尔会遇到早期生活有创伤或者具有挑战性心理问题的客户。谨记教练服务不是心理治疗。虽然这么说，这两者间的界限也确实无法清晰定义。有人说教练服务解决的是有关未来的问题，而心理治疗处理的是有关过去的问题。但是我们经常会为了现在和未来而去处理过去的问题，来帮助客户审视生活模式、习惯、心智模式及信念体系。

对我们而言，教练服务的焦点是学习和开发新的技能，可是一些需要接受心理治疗的人们选择寻求教练服务，是因为他们认为接受教练服务与接受心理治疗相比不容易受到歧视。因此，教练清楚自己的技能非常关键。如果一个教练也是一个经过培训的心理治疗师，他可以重新定义和客户的关系，建立一份和心理治疗类似的合约。但是大多数教练都没有接受过心理治疗师的专业培训，如果在教练服务过程需要处理深层次的精神或心理问题，把握建议客户寻求心理治疗的时机非常重要。否则，客户将无法在教练过程中受益。他不但没有实现为教练关系制定的目标，通常还会经历巨大的精神折磨。

没有严格的指标来判断何时该推荐心理治疗。客户通常会带着具体的目标来开始教练关系，真正需要心理治疗的人的目标不会那么具体。因此，讨论教练服务的目的可能有助于阐明教练关系是否合适。当客户需要处理严重的精神和心理困扰时，如临床抑郁症、焦虑性障碍、滥用药物或悲痛之类的心理健康问题，他需要的是一个专业的心理医生。如果客户在教练关系中变得非常苦恼，这是一个警示。特别是如果出现了一次又一次回到同一个问题的模式，而客户似乎完全束手无策或者拒绝承认这个问题的存在，也许就要进行一些更深入的工作了，其介入的程度超出了教练服务的适宜范围。其他的指征还包括对每一个建议都提出担忧（一次又一次地说“但是万一……”）和无法聚焦话题、集中注意力。

根据我们的经验，当客户具有基本程度的自我意识和洞察力，而他自己又想要在努

---

① 有关讨论改编自《专业引导技巧实践指导》（Kchwarz, Dvidson, Carlson & McKinney, 2005）的第 57 章“引导型教练”，第 468–469 页。

力实现一系列清晰目标的同时深化这种意识，这种情况下教练服务可达到很好的效果。我们所进行的教练服务可能遇到深入的人际关系问题，比较明智的做法是建立一个心理健康专家的服务推荐网络，并且和这些专家们一起制定一些指导原则，明确在何时该如何推荐他们的服务。你可能从来没有遇到过这种情形，但还是应该慎重地为这种可能性做好准备，或者知道你可以向谁寻求帮助或征求建议。

改善心智的练习

以下的练习体现了使用多种认知方式来直接处理人们的价值观、信念和假设的一系列干预手段。本书中大部分其他练习也能用来帮助人们发现并改变自己的心智模式。如果你发现这种发展性教练服务对你和客户有帮助，可研读资源库“改善心智”部分列出的参考资料获得更多资讯。

练习 5.1　敏感话题[①]

目的

本练习将有助于你和客户识别可能引起单边控制或者防御性行为的情境和问题，设计如何更有效地处理他们的行动。

何时使用

- 提升对偏见的觉察和出现可能引起无效思维和行动的个人问题时（如对控制权和身份地位的需求）。
- 打造自我反思能力时。
- 培养对自我和他人的价值观、信念和假设的觉察能力时。
- 为自己造成棘手情境的心智模式承担责任时。
- 设计如何更好地处理引起防御性或无效反应的情境时。

① 本练习改编自《专业引导技巧实践指导》里的迪克·麦克马洪（Dick McMahon）的作品，第 281 页。

时间安排

45~90 分钟。

材料

笔和纸。

指导介绍

步骤 1：让客户独自或找一个信任的人给出诚实的反馈来识别以下事项。

- 人们所做的让你真正觉得烦恼的事情。
- 你觉得很尴尬或者有威胁性的团队场景。
- 关于自己，你真正要挣扎着去接受的事情。
- 你认为最重要的价值观和信念。
- 你的偏见。

步骤 2：引导客户从上述事项中选取一项或多项，然后想象一个情境，在这个情境中，由于这个（些）选项的存在令他在对话中保持有效性的能力被削弱。接下来如下引导客户："考虑一下，你对这个问题的感受可能如何引导你对他人做出未经验证的推理和归因。记下你的观察。"

步骤 3："设计下次在类似情境中你会如何说如何做。写出可能的对话，包括所有你想说的话和想象中从谈话对象那儿会得到的回应。尽可能多地把对话写出来，试着写满 2~3 页纸。"

步骤 4：和客户讨论他写下的对话。对他处理自己敏感话题的新方式给出反馈意见。持续重新设计敏感话题回应方式直到你们双方都认同客户所说的话符合他的价值观和目标。如果客户正努力做到和交互学习价值观（见附录 B）保持一致，检查他在对话中是否使用了基本规则和交互学习原则。

提示：

- 这个练习可以只进行到步骤 2，然后将结果用于对心智模式如何驱使我们的行为这一议题的讨论。这样也能产生个人觉察，有助于实施其他干预手段。
- 多次重复这个活动，每次都从步骤 1 的清单中选取不同事项来讨论。
- 作为教练环节中场休息的一个活动，让客户和一个信任的同事一起制定敏感话题清单来开始这个练习是很有益的。通常他人比我们自己更清楚我们的敏感话题，因此要帮助客户对不抗拒他人的反馈做好准备，然后通过与他人交谈或者更多的教练干预手段对这些反馈意见进行确认。

客户案例：

黛尔的客户有一个和她老板有关的敏感话题——老板的微观管理。在教练服务中她识别到这个敏感话题背后的驱动力。之后她分享说："我简直无法形容这个练习多么有帮助。洞察到 J（老板）是因为这个城市对他及机构的辱骂行为而使他陷入受害者模式，让我很容易理解他的控制性和胆怯行为，因此事情在某种程度上好转了。当他对我进行微观管理，事无巨细地都要过问时，我能识别他在做什么，理解这是这个城市对待他的方式所造成的结果。我不会认为他的行为是专门针对我的而心怀不悦。"

练习 5.2　践行理论干预法

践行理论干预法用来处理人们的行为方式与自己标榜的价值观之间的差异。践行理论这个术语是由克瑞斯・阿吉里斯和唐纳德・舍恩（1974）创造来描述这样的一种理念：在有风险或感觉到有威胁的条件下，大多数人会使用一种符合单边控制的价值观、信念和假设的心智模式却又毫不自知。当发现有人使用的心智模式不符合其支持的价值观，我们不能仅仅简单询问，因为这种不一致的模式深植于无意识之中。恰恰相反，我们可以通过分析行为本身来推理驱动这种行为的价值观——在行动中实际应用了的价值观或理论，而不是我们宣称的理想价值观或者用来合理化自己行为的价值观。

教练可以使用践行理论干预法帮助客户反思自己的行动产生的结果并非所期望的。你正在教练的对象也许是一个困惑于为什么员工不和自己分享更多信息的总经理，他可能表达他非常诚挚地希望听到别人的意见。但同时他可能并未意识到，当员工说了一些他不愿听到的话时，他总会提出质疑，这种行为方式导致了员工的防卫心理。如果你询问这个客户，当员工与他接近时他究竟说了些什么，可能就会发现这种差异了。发现差异为审视和转换驱动行为的价值观和假设打开了机会的大门。

践行理论干预法的模式遵循了本书第 3 章中介绍的干预步骤（同时也遵循了附录 D 中的诊断–干预循环的六个步骤）。在践行理论干预法中使用这些步骤甚至更重要，因为它们几乎总是以长期行为模式或者一套复杂的关联假设为基础的。人们需要知道你的研究数据（实际的话语和行动）和你正在做的推理，这样他们才能清楚地跟上你的逻辑，严格使用干预循环步骤通常可以降低防御能力。因为你要对深度嵌入的假设进行干预，而它们经常都位于有意识的思维层面之下，在完成一次践行理论干预前，通常你需要进行几次这样的循环。

目的

本练习是一种言语干预法，用来识别和价值观不一致的且会产生或可能产生负面的、非预期后果的思维与行为。

何时使用

- 帮助客户关注自己的言论、行为何时与价值观不相符时。
- 将客户有关如何处理棘手情境的假设显露出来并进行验证时。
- 提供不同的方式来思考一个与交互学习价值观或者客户的价值观更一致的情境时。
- 设计方法来改变行为让其符合价值观和信念时。

时间安排

45~60 分钟，时间长短取决于问题的复杂性。

指导介绍

步骤 1：识别价值观与行为之间的差异，特别要分享你在客户处的所见所闻和你所做的有关不符合的推断。向客户建议探索言行背后的思维模式可能很有帮助，并且检验客户是否愿意接受建议。如果愿意，继续进行下一步。

- 你可能这么说："我觉得去探索（你所说的、所做的、所画的、所写的等）背后隐藏的思维模式会很有帮助，因为……你愿意这么做吗？"
- 或者（如果对方熟悉专业术语的话）"我认为这可能是一个践行理论问题，对这个问题进行一些探索会有收益。我想分享我的想法，然后看看你是否赞同或有不同意见。你愿意现在花些时间来做吗？"

其他有效的询问有：

- "你愿意去探索自己对这个的推理吗？"
- "你会坦然地审视你推理背后的假设吗？"

步骤 2：（可选项，但是如果你还没有和客户一起进行过此步骤，强烈推荐使用此步骤)。向客户介绍心智模式的概念。分享附录B内的单边控制模型和交互学习模型，对二者进行简要的解释和对比。

步骤3：向客户详细解释你所觉察到的不一致，即客户自己认为重要的东西与他被观察到的言行之间的差异。指出你认为这种行为会产生的后果。如果你的解释要用到单边控制和交互学习的理念，要与单边控制和交互学习模型的价值观、信念、假设、策略和结果建立关联。作为替代，你也可以让客户建立与模型的关联。慎重地和客户验证你做出的推理。

本步骤中有帮助的询问有：

- 我正确地描述了你所说的内容吗？
- 你发现了类似于我所描述的模式吗？如果有，你会如何描述这个模式？如果没有，你对我的描述有何解读？
- 在我看来，这种思维似乎不符合……的核心价值观。你也这么认为吗？还是有其他观点？
- 你认为这些行为会产生我刚才描述过的后果吗？或者你认为会有什么不同的结果？
- 你认为我所描述的模式影响了你的工作吗？如果是，它是如何影响的？

步骤4：继续探索对正在讨论着的行为有驱动力的假设和推理。可能有帮助的询问有：

- 你想到了却没有说出来的是什么？
- 过往什么经历让你用这样的方式来思考这个情境？
- 我觉得你对……有一些假设（例如，为了给他人留面子，没有当众指出他们跑题这个事实）。你认为这些假设是不是正驱动着你的行为？

步骤5：帮助个人客户决定如何重建自己的思维模式，以及如何为自己重新设计符合交互学习和自己的价值观和信念的行为。

在这个阶段，通常有效的方法是由教练提供一个不同的方式来为当前的问题构建框架。例如，由于没有对人们的行为进行准确反馈而导致了令人痛苦的后果。教练可以通过对后果重建框架，帮助客户探索他过去逻辑中的缺陷，对于是否有意识地采用一套不同的假设做出知情的选择。在这一步，通常有效的做法是将无效策略的短期后果与长期后果区分开来看，例如，为了不让别人在此刻感觉尴尬换取的是以后低劣的工作表现和失业的后果。

你可能进行这样的发言或提问：

- 你可能有的其他假设是什么，哪种能够导致不同的行动并可能得到不同结果的假设？
- 我想建议你用不同的方式来考虑（这个问题）……你能从这个逻辑中看出缺陷吗？如果有，缺陷是什么？

提示：

- 帮助客户练习一旦他们开始转变思维时该说些什么，而最有效的方法是，让他们练习说出在这个情境中他们认为真正符合新框架的词和短语。你可以提供一个模拟场景，然后让他们来扮演自己，或者询问他们是否愿意接受更多的场景模拟，之后听取你的反馈意见。
- 践行理论干预法通常都很耗费时间，也要求客户的开放、包容和反思，还可能包含比其他干预方式更多的认知风险和威胁。要仔细实施诊断–干预步骤，在进行过程中定期与客户沟通以确定他是否愿意继续实施下去。要认识到践行理论是经过一生的体验和假设建立起来的。转变思维模式必须舍弃所学，框架重组过程也可能需要长期的多重干预，这些不是灵光一闪就可以实现的。
- 在识别践行理论问题与重新设计处理方式之间留出一个反思时间是有益的。重新设计处理方式可以作为一个有帮助的课后练习作业或一个跟进环节活动。

练习 5.3 左手栏案例法

目的

左手栏案例法活动可以让复杂情境下的价值观和行为之间的特定差异浮出水面。与其一起显现的还有包含了假设与策略的关联模式，这种关联模式让人际关系中的错误与误解更加恶化。一个案例就是一个探究完整心智模式（心智模型）的窗口。在很多情境中心智模式驱动着人们的行为。

何时使用

- 帮助客户清楚地洞察到自己的思维如何驱动其行为时。
- 明确在价值观、假设和策略驱动下，客户如何处理产生问题的情境时。

- 说明采纳一套特定的价值观、假设和策略将产生的结果时。
- 客户面临着的问题和困境中，大部分都是由自己参与制造的，帮助客户对此建立责任感时。
- 使用不同的心智模式来重组和重新设计客户的行为时。

时间安排

用 1~5 小时书写案例；用 1 小时或 2 小时探询和重新设计。

材料

笔和纸。如果要介绍单边控制和交互学习模型的框架，一份单边控制和交互学习模型介绍和对照表格（见表 5.3）将有帮助。

指导介绍

步骤 1：邀请客户写下一个左手栏案例，并且解释你认为这样会有意义的原因。如果客户同意写下案例，按以下步骤进行指导。

步骤 2：“在不超过一段的篇幅里，记录你与他人之间一段重要但又很艰难的对话。这应该是你希望自己当时能更有效地处理，并且愿意和我（你的教练）讨论的一段对话。这段对话涉及的另一方应该是你想要改善与其关系的人，还应该具有代表性，能体现你处理复杂情境的方式。如果你需要更改对话中涉及人物的名字、职位或任何其他信息才能自在地讨论案例，可以随意。”

“在第二段里，描述你在对话时所使用的策略。包括：你想要的结果；你是如何计划和实施这个对话来达成目的的；这段对话中到底是什么导致了你认为它是艰难的。”

步骤 3：“在一张空白的纸上，将第一张记下的内容分成两栏。在右手栏里写下或输入这段对话：你向谈话对象说了什么，对方是如何回应的，你又说了什么。简而言之，输入你和对方实际的谈话内容。不要只写下对话的大致描述或总结，因为这种记录无法产生我们所需的数据来分析你的方式。在左手栏里写下你所有的想法和感觉，无论你是否在对话过程中分享过这些信息。你写下的想法和感觉越多，分析效果会越好。整个对话的篇幅不能少于两倍行距打印的两页纸。不用担心你不能回想起对话或者你的想法、感觉的所有细节——能想起多少写多少，空缺的部分填上你认为你会怎么说、怎么想和怎么感觉的内容。你认为你会说的内容仍然会符合你处理这种情境的方式。”（本练习结尾处的表 5.1 提供了一个记录对话的左手栏表格模板。）

步骤 4：案例写完后，和客户一起帮他分析案例。你可以在教练环节前或教练环节其间和客户一起进行书面分析。分析对话过程中所使用的假设和策略，分析客户所想所感与实际对话中分享的内容之间的差距，分析造成困境的思考模式和说话模式。例如，客户可能做了很多声明却没有问任何问题，导致谈话对象假定客户在向其施加压力，导致他越来越抗拒（表 5.2 展示了一个左手栏案例的书面分析示例）。提醒客户你的分析仅仅只是假设，它可能正确也可能不正确，客户可以选择如何使用你的评估。

步骤 5：当客户再次设计左手栏案例时，协助其使用更有效的策略，这个策略要与客户希望能指导其行为的价值观和信念保持一致。客户可以作为课后作业以书面的形式完成，或者在教练环节中和你一起用角色扮演的形式完成。帮助客户注意到在重新设计的对话中，他的想法、感觉和能量或紧张程度是如何改变的。请客户对这两段对话进行对比，特别是两种不同方式间可能产生的不同结局。

提示：

- 我们发现，帮助客户洞见他们行为随后的思维时，和他们分享单边控制和交互学习对照表（见表 5.3）作为分析框架是有效的。如果你熟悉专业引导方法，你可以使用专业引导者和引导型教练基本规则、原则和核心价值观来分享案例。在下文帕特的案例中，呈现了分析左手栏案例的可使用的一种方式。想了解如何使用专业引导方法来组织更具细节性的分析，可见《专业引导技巧实践指导》里罗杰·施瓦茨的章节“编写和分析一个左手栏案例”，第 235–246 页。
- 假设客户发现重新设计的左手栏案例更有效，制定一些策略或日常练习来帮助客户记忆和融合新的方法。这可能包含日常肯定、设置提醒和你及其他帮手继续角色扮演等。在本章开头的示例中，詹姆斯就将画了大问号的便利贴放在他会议议程的底部、电话旁和电脑旁来提醒他提问。
- 从能够洞见旧的、无效的策略到能够转换策略从而在实际的交谈过程中改变行为，这中间通常要花些时间——一般要几个月。帮助客户对这个过程做好阶段性准备，这样当他们不能即刻产生新行为时不会气馁或自我批评。
- 如果你正为一个团体提供教练服务，你可能想建议团体的每个成员都编写案例，并且帮助他们互相分析，重新设计每个人的案例任务。这样做感觉风险会比较大，但也能为团体创造更好的学习体验和更大的团建成果。这种方式实际上形成了同侪教练的角色，同侪教练所带来的额外优势使他们能强化新行为的形成。

表 5.1　左手栏案例模板

____________________的左手栏案例

（姓名）

情境 / 说明：

目标、策略和困难：

我的想法和感受	实际的对话

客户案例：帕特竭力建立和维持团队关系

帕特是公司里一个大型部门的工程技术支持人员。他想培养自己的领导力技巧，特别是与他的工作团队成员建立和维护坚实的工作关系的能力。他认为自己面临的挑战之一就是和“不可理喻”的同事合作时会变得很沮丧，无法让他们去做该做的事儿。

为了帮助解决这个障碍，他就自己与同事克里斯进行的一段对话撰写了一份左手栏案例（见表 5.2）。案例中还包含了安妮参考表 5.3 的单边控制和交互学习对照表对这个案例进行的评价。作为一种可能的干预方式，安妮将她的评论和帕特进行了分享，让他意识到自己的思维可能造成了与同事相处困难。然后安妮和帕特讨论并重新设计了一个符合交互学习假设的对话。帕特找回克里斯进行了一次新的谈话，这一次他获得了大量的信息，了解了克里斯和其他人在新的医疗保险索赔系统上存在的疑问及其原因。

表 5.2 帕特的左手栏案例及其分析

说明

这是我和同事克里斯关于公司为新的在编员工部署的人力资源计算机程序的问题进行的一段对话。他表达了对这个系统的不满，新系统要求员工自己输入各人的医疗保险信息，而不是由其他人（一个像我这样的人力资源代表）来为大家输入。

目标、策略和困难

我的目标是让克里斯明白这种改变是公司规定的，我们只能遵守、服从。我是克里斯的同事，同时也是我们部门的人力资源联络人，因此，把人力资源的政策通知到每个人并让大家准确地执行是我的工作。

> 评论[#1]：这看起来符合单边控制假设 2a 和 6a：我是对的，克里斯需要改变他的行为。你可能还在想“我了解情况，而他不了解”。你也这么看还是有其他想法？

> 评论[#2]：看起来你正在假设你的作用是执行政策，而不是帮助制定政策。对吗？如果是，我认为一个更强大的领导者角色应该要考虑如何影响人力资源政策的制定和执行，这样对你们部门的全体员工而言才是有效的。你意下如何？

我的策略是试图让克里斯明白每个人都要这么做，而且事情也不会真的像他理解的那么麻烦。我感觉这场对话非常艰难，因为很明显克里斯情绪不高，他不断给出理由来解释为什么这个系统有问题，为什么他不想使用新系统。我觉得他就是不想用新的方式工作，因为他觉得这样会给他带来更多的工作量。

> 评论[#3]：假设 1a 和 2a：我都了解和我是对的。

> 评论[#4]：未验证假设；认为你都了解而他不了解。

> 评论[#5]：3a：我动机单纯而克里斯不是。

我的想法和感受	实际的对话
	克里斯：我想和你谈谈人力资源部新程序的事性。今年秋天我们就必须要用它来进行保险登记了，对吗？
上帝，他又开始抱怨有关保险和新系统的事情了。他就是讨厌处理保险的事，总是抱怨要去做这件事，想去摆脱不做它。我要让他明白，在这件事上他没有选择。	我：是的。每个人都必须自己在系统上进行登记。

> 评论[#17]：告知克里斯而没有提出问题，基于假设 1a 和 6a。

> 评论[#6]：3a：我动机单纯而克里斯不是。

> 评论[#7]：6a 解决方案就是改变克里斯看待事情的方式。

续表

你的意思是你就是不想做……你有大学学位，是个工程师，因此对计算机很在行。这对你而言不应该是件很难的事情。	克里斯：那么，我就是做不了。你知道处理保险对我而言是件很困难的事，我就是讨厌它。	评论[#8]：3a 和 4a：克里斯就是很难相处。 评论[#9]：基于认为自己了解而做了未经验证的假设（1a）和克里斯就是很难相处（4a）。
	我：公司里每个人都必须用这种方式来操作。在这方面我们没有别的选择。它真的没有那么难。	评论[#18]：5a 和 6a：人力资源部让事情变得棘手，克里斯需要改变行为。
又来了，固执，拒绝接受改变。	克里斯：这对你可能不难，但是对我会很难。为什么我不能填写一张表格然后呈交上去呢？	评论[#10]：3a：我动机单纯而克里斯有杂念。
	我：克里斯，这是公司的规定。另外，可能你在系统上操作和你填写纸质表格所用的时间是一样的。	
我知道……他认为这些事对他而言层次太低……但是，不管怎样他将必须这么做。	克里斯：我是个工程师，不应该把时间花在与人力资源有关的工作上。	评论[#11]：3a：他的动机有杂念。
我不知道为什么他对这件事的反应如此反常！这不是件很大的事呀！	我：这和你的常规工作没有关系。每个人都要这么做。另外，在注册阶段，他们可能还会安排培训，或者人力资源部门的员工会单独给你辅导。	评论[#19]：1a：我了解而你不了解。 评论[#12]：3a：我动机单纯而克里斯不是。
也许他认为我在试图把自己的工作推卸给他。	克里斯：我不关心我能得到什么培训。这对我来说还是很难。	评论[#13]：未经验证的推断，假设他的动机不纯。为什么你不问他是不是这样认为的呢？我觉得如果你问了，可能了解更多信息。你觉得呢？
	我：克里斯，你必须适应改变并接受它。这真的不会那么糟糕。	评论[#20]：6a：你需要改变。

续表

	克里斯：对我来说是的。我就是对保险这玩意儿很头痛。	
他就是完全不明白。	我：克里斯，我希望你能明白，这是一个全公司范围的程序。一些过去由人力资源部处理的事情现在下放给一线员工自己处理了。	评论[#14]：1a，2a：我了解情况，克里斯是错的。 评论[#21]：1a：我了解情况，你不了解。
	克里斯：那么，还有什么工作是需要人力资源部门做的？	
他永远都不会接受改变，不管我尝试了多少解释。	我：他们还是有很多工作要做。目前他们似乎工作过量，这样做会让他们喘口气。这个程序也会给他们带来一些新工作。你需要接受这样的改变。	评论[#15]：基于认为自己是对的而做了未经验证的假设，克里斯是错的（1a），并且他就是很难相处（4a）。 评论[#22]：6a：解决方案就是改变你的行为。
他完全抗拒。我简直没有办法让他接受这个。	克里斯：我不明白！为什么我们要一直变来变去？	评论[#16]：3a 克里斯动机不纯，很难相处（4a），而且不会做出改变。因此，我是对的，他是错的（2a），我赢了他输了（7a）。
	我：这是大势所趋呀，很多公司都让员工自己承担一些人力资源的职能。不仅仅是我们公司。大家都这样，你需要习惯。你可能不喜欢，但是你必须要这么做。	评论[#23]：5a：别人是问题的根源；6a：你需要改变。
	克里斯：我永远都不会习惯。	
	（克里斯摔门而出，之后他向我的主管投诉我不为他提供帮助。）	

安妮的回复

帕特，以下是我对你的思维是如何引出你的策略的解读。很明显这个策略带给你的结果并不是你想要的。我好奇的是，当你从单边控制假设的角度来看这份解读的时候，是否也会和我有同样的观点或持不同意见。我期待下次的会谈。

你的假设	你基于假设的策略	得到的结果
我了解情况，克里斯并不了解	主张你的意见而不询问克里斯的观点	缺乏对克里斯和他的担忧原因的了解。你现在仍然不知道究竟是什么导致了克里斯会有这样的感觉
我是对的，克里斯是错的	主张而不探询（没有好奇心）。重复地向克里斯申明他必须做出改变（要接受它，要习惯它，必须要这么做）	得不到克里斯改变行为的承诺
克里斯很难相处，解决办法就是让他改变行为。毕竟，他的动机不纯	对克里斯做出假设，并且以此为事实展开行动（例如，他很固执，他认为这些对他而言层次太低）	增加了克里斯的抵抗性，使对双方动机的归因变得更加恶劣，导致了错误沟通和不信任（他认为你不给他提供帮助）
我要赢	你放弃去影响克里斯，让他走时比来时更不高兴	克里斯将矛盾向上传达给你的主管——这是你的失败，和你所期望的恰恰相反

表 5.3　单边控制和交互学习的对照表

你可能在假设……

单边控制	交互学习
1a. 我了解情况，其他和我意见不同的人不了解情况	1b. 要完全了解情况，我只有一部分所需信息，其他人可能也有一部分所需信息
2a. 我是对的，他们是错的，我很确信因为我有全部所需信息	2b. 我可能没有掌握所有信息，是什么导致了他们看法不同
3a. 我的动机很单纯，其他人心里有自己的小秘密和值得怀疑的动机	3b. 大家行动的意图都是善意的。人们可能不赞同我，但是动机是单纯的
4a. 人们试图把事情变得复杂	4b. 其他人正竭尽所能地发挥自己的专长
5a. 我在有效地行动，其他人都在制造问题	5b. 我可能在以一种自己意识不到的方式制造问题
6a. 解决办法就是改变其他人的行为	6b. 如果我改变自己的行为，可能得到更具建设性的回应
7a. 要么在冲突中获胜，要么彻底避免冲突	7b. 冲突常常能产生重要的新信息来达成有效的决策

练习 5.4 内心的故事[①]

目的

这个练习将展示我们如何使用自身内在根深蒂固的价值观和信念与自己的内心展开对话。它有助于客户识别自己交互学习和单边控制的行为，了解自己被困于什么地方，发现自己造成的后果。它还揭示了客户对自己进行单边控制的后果，以及此后果如何束缚了他对自己和对他人展示同理心。

何时使用

- 更有意识地对单边控制行为负责时。
- 识别和承认人们如何造成问题时。
- 加强对自我和他人的同理心时。
- 辨认出自己的单边控制，以此为前提，发现自己如何力图单边控制其他人时。

时间安排

45~60 分钟。

材料

两把椅子。

指导介绍

在这个练习中，客户要展开一段想象的对话，对话的双方是自我的两个方面：单边控制自我和交互学习自我。

步骤 1：通过识别客户在对自己实施单边控制的一个情境，帮助客户与自己的单边控制部分建立连接并设置单边控制自我的声音。可以使用这些问题和提示："回想一个你对自己采取了单边控制行为的情境。它可能是一个现在的或者过去的情境。例如，你希望自己的表现能好到不可思议的程度或者迫使自己进行不必要的竞争。描述一下这个

---

① 本练习改编自由弗里茨·皮尔斯（Fritz Perls）和劳拉·皮尔斯（Laura Perls）研发的格式塔空椅技术（Gestral empty chair technique）。示例见《格式塔实录》（*Gestalt Therapy Verbatim*）（Perls, 1974）。

情形。”

- 你能意识到什么样的情绪？
- 花些时间来关注你的身体感觉。
- 关注单边控制部分的自我位于你身体的哪些部位，或者在哪些部位产生了共鸣。
- 你能意识到什么样的感觉？描述这些感觉。
- 这些感觉与你的情绪有什么关联？
- 如果让你的单边控制自我发声，它会说什么？

“让这一部分的自我用第一人称说出一两句话。例如，‘我是单边控制部分的茱莉亚。我希望她能做得更多，无论她给自己提出了多少要求。’”

步骤 2：通过识别客户用出于交互学习的行为对待自己的一个情境，帮助客户与自己的交互学习部分建立连接并设置交互学习自我的声音。可以使用这些或者相似的问题和提示：“回想一个你用交互学习的方式对待自己的情境。例如，你犯了错却对自己充满同理心的时候，或者你鼓励自己协作的时候。”

- 描述一下这个情形。
- 你能意识到什么样的情绪？
- 花些时间来关注你的身体感觉。
- 关注交互学习部分的自我位于你身体的哪些部位，或者在哪些部位产生了共鸣。
- 你能意识到什么样的感觉？描述这些感觉。
- 这些感觉与你的情绪有什么关联？
- 如果让你的交互学习自我发声，它会说什么？

“让这一部分的自我用第一人称说出一两句话。例如，‘我是交互学习部分的茱莉亚。我对她公平理智，凡事和她商量而不是期望她做得更多，因为我意识到了她给自己堆压的所有要求。’”

步骤 3：和客户核对以：

- 确保她已和本身的两个部分都建立了关系并能感觉到连接。
- 决定她是否已经做好准备开始这两个部分的对话。

如果她已经准备好，进行步骤 4。如果还没准备好，找出他还需要什么来深化与自己这两部分的关系，然后返回步骤 1、步骤 2。

步骤 4：让客户表演单边控制部分的自我和交互学习部分的自我之间的对话。使用两把椅子。每把椅子是其中一个自我的座位。当客户表演对话时，请她坐在代表正在说话的那个声音或者自我的椅子上。客户在构建对话过程中，会在两把椅子间来回移动，代表每一个自我说话。

让客户用不同声音说话时都使用第一人称。她随自己的喜好选择任何一种声音发起对话。作为教练，你的作用就是通过帮助客户从两方获取尽可能多的消息来引导对话。如果客户遇到瓶颈，你可以提问或鼓励客户反思，然后继续下去。这段对话可能听起来是这样的：

单边控制自我："你知道你能做这个项目。你已经具备了这些技能。而且你总是能成功地在最后一分钟把事情完成。就全力以赴去做吧。"（转换椅子。）

交互学习自我："在你强迫自己做这个项目之前，看看你已经具备了哪些选项。你已经了解有关完成期限的所有相关信息了吗？还是你正在做一个假设？"（转换回第一把椅子。）

单边控制自我："你考虑这些问题是在浪费时间，集中注意力开始工作。"（转换椅子。）

交互学习自我："单边控制自我，你让我觉得很有压力。我真的认为再次确认完成期限是一个好建议。这样我能更明白我确实需要做什么，调整好自己的节奏。"（转换椅子。）

单边控制自我："你不想被老板觉得你工作不到位。如果你质疑或者再次确认最后期限，他就会这么认为你的。"（转换椅子。）

交互学习自我："我认为你正在揭露一些你一直存在的问题。你总是做出假设却没有进行验证。我不知道老板会怎么想。如果我明确地和他沟通我要询问的理由，应该可以避免让他做出假设，我能毫无保留地与他进行交流。事实上，我开始发现我经常做出假设让自己处于困境。我常常基于未经验证的数据来做出决策和行动。"（转换椅子。）

单边控制自我："我认为你在针对我。你在挑战我的权力。"（转换椅子。）

交互学习自我："如果权力就是你想要的，那让我们一起找到更有效的方式来变得有权力。我认为，掌握准确的信息而不是想象最坏的可能性会是一个强有力的起点。"

步骤 5：使用以下提示进行反思和讨论来听取对话的完成情况。

- 做这个练习的感觉如何？
- 你的哪些行为和你经常做的类似？

- 你的哪些行为和你经常做的完全不同？
- 这种内在的对话和你与其他个人或团队的谈话相似在哪里？
- 这种内在的对话和你与其他个人或团队的谈话不同在哪里？
- 描述一下你的单边控制的价值观和信念基础。
- 描述一下你的交互学习的价值观和信念基础。
- 你从自己的交互学习自我学到了什么？
- 你从自己的单边控制自我学到了什么？
- 你的单边控制自我是如何造成了你和（老板、理事会或同事）之间的问题的？
- 你的思维和情绪有哪些改变？
- 将来你可能采取的不同的做法会是什么？

提示：

- 本练习和练习 4.7 里的内在批判–同理心对话及左手栏案例练习（练习 5.3）是有关联的。内心的故事练习提供了一个不同的入口让客户进入、成长和从相似的问题中学习。
- 除了口头的对话，或者在口头对话的基础上，客户可以作为家庭作业写下自己内心的对话来进行左手栏案例分析。
- 在对话过程中，客户可能更愿意待在一把椅子上而不是在椅子间转换。
- 作为一种替代性选择，同样的这个练习可以用创造性和生存性行为的两面进行对话。（见练习 5.5 和附录 E）

客户语录：

“我已经从一个必须做到不犯错才可以的女人转变成了一个完全不一样的人，这个人开始能够成为正确的人群中的一员，甚至即便错了也不会觉得是巨大耻辱。”

苏西·克拉克，1998 年

练习 5.5　创意 / 生存循环练习

目的

这个练习对比了单边控制和交互学习的另一个方面：创意循环的思维和行为与生存

循环的思维和行为。它有助于客户发现那些将自己引向不成功的思维和行为习惯，从而选择与创造性目的一致的新行为。

何时使用

- 帮助客户识别创意 / 生存模式时。
- 审视核心信念时。
- 识别并改变习惯性的无效决策和行为时。
- 审视并加强与目的和目标的一致性时。
- 增强自我同理心时。

时间安排

60 分钟。通常结束后还需要进行后续谈话来继续听取对话的完成情况。

材料

六张白纸，蜡笔和马克笔。

指导介绍

使用附录 E 中的创意 / 生存循环图表来和客户讨论人生学习模式。如果客户同意使用这种模式来进行练习，你可以这样描述过程：“这个练习会使用两个来自于你工作或生活的实例，每个实例都是与你有关的事件，一个是成功的，另一个是不成功的。这两个事件会为你提供情境，在情境中你能了解你的有效或者无效的行为。这个练习分成两个部分：第一部分聚焦成功的事件，第二部分聚焦不成功的事件。每个部分都会包含引导式图像练习、绘画和反思性书面表达。”

第一部分　创意循环——成功事件

步骤 1：告知客户，“我们从成功事件开始。首先，选择一个你成功发起或者创建的事件，它可能是你参与的一个项目或者计划，也可能简单到就是想要买双新鞋。事件的选择标准如下：

- 它是过去的、已经完成的事件。
- 事件有清晰的开头、过程和结果。
- 你成功地达成了预期的结果，实现了目的。
- 整个事件简单而直接。”

步骤 2：指引客户进行一个简单的引导式图像练习来帮他将这个成功的事件形成思

维画面。你可以按如下进行："让自己舒服地坐在椅子上，你可以随意让自己放松并集中注意力。可能闭上眼睛或者视线低垂会对你有帮助。现在关注自己的呼吸，注意你呼吸的节奏，吸入，呼出。注意力集中在你的呼吸上，保持一会儿。现在开始想象正在展开的那个成功项目、计划或者事件的画面。想象这个事件即将在你脑海里发生。你看到了影像并且认出这是事件的初始阶段。现在旁观事件的开始。你的目的和愿望是什么？你正在做什么？发生了什么事？你在和谁互动？将你的注意力放在你身体的感觉上。用一个画面或者象征符号来代表你的愿望或者目的……现在让我们继续。让自己来到项目或者事件遇到挫折、障碍的时候。有一些是内部障碍，也许是个内部冲突；还有可能是外部障碍，它们可能在你的控制范围之内，也可能在你的控制范围之外。关注你对这些障碍的感觉是怎样的，你是如何处理它们的。关注你采取的行动。现在用一个画面来代表障碍及你是如何克服它的……当我们继续往下进行时，让这个画面或者象征符号就像故事一样保留在你的脑海里。现在，让我们来到事件的结尾和你创造出的成果。也许你们为此庆祝了，如果这样，请关注对庆祝活动的感觉。用一个画面来反映你对自己创造出的成果的感觉。"

步骤3：让客户画三幅画，一张白纸画一幅："对你刚刚回想的创意事件，请画出三幅画，它们可以是画面，可以是象征符号，也可以是简单的图片，分别代表：

- 愿望。
- 出现的障碍。
- 成果。

用任何对你而言有意义的方式分别在每张纸上画一幅画。"

步骤4：请客户对接下来的引导用书面反思来回复，你可以建议："如果每一幅画都能对你说话，它们会说些什么？你可以把它们说的话以一种卡通动漫对话泡泡的形式呈现。让这些图画用第一人称开口说话，用'我'来开始。把这些说的话写在同一张图画上，让图画和你对话，讲述它们的故事。

例如，如果你的障碍是'没有足够时间来完成项目'，而你画的图像是一个连弹簧都蹦出来的闹钟，你的对话可能是，'我坏了。干不了活了。我实在没法做下去了。'"

步骤5：和客户共同决定，是在这个节点就进行练习完成情况的总结，还是继续下一个部分。如果客户想现在就总结成功事件练习的完成情况，见下文步骤10中对创意循环的反思问题。

第二部分 生存循环——不成功事件

步骤 6：当客户提示已经准备好继续时，和客户分享以下指导："我们要转换方式去聚焦一个不成功的事件。首先选择一个由你发起的不成功事件，它可能是你参与的一个项目或者计划。事件的选择标准如下：

- 它是过去的、已经完成的事件。
- 事件有清晰的开头、过程和结果。
- 你没有成功达成预期的结果，没有达成目的。
- 整个事件简单而直接。"

步骤 7：指引客户进行一个简单的引导式图像练习来帮他将这个不成功事件形成思维图像。你可以按如下进行："让自己舒服地坐在椅子上，你可以随意让自己放松并集中注意力。可能闭上眼睛或者视线低垂会对你有帮助。现在关注自己的呼吸，注意你呼吸的节奏，吸入，呼出。注意力集中在你的呼吸上，保持一会儿。现在开始想象正在展开的那个不成功的项目、计划或者事件的画面。想象这个事件即将在你脑海里发生。你看到了影像并且认出这是事件的初始阶段。现在旁观事件的开始。你的目的和愿望是什么？你正在做什么？发生了什么事情？你在和谁互动？将你的注意力放在你身体的感觉上。用一个画面或者象征符号来代表你的愿望或目的……现在让我们继续。让自己来到项目或者事件遇到挫折、障碍出现的时候。有一些是内部障碍，也许是个内部冲突。还有可能是外部障碍，它们可能在你的控制范围之内，也可能在你的控制范围之外。关注你对这些障碍的感觉是怎样的，你是如何处理它们的。关注你采取的行动。现在用一个画面来代表障碍和你是如何克服它们的……当我们继续往下进行时，让这个画面或者象征符号就像故事一样保留在你的脑海里。现在，让我们来到事件的结尾和你创造出的结果。在你的脑海里浮现一个画面来反映你对自己创造出的结果的感觉。"

步骤 8：让客户画下三幅画，一张白纸上画一幅："对你刚刚回想的不成功事件，请画出三幅画，它们可以是画面，可以是象征符号，也可以是简单的图片，分别代表：

- 愿望。
- 出现的障碍。
- 结果。

"用任何对你而言有意义的方式分别在每张纸上画一幅画。"

步骤 9：请客户对接下来的引导用书面反思来回复，你可以建议："如果每一幅画都能对你说话，它们会说些什么？你可以把它们说的话以一种卡通动漫对话泡泡的形式呈现。让这些图画用第一人称开口说话，用‘我’来开始。把这些说的话写在同一张图画上，让图画和你对话，讲述它们的故事。”

步骤 10：使用以下反思性问题总结练习的完成情况。（这些问题只是提示，可酌情使用。）当客户的讲述显露出他的核心信念，记录下他的假设和信念是有帮助的。

有关创意循环——成功事件的反思性问题

1. 你的愿景是什么？
- 对你的愿景你有什么想法和感受？
- 你的假设和信念是什么？
2. 你采取了什么行动？
- 对你的行动你有什么想法和感受？
- 你的假设和信念是什么？
3. 出现了什么障碍？
4. 这些障碍是来自内部的还是来自外部的？
- 对你的障碍你有什么想法和感受？
- 你的假设和信念是什么？
5. 你是如何处理这些障碍的？
6. 你尝试了什么试验？
- 对这些试验你有什么想法和感受？
- 你的假设和信念是什么？
7. 结果如何？
- 对这些结果你有什么想法和感受？
- 你的假设和信念是什么？
8. 不管怎样，你认可这个结果吗？
- 如果是，你做了什么？
9. 你如何定义你的身份？

有关生存循环——不成功事件的反思性问题

1. 你的愿望是什么？

- 对你的愿望你有什么想法和感受？
- 你的假设和信念是什么？

2. 你采取了什么行动？

- 对你的行动你有什么想法和感受？
- 你的假设和信念是什么？

3. 出现了什么障碍？
4. 这些障碍是来自内部的还是来自外部的？

- 对你的障碍你有什么想法和感受？
- 你的假设和信念是什么？

5. 你是如何处理这些障碍的？
6. 你尝试了什么试验或者调整？

- 对这些试验你有什么想法和感受？

7. 你的调整是否和戏剧三角形的受害者、迫害者或拯救者的行为有关联？

- 导致你产生这些行为的假设和信念是什么？

8. 结果如何？

- 对这些结果你有什么想法和感受？
- 你的假设和信念是什么？

9. 不管怎样，你认可这个结果吗？

- 如果是，你做了什么？

10. 你如何让别人定义你的身份？
11. 你是在哪里脱离正轨的？
12. 哪些方面你能采取不同的形式来处理？

有关从创意向生存转变的问题

1. 将你的创意习惯与生存习惯进行对比，你有什么领悟？
2. 哪些核心信念对你有效果？哪些不起作用？
3. 有任何你想要内化吸收的新信念吗？
4. 你意识到有什么可以帮助你改变思维和行动，从而取得更大成功的吗？

步骤 11：通过设计下一步可以采取的行动来帮助客户领悟。

提示：

- 作为引导型教练基础模型之一，创意 / 生存循环是一种有效的诊断和干预工具。它提供了一种记忆深刻的共同语言来帮助教练和客户理解单边控制选择和与之对应的交互学习选择。
- 如果客户不愿意使用反思性书面表达的形式描述成功事件和不成功事件的图像，建议他口头表述。你一边听一边做笔记，这样你可以在总结练习进行情况时帮客户追踪和比较两个事件。

客户案例：爱丽丝从生存性模式向创意模式迈进

爱丽丝的教练服务目的是增进她的自我关爱和实现更平衡的生活。她长时间工作，情绪焦躁不安，健康问题受到影响。她也意识到自己为拯救他人付出了牺牲。与此同时，爱丽丝是一个非常能干的经理，她成功地用最短的的时间盘活了一个勉力支撑着的部门。在爱丽丝与黛尔的第五次教练环节中，她同意使用一个实例来观察她出自生存模式的行为。这个实例显示了她在工作中是如何不关爱自己的。以下是她和黛尔如何使用创意 / 生存循环练习的介绍。

不成功事件

爱丽丝：不成功案例是我组织的一场庆祝会。

黛尔：你的需求是什么？还有你的目的呢？

爱丽丝：我想为我们部门和我自己组织一场庆祝会。

黛尔：你采取了什么行动？

爱丽丝：所有的计划行动都进展顺利，它们都和我的期望是一致的。事实上，表面看这场活动是成功的。

黛尔：那么，你遇到了什么障碍？

爱丽丝：我完成开场致辞之后就离开现场回办公室工作了。透过窗户，我能看到在楼下中庭参加活动的人都很开心。我想障碍来自我自己的内心。我没有把自己融入这场庆祝会中。

黛尔：是什么导致你离开庆祝会去办公室的？

爱丽丝：我对被别人肯定觉得很羞愧。我觉得自己不值得被肯定。为了避免这种不自在的感觉，我离开了庆祝会。我几乎总是这样做。

黛尔：那结果呢？

爱丽丝：结果就是我没有收获到自己努力的成果。我避免对成功进行庆祝，然后又觉得失望和不被人赞赏。可是我收到赞赏时又觉得很羞愧。于是我用来保护自己的调整方式就是离开庆祝会。现在我才发现，通过离开庆祝会的方式我制造了一个可以自我实现的预言，那就是没有觉得被赞赏。

从生存式模式转向创造式模式

黛尔：现在你已经识别了自己不去庆祝成功的模式。在同样情境下你将做哪些改变？

爱丽丝：我会留在庆祝会上。现在我能确认我的思维和感觉，我能更好地关心自己。我想尝试被人肯定、被人赞赏的试验，即使我可能感觉不自在。

黛尔：从这个实例中你能学到什么从而帮你转变到创意循环模式？

爱丽丝：我意识到了我是如何徒劳地让自己不感到羞愧和不值得的。我的目的是一个生存性的目的，最终的结果是我感觉更糟糕。这让我真的想去改变行为。

黛尔：我很高兴听到你的这些话。听起来你已经解决了一个核心问题，这能帮你更好地关爱自己。祝贺你！你想要一起设计下一步的一些行动方案吗？这样下周你就可以练习了。

爱丽丝：好的！我已经准备好继续前进！

爱丽丝实现的成果

爱丽丝改变了行为，开始融入庆祝会。她逐步感受到了被人赞赏，知道她实现了预期的成果。这让她既对工作怀有一份感激之情，又拥有了全新的能量投入工作，同时更有动力去攻克新项目。现在爱丽丝将庆祝成功看成在工作和生活的其他领域关爱自己和激励自己的一个主要因素。

爱丽丝的员工和组织也从中得益。员工士气和工作成效都得到了提高。员工们承认他们对庆祝成功也感觉有点儿羞愧。爱丽丝离开庆祝现场给他们带来一些混杂的信息：庆祝成功是否是可接受的。爱丽丝的实例显示了一个领导者的创意 / 生存模式是如何影响组织的。当领导者陷入生存性模式，他的模式会逐渐扩散到员工和组织，并且给整个组织及自己带来问题、降低效率。

以下是另一个客户撰写的有关她从创意 / 生存循环中得到的体会：

“我大部分的生活都是处于生存循环而不是创意循环。我知道这要从我的儿童时期说起，如果要我选一个词语来形容我儿童时期的认知感受，这个词语就是恐惧。这种恐惧通过各种方式注入我的体内，成为我核心的一部分。这种恐惧按道理应该是一种爱的保护，让我安全地远离丑陋的现实世界。因此我学会了生存而不是成长，我的很多行为、信念和思维都源于恐惧而不是爱。我的生命存活了下来，直到现在我才算是真正地活着。即使现在我也经常在尽力做到出于创造性的爱来做选择，而不是出于对选择后果的恐怖进行选择。”

“在生存循环中我遇到了很多障碍，但我的处理方式不是逐个面对并找到创造性的解决办法，而是将它们一个个整齐地扫入地毯下，直到它们堆积成山，而我不断被自己制造的麻烦绊倒。在生存循环中我戴上了很多面具，呈现出很多虚假的自我，成为各种心魔们的奴隶，被内疚、羞愧、尴尬、自责和最大的那个心魔——“永远不够好”控制。我相信自己和其他人是相互连接的，但现实中，我已经脱离他们了。我感觉危险无处不在，等着把我吞噬。我避开了一切危险生存了下来，但是也付出了很大的代价。”

“我开始坚信爱（因此这是创意循环）是我做出的选择。它不是碰巧发生在我身上的某个东西，我的生命被注入了能量，因为我认识到要去选择是仅仅生存下去还是真正的生活下去。”

“通过创意循环我用同理心之剑向心魔们发起了挑战，让我现在能过上诚实、完整和快乐的生活。”

伊莱恩 · 布鲁克斯

CHAPTER 6

第6章

说清楚

交谈是大多数人进行交流的主要方式（Myers & McCaulley, 1985）[①]。对很多客户而言，这是他们的默认模式：最常用且最舒适。虽然这并不意味交谈总是最好的学习方式，但人们的这个心理舒适区可以帮我们建立互信的教练关系。还有一些人更喜欢用听觉的方式进行学习，这也是帮助他们实现教练目的的最佳方法。当教练进程顺利，客户朝着自己的既定目的不断取得进步时，单纯使用语言方式的教练方法也是可行的。

教练服务通常用语言交流的方式开始并结束。了解客户寻求教练服务的原因，向客户解释教练方法，共同决定教练过程的结束时间和方式。当然，谈话也贯穿于每次的教练环节中。大多数我们所采用的干预方式都会用语言交流来设定干预方式、处理结果及决定在干预的过程中是否和如何向前推进。作为教练模型基础的专业引导方法本身也是一种高度语言化的分析性交谈方式。当我们培训领导者、引导者、顾问和教练时，经常聚焦如何改变思维，然后在新的思维基础上，考虑如何改变谈话结构。

当你要扩展对客户采用的干预模式时，不要忽视了增加和深化语言干预的使用。本章将提供一些方法，可以用来和客户讨论问题以及与自己开展对话，从而提升教练技能。这些方法可以作为单项活动进行，也可以将它们和不同模式的其他练习结合使用。

---

① 根据MBTI人格理论的研究，75%的美国人都偏好外向性（Myers & McCaulley, 1985）。

探索客户陈述中所传递的信息

客户总是因为某种原因来寻求教练服务。他们通常会说出很多这样那样的原因。仔细聆听他们的语言所传递的信息，无论是有意识的还是无意识的。运用语言表述的关键之处就在于帮助客户学会跟踪和描述行为，拥有跟踪驱动行为的思维，然后重新思考来改变行为方式。

例如，有客户会说："在我脑海里听到父亲的声音在说，'提前计划！'相反地，我的生意伙伴们却说，'放轻松点，你计划得太多了。'我觉得伙伴们似乎发现了一些我一直不愿意听到的东西。"客户的表述识别了一个对他很关键的问题，也显示了也许使用言语交流的教练方式会对他有帮助。他已经深切地关注到人们对自己的关键性说法，并开始将它们进行比对。作为教练，此时最好的做法就是和客户对话，通过提问鼓励他思考计划性与灵活性的关系及他的感觉和他生活中计划性行动和无计划性行动所产生的后果。之后，你还可以推荐他采用角色扮演或者写作练习的方式发起一场对话，将要求制订计划的消息与要求减少计划的声音进行对比。

正如在我们的教练方法中一再指出的那样，教练服务的起点由客户的当前状态决定。从探索客户告知的内容开始，循序渐进地，将关注点从具体的陈述内容转到探讨客户与你和其他人谈话的过程（见下一节"对基本规则的干预"）。你可能也会转而使用改善心智方式的干预手段（见第 5 章）或者使用了视觉表达、身体意识、反思性书面表达或任何其他学习和发展模式的干预手段。

你大概会发现语言交流的方式特别适用于像梅兰妮这样的客户。梅兰妮是一位财务总监，年纪约四十岁。因为她的单方决策风格，她老板安排她接受教练服务。梅兰妮是个聪明、口齿伶俐的人，她告诉黛尔自己更喜欢语言式的学习方式。最初她对被"派遣"来接受教练服务还心存疑虑，甚至带有几分不快，尽管她勉强承认：与教练谈谈自己的团队将有助于解决团队的问题。在最初的教练环节中，讨论完创意 / 生存循环（见附录 E）后，梅兰妮说："我能准确地告诉你我的生存性模式。我不愿意向他人求助。我认为自己应该能够做好一切。我是个完美主义者，其他人可能没法做到我的标准。我是那种'自己做'类型的人，甚至接受你的教练服务对我而言都是一个难题。"

梅兰妮和黛尔逐渐建立了信任的教练关系。她们共同进行了 5 个月的教练服务，大多通过交谈的形式。偶尔梅兰妮会冒险进行场景角色扮演的练习为即将到来的艰难谈话提前做准备。有几次教练环节中，她进行了视觉表达的练习，并对自己的发现大吃一惊。通过教练服务她取得了明显进步，认识到了自己的单边控制风格，也开始调整自己的完美主义问题。

鉴于梅兰妮最初的不满情绪，黛尔认为维护她的安全感是首要考虑因素，直到双方建立更多的信任感。对那些还存在基本信任问题的客户，你要采用他们熟悉的方式进行交流，让你们的关系保持最大程度的可预测性。梅兰妮和黛尔讨论过，她需要掌控自己冒险的程度，这样她就不会拒而远之或者如她所说的"误入歧途"。基本的语言方式使她觉得安全、有能力掌控，同时仍然可以改变她的思维和行为。需要注意的是，在这个案例中，教练和客户开诚布公地讨论了客户觉得什么是安全的，她们共同设计了可预测性和试验的程度。永远不要认为仅仅根据客户的表述我们就应该知道以上这些问题的答案。

对基本规则的干预

当你在探索客户的表述时，也要关注他们没有说出的部分。一个能关注到这些信息的最好方法就是熟悉专业引导方法的九大基本规则（见附录 C）。在引导型教练中，我们特别强调四个基本规则：验证假设与推论、分享所有相关信息、主张与探询相结合、共同设计下一步行动来检验分歧。

首先关注你自己与客户交流的感受。他是否只做陈述而很少提问或者只问引导式问题。在他的谈话中是否嵌入了一些假设，假设他人或他人行为，或者假设对自己而言哪些是可能的哪些是不可能的？他是否愿意和你一起设计教练环节下一步的行动方向和方式，还是倾向你直接告诉他接下来做什么？客户和你沟通的方式通常也是他与其他人沟通的方式。当你在沟通中发现某些方面存在问题，观察客户在其他情形下是否也出现同样的问题，例如，在客户描述的自己与别人的对话中，或是客户就自己的教练目的和障碍所进行的自我对话中。

当你推断让客户去践行一个或几个基本规则会对他有帮助时，明确告知他这个推断。解释每个相关的规则及预期目的，讨论存在于基本规则之后的思维模式和这些规则能实现的交互学习的目的。当你在客户的行为中发现错失使用基本规则的机会，征求客户的允许采取手段进行干预。你可以直接在客户与你的交谈过程中实施干预，也可以在他描述与别人已发生的或要发生的谈话时实施干预，按照干预步骤进行（见第 3 章和附录 D

的诊断–干预循环）。还有一种有效的方法就是采用角色扮演的方式进行简短的交流或者更长时间的对话，在这个过程中使用基本规则来改善交流效果。练习 6.2 将介绍这种方法的过程并提供示例。

探询：热情问题改变人生

好奇心对引导型教练而言至关重要，它通过探询来表达：对自己、对客户提出的真正的问题。黛尔将这种问题称为“热情”问题。它们是全部教练技能的重要基础。

热情问题有两类：能激起自我观察和自我反思的开放式问题（你注意到了什么？当你这么说的时候你在想什么又感觉到了什么？你真正想要的是什么？）和能促进一个明确的有意识选择的封闭式问题（你愿意……吗？这些选项里有你喜欢的吗？）。这两类问题都很重要。反思性问题可以生成有效的信息，通常是客户自己没有意识到的信息。选择性问题能形成共同设计，建立客户对行动的承诺。你也会在我们练习的实例中看到，有些情况下，我们会先使用一个封闭式问题帮助客户承认活动中有什么发生了，如果这是事实的话，紧接着再跟随使用一个开放式问题探索到底发生了什么。（你的思维和感觉有改变吗？如果有，你会怎样描述这样的改变？或者你是否曾经成功经历了一个类似的挑战？如果有，你能描述你是怎样实现的吗？）把这两类问题合并使用能让客户在当下承认或者否认一些东西，然后有时间去反思那段经历。

我们鼓励创建内容丰富的热情问题，并和同事及客户一起练习。反思性问题能够触动我们的意识，为生活增加新鲜感。它们帮助我们从一个新的视角来看待问题和世界。而且它们几乎总是值得一次又一次的重新进行。在不同的时间段，反思会产生不同的回应、新的领悟甚至更多的问题。选择性问题，特别是需要明确表达不同观点的问题（如“你对此持相同看法，还是有不同意见？”），能帮助我们和客户一起承担责任，对谈话的方向、教练环节的方向，甚至是生活的方向负责。这些问题有助于阐明一个事实，实际上，我们几乎总是有机会做出选择，而很少成为命运的受害者。

安妮最喜欢的书中有一本叫《改变提问，改变人生》（*Change Your Questions Change Your Life*）（Adams, 2004）。在书中，作者梅若李·亚当斯（Marilee Adams）指导读者如何通过改变对自己内在的提问方式来从根本上改变自己的思维方式。她强调要提升对自己和他人的提问数量和质量。同时她关注问题开始形成时的一个关键性选择点：从学习者思维角度提问还是从批判者思维角度提问。

亚当斯关于问题及学习式思维对比批判式思维的理念类似于我们所提出的单边控制和交互学习模式的区别。这也能关联本书中介绍的将主张与探询结合的技能和保持好奇心的原则。以下是安妮将亚当斯的书借给一个客户后发生的对话：

客户：你让我读的那本关于改变提问的书，我拿回家放在床头柜上，还没开始读。我太太翻了翻就爱不释手了。周日下午她一口气读完了那本书，还摘抄了一些章节放在我枕头上。我问她原因时，她说，‘你是一个评判者，我已经判定了你就是个评判者。读读那本书，我觉得这将是你能为自己和我们的关系所做的最棒的一件事。’

安妮：“对她的建议你有什么反应？”

客户：“我的第一反应是抵制。她整个的处理方式看起来就像你在提到单边控制时所说的那样。于是我注意到自己立马有了要对着干的念头。”

安妮：“然后呢？”

客户：“然后我产生了一整套有关对错的念头——就像你说的那样。我开始想她说的太对了，她才是个评判者。一个评判者，一个批评者，一个单边控制者。我开始变得激动起来，但至少这次我意识到了我基于很多假设陷入了一种虚构的情境中。”

安妮：“那么，当你意识到这一点时你做了什么？如果有的话。”

客户：“我想起了你要我问的一个问题：我现在正在做的事有什么用处？”（这个问题其实是安妮从亚当斯的书上借鉴过来的。）

安妮：“有用吗？”

客户：“有。我马上意识到我自己并不想身处在这个情境中。我真的很爱我太太。我想用一种交互学习的方式来对待她——我认为这种方式就是假设她对我的本意是出于好心。然后我开始做出各种假设来推测她让我读书的原因。于是我决定直接去问她。”

安妮：“你太太说了什么？”

客户：“她说她真的爱我，也意识到自己经常会问我一些评判者的问题，书中有一个故事帮她意识到了这一点。她知道我正在接受教练服务，认为这本书可能对我们这个教练服务有帮助。但是不管我是否会采纳书中的建议，她将尝试这些建议。因此她希望我能理解她的尝试并支持她。”

安妮：“你太太的话是怎样改变你的想法的？”

客户：“噢！完全改变了。咦——你正在对我使这招儿——问我一大堆问题这样你能了解我所有的想法。”

安妮：“是的，而且我还想和你一起探索一些更深入的问题。我同事黛尔把这些问题称为‘热情’问题——如‘是什么造成我对提问有抵制情绪？’或者‘当我提出更多的问题时，我所害怕的什么会发生？’你觉得怎么样？”

客户：“太棒了。现在我开始认为这一切都能有机地结合起来了——充满好奇，不做假设，提出问题来了解信息。”

给教练的“热情”问题

带着给自己的问题启动教练关系。我们发现在开始时可以提出的有效问题有：

- 教练服务对这种情境和这个人是有帮助的吗？为什么是或者为什么不是？
- 我是想要“修复”这个人还是真正有兴趣而且很好奇他自主选择且能帮他实现成长的方法究竟是什么？
- 我有能力为这个人提供他所需要的那种帮助吗？是什么让我们这样思考的？
- 如果有的话，什么因素会阻止我去无条件支持这个人——即便我不认为他做出的选择是明智的？

在教练关系期间，继续询问有关自己和客户的问题。我们发现在教练进程中经常回顾的有效问题有：

- 有哪些因素会影响我和客户在一起时保持全然的当下状态？如果有的话，我需要做什么保持这种状态？
- 我是否进入了对客户进行评判的思维，而不是保持好奇心和开放的心态来学习探索？如果是这样，是什么引起了这种情况？我该怎样转换我的心态？
- 我是否正把自己的问题、担忧或者利益投射到客户正在分享的内容上？如果是这样，我要怎样妥善处理它？
- 我正在对客户和他的状态做什么样的假设？这些假设可能如何束缚住我对客户进行的好奇的探索？有哪些重要的假设需要进行验证？

给客户的“热情”问题

你可以向客户提出几百个真正具有好奇心的问题。我们发现在开始每个教练环节前，关注客户，教练进行自我提问会有帮助，询问自己：“在教练过程中，客户的位置在哪里？而我会对什么产生好奇心？如果站在客户的角度看，我会想知道些什么？”这么做并不是获得了许可，可以将所有的问题都抛向客户，而是有时候在自问过程中，一些你可能现在或者以后会用上的，或者是可用于其他客户的问题就会跳入你的脑海中。安妮有一本“热情”问题的日志，当她在教练环节中开发出特别有用的问题就会加入其中。以下列出的问题可用于引出人们新的意识。

- 在这个环节中对我们最有帮助的会是什么？
- 你最想或者最需要从今天的教练环节中收获的是什么？
- 你正在朝你所期待的或者能让你热血沸腾的目标前进吗？还是你是因为害怕某些事物，希望避免风险或者负面的后果而在进行选择呢？
- 你是如何造成了你所描述的问题 / 困境 / 困难的？
- 阻碍你进步的障碍是什么？要克服障碍，你能采取的一小步行动会是什么？
- 对这个情境你做了什么假设？有哪些重要的假设需要进行验证？你能怎样验证它？
- 就这个问题你如何评判自己？你能从哪个方面及如何发现在这个问题上对自己的同理心的。
- 对于这个（事件、任务、问题），你的内在故事是什么？
- 如果继续做你现在正在做的事，会得到什么样的收益？
- （那种行动或行为）短期内产生的后果是什么？长期的呢？你是在用长期的利益损失换取短期的收益吗？
- 你曾经如何成功应对一个类似的挑战？
- 你愿意去探索你对这个问题的推理过程吗？
- 你想到了却没有说出来的是什么？
- 过去的什么经历让你用这种方式来思考这个情形？
- 你需要形成什么样的特定习惯来充分展现你的天赋？
- 练习 6.4 呈现了使用更多的反思性问题为客户打开通往新意识大门的过程。

用故事将点连成线

在教练服务中我们喜欢使用两种不同类型的“故事”。第一类故事与客户生命中的特定际遇（事件、对话、成功和失败）及客户对此的思维和感觉有关。有时这个“故事”只是一个人脑海中对于其他人的动机和行动的想法，而有时它是一段强烈到可以让某人形成对自己或对世界看法的记忆。

我们鼓励客户说出来的第二类故事是虚幻的想象。这种故事能阐释人们内心最深层的恐惧和疑惑，描绘他们心中最渴望的未来蓝图。他们通常成形于类似这样的问题，“如果你……你所害怕的事情发生了，和我描绘一下这将是怎样的情境。要具体一点儿，你会在哪里？其他的人会说些什么、做些什么？你的生活质量会是怎样的？”类似的问题还有：“如果你实现了梦想，五年后你的生活会是什么样的？请为我绘制这样一幅图画：你会在哪里？其他的人会说些什么、做些什么？你会为生活中的什么而庆祝？你认为最理想的一天会是怎样的？”这些想象的故事最好一开始就通过引导式图像练习的方法逐步形成，具体过程我们将在下文中介绍。

这两类故事都很有效。它们有助于揭示心智模式和显露障碍，并且解开复杂的信念之网。它们提供了很多线索帮助我们发现客户需要在何处转变思维和行为模式来实现目的。憧憬特别有助于阐明这样的目的。以下是黛尔如何使用语言交流和故事讲述手法帮助客户的实例。

大卫讲故事

大卫是个出色的作家，拥有很高的语言天赋。他是个自由顾问，希望能扩大业务范围及拓宽工作领域。他寻求教练服务的原因是，尽管他事业成功也很享受自己的工作，但他的内在批判控制了他，让他陷入了自我怀疑的泥沼，认为自己做得还不够，失去了牵引力。

这个环节发生在教练服务的最初阶段。在之前的环节中我们讨论了他的愿景，并且制订了短期和长期的计划。我介绍并详细说明了人生学习模式的创意／生存循环（见附录 E），他觉得这些知识很有帮助。我们还讨论了他对成功的定义。作为家庭作业他将自己人生中的众多成就列了个清单。

对话

大卫：通过列成就清单，我意识到自己确实取得了一些成功。但是每当我取得成功的时候，就会觉得失望而萎靡。我的问题是我内心的生存性模式。我担心自己会扩张业务，从而变得更成功，然后又不满足于此而继续扩张。我的自我怀疑和自我退缩就会开始影响我，我害怕自己做得如此辛苦，却不会取得成功。我对自己要求很严格，很挑剔。

我们花了些时间来更加明晰他的自我怀疑，以及他严格的批判性是如何控制和妨碍他的行为的。然后开始了教练环节。

大卫：我想解决自己怀疑、挑剔和“不满足”的态度。

黛尔：我们来讨论一下你想怎么做。我们可以继续采用谈话的方式，或者我可以指导你尝试一种采用了其他表达方式的结构式练习。你认为呢？

大卫：我们继续采用谈话的方式吧！但是我需要一些结构来帮助我知道如何谈论这个话题，因为我不想重复已经谈过的话题。

黛尔：好的。我有一个想法。你可以先给我讲一个故事，是关于一个已经发生过的特定事件，当时你非常挑剔，怀疑自己的成功，认为自己做得还不够好。然后你再给我讲一个经历完全相反的故事：你认为自己足够成功了的故事。我觉得这样做我们能开始分析你的核心思维和信念，找到方法来实现学习迁移。你可以选择任意一个故事开始。你觉得这个主意如何？

大卫：我喜欢这个主意。

接下来大卫讲了他“不满意”和成功的故事。这场谈话为解决他的内在批判和帮助他欣赏自己的成绩奠定了坚实的基础。

我建议使用故事讲述的方式作为干预方法的原因是，我知道这个客户喜欢对话，也能够通过语言聚焦并深入挖掘自己的内心。他不会把语言当成一种防卫方式来避免或者绕开话题。如果他这么做了，我们没有取得进展的话，我们会讨论当下的状态，我可能推荐使用不同的方法。我认为保持语言干预的方式是明智的，还有一个原因是，大卫当时正进入一个脆弱的未知领域，在用新的方式来看待旧的问题。当客户开始进入新的领域时，他们通常喜欢采用让他们觉得轻松熟悉的学习方式。最重要的是，当我询问大卫的意愿时，他选择了语言的方式。

当语言式探索遇到视觉式探索：隐喻和引导式图像

人们用语言描述出的部分内容是他们在脑海里看到的画面。有时它们是非常具体的“图片”，有时它们又更多的是包含了视觉元素的一般比喻。例如，一个客户会说：“我看到了自己的面前是一架可能性的彩虹。”这些类型的比喻——隐喻、类比和明喻——为开发有效的教练干预手段提供了丰富的材料。它们似乎就恰好位于我们思维的语言领域和视觉领域的微妙边界上，因此你可以借助它们通往多个方向，从口头讨论到书面表达或者视觉表达。通常我们将引导式图像练习作为一种单独的干预方式使用或者用它启动其他的干预手段来探索客户的语言表达和想象，无论它们是否还是自觉意识的一部分。我们鼓励你特别关注客户说出来的隐喻和画面。通常这些时刻就是重要的选择节点。

使用隐喻

隐喻能揭露我们是如何理解和描述在特定时刻的体验的。当听到客户使用了隐喻，我们要停止一切，集中注意力仔细倾听客户所使用的特定语言及他们概括在每句短语中的简洁而贴切的描述，这非常重要。你可以问问自己：“这是一个引起共鸣的隐喻吗？如果我们跟随这个隐喻的线索，可能有助于客户找到问题的核心吗？”

根据客户的反馈，当我们能接收到他们的隐喻时，他们会觉得自己被深刻地看见、听见、理解，从而获得能量。我们也发现客户对自己所使用隐喻的兴奋感和归属感能激发他们愿意接受冒险，尝试进入新的模式。举个例子，安妮的一个客户想为自己开创新的、多元化的职业发展——做一名独立顾问。他说他想“为自己的职业之墙画上颜色，就像自己最近为家里的墙做的那样”。安妮继续追问探询这个隐喻，当客户描述如何与设计师朋友一起将原本平淡的、有着米色墙面的生活环境变成了一个充满活力、多彩、让他充满喜悦的空间时，她能感觉到巨大的能量和兴奋感在电话里嗡嗡作响。这个隐喻成为一种强力催化剂来探索和更加准确定义客户新的练习领域。它就像一种框架，可以用来构建一系列的教练环节。

隐喻就是我们自己
以下是客户和我们分享的一些隐喻（明喻、类比）。这都是你们希望听到的陈述类型的示范： 我是库尔特岛。 我需要一个抓钩来寻获前进的方向。 我正抱着这些盒子，它们变得越来越重。 我在踩刹车。 我就像一只蜘蛛，给自己织了一个完美的大网。

现在我就是一座监狱同时也是监狱里的狱卒。

电线没插上电源，我没有能量了（见图 6.1）。

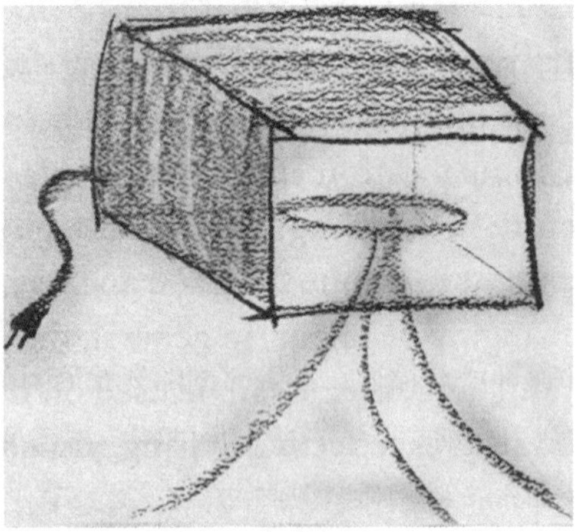

图 6.1　没插上电源的电线

我迷失在空间中。

我的恐惧就像心里有只豪猪，所有的针刺竖立，随时准备攻击。

我想将自己放进图片中。

我正在进行一场找寻自己的寻宝之旅。

在我面前是重重高山。

我是一块黏土，正在找寻自己注定的形状。

我需要拼凑出这床被子。

使用引导式图像练习

引导式图像是一种广泛的工具，可适用于多种应用来增进身体、思维和精神的良好状态。在简要概述之后，我们将介绍引导式图像的一种具体应用方法，这种方法我们经常在教练实践中使用。根据经验，客户们基本上很乐意有机会使用这种不一样的方式来探索他们的思维。

简单来说，“引导式图像”是指经过引导的冥想，用于激起思维、感觉和形象。它有很多种形式，从非正式的到非常严谨的。你可以自己进行引导式图像练习，操作时让朋友帮助读出提前准备好的引导稿或者听引导录音。在教练服务中，使用引导式图像练习的目的是创造一种专注的放松状态，从而可以探索对特定问题的思维、感觉和形象。

引导式图像练习有效的原因

让我们思考一下引导式图像领域的先锋贝拉鲁斯·纳柏斯蒂（Belleruth Naparstek）所撰写的关于引导式图像的内容："引导式图像是一种蓄意的有指向性的幻想形式——对想象力有目的性的运用，其过程会使用经过设计的词汇和短语来激起丰富的、多感官的憧憬和记忆，从而产生一种沉浸其中的、乐于接纳的精神状态，这种状态非常适合催化形成所期望的那些思想、身体、精神和情绪的改变。对大多数人而言，大脑图像是一种简单、便于操作的冥想形式，可以立刻产生可感知的结果。但是它平和的特性往往掩盖了它的效能和经研究验证了的累积效应。"（2004，第 146 页）你大概会把进行一次引导式图像想象成类似于在你脑海里看一部由你自导自演的电影。你能听过这样的表达，"只有想不到，没有做不到"，意思是我们所想象到的，我们也能将它变为现实。例如，很多运动员在准备竞赛时都会提前想象自己的竞技过程。在行程开始前，滑雪运动员经常会想象顺山而下的滑道上的每个弯道和需要跳过去的障碍，运用想象力在身体里体验滑道上的一切。他们在身体里提前注入了需要的动作，形成了一种放松却又专注的精神状态。

有效的引导式图像既可以利用想象也可以利用感觉功能。只有充分调动了思维和感觉功能，才会产生最深层次的学习，因此，引导式图像练习对于帮助固化我们正聚焦的东西特别有帮助，无论我们关注的是一个特定的目标还是一种存在状态，如放松或健康的状态。身心连接得以让感官图像为大脑所理解，也使我们和自己的直觉、情绪和抽象思维建立起联系。"心理神经免疫学领域显示，画面和想法及随之而来的情绪状态事实上也会伴随着身体的生化过程变化而变化。画面的出现触发了神经系统，神经系统通过血液循环向特定的细胞发出神经激素，从而产生愈合作用……这个过程中产生作用的是大脑图像，因为身体完全不能区分出画面和真实事件的不同"。（Naparstek，1994，第 209 页）

如何使用引导式图像练习

我们使用引导式图像练习的目的是帮助客户阐明他们的想法和感觉，获得对目标和未来的灵感，改变观念，深化学习。我们也会使用引导式图像练习来帮助个人整合出一种强大的隐喻、形象、类比或者象征符号来固化已经改变的行为。总的来说，大脑图像来源于客户的经历和语言。引导式图像练习可以独立使用，也可以和其他的模式结合使用，如反思性书面表达、视觉表现和身体运动。

以下实例展示了黛尔是如何使用引导式图像练习帮助一个客户整合出一个有力的隐喻。

客户斯蒂夫形容自己坚守目标的期望，就像驾车时始终保持路上的黄线在视野中央一样。作为教练，就是需要听到类似这样的隐喻，因为我明白使用隐喻能有力地强化学习。斯蒂夫和我达成共识，要采用一个简单的引导式图像练习来帮他把这个类比变得更生动。

在他放松后，我让他回想自己想象在驾车时黄线出现在眼前的感受。当我通过大脑图像引导斯蒂夫时，他感受到了驾车的感觉，注意到当车经过路面的隆起处或者拐弯时身体重心的改变。他跟随着黄线绕开行驶路上出现的障碍。当路边某个东西分散了他的注意力时，他发现黄线帮他重新专注到自己的目标上。他很享受一路经过的各种风景，但是眼前的黄线始终让他保持专注。

通过开放的语言和一系列调动所有感官（尤其是动觉感官）的画面，引导式图像练习将坚守目标的意图注入了斯蒂夫的思想和身体中。他决定画一幅画来结束这次引导式图像练习过程，这幅画他要当屏保图片用。几个星期后，斯蒂夫反馈说，他工作时，又体会到了大脑图像的那种“可感知到的感受”，在他偏离目标时警示他、提醒他设法重回黄线。

这个简单的练习帮助斯蒂夫内化了聚焦并实现目标的经历。使用客户的语言和画面让其产生了掌控感和主导权，也加深了客户和整个过程的联系。这是因为构建引导式图像的初始象征符号或者隐喻是非常个性化的，它产生于客户自己的经历，而不是外来强行加给客户的概念。

引导式图像练习的成果

客户经常反馈引导式图像的经历帮助他们：

- 获得对问题的洞见。
- 改变了他们的思维和观点。
- 深入并固化了他们的学习。
- 感到更加充满力量。

- 增加了积极性。
- 改变了目标行为。

我们鼓励在最开始使用客户自发性的图像。请注意这里所讨论的信息并不是为了教你如何编写通用的引导式图像练习的脚本。我们仅仅只是讨论基于客户最初的词汇或短语创建引导式图像练习。一旦你运用自如了，可以尝试和考虑在更广泛的领域使用引导式图像练习。有关此方面的进一步学习，可见资源库中第 6 章“说清楚”部分的材料。

“说清楚”的练习

这些练习为我们在上述讨论中提到的每种语言式方法提供了示范：讨论问题、干预基本规则、提问、引出故事及使用隐喻和引导式图像练习。以上每种类型都可以创造出很多干预方法，因此，我们提供了以下练习帮助你使用一些你技能中新接触和不擅长的方法来开启言语式的干预方法。第 5 章“改善心智”中的很多练习和本章中的练习可互换使用，或者当需要更深入探讨价值观、信念和假设时，把它们互为补充，一起使用。

练习 6.1　脱口而出，走入心灵

目的

本练习所实践的技巧将让你觉察到或帮客户觉察到他们所说的内容，特别是那些未完全整合到他们自觉意识中的想法和感觉。

何时使用

- 讨论问题来更好地定义它时。
- 觉察位于自觉意识之外的想法和感觉时。
- 发泄负面情绪时。
- 庆祝天赋和成功时。
- 有目的地整合或强化预期的新行为时。

时间安排

2~10 分钟。

指导介绍

步骤 1：识别一个问题，这个过程有助于客户通过发泄、庆祝和强化的方式来阐明和释放问题。问题示例如下：

- 一个让人沮丧的人或者情境。
- 一个新出现的有关教练目的的问题。
- 新出现的一种强烈但未被定义的感觉。
- 客户想要整合的一个新行为。
- 客户想要增强的一种积极的特性。
- 一个目标或项目的完成。

步骤 2：让客户以最快速度告知你有关这个问题她所知道的一切。

步骤 3：在客户陈述时，将你听到的关键短语、理念和特质记录下来。

步骤 4：当陈述完毕，请客户放松，舒服地坐在椅子上，闭上眼睛或者视线低垂，休息一段时间。

步骤 5：将你记录下的内容读给客户听，请她体会每一项、每一个短语或者每一个关键点。

步骤 6：讨论客户对记录事项的反应，可以使用的问题包括：

- 你说的内容中有让你大吃一惊的吗？如果有，是什么？
- 当听到我读出你所总结的关键点时，你的感觉是什么？
- 有新的意识或者关联形成吗？
- 你是如何理解你的成功（或者积极的特质）并且发自内心地为自己庆祝的？
- 你能释放你所描述的负面感觉吗？如果不能，还需要发生什么来帮你处理这些感觉？

提示：

- 这个练习似乎太过简单，但不要低估它的效能。外向型性格（此类型占据了 75% 的美国人口）的特征之一就是通常要在自己大声说出来后，才知道自己的想法和感觉是什么（Myers & McCaulley, 1985，第 45 页）。提供这样一个机会把问题说清楚，是一种有力的催化剂，可促进理解。

- 当这个练习用于列出和肯定积极的特质、天赋和成就时，它的性质类似于表示肯定。对很多人而言，当他们听到支持自己的教练或者同事不断“回放”对自己的肯定时，他们会获得更多的力量。
- 在处理沮丧和负面特质时，一定要记得设计下一个步骤来解决这些障碍。

练习 6.2　对基本规则的干预

目的

本练习用来帮助他人认识到在自己的行为中错过了哪些使用基本规则的机会，以此来改善他们的交流效果和进一步开发他们使用特定基本规则的能力。

何时使用

- 帮助人们识别在谈话中可以使用一个或多个基本规则的地方来改善互动时。
- 介绍并解释一种基本规则时。
- 展示和练习使用“专业引导诊断–干预循环”时。
- 识别符合单边控制模式而不是交互学习模式的策略时。

时间安排

5~15 分钟。

指导介绍

步骤 1：请客户在叙述过程中停下来。比较简单的做法是直接叫他的名字。

步骤 2：向客户解释你在他的叙述中听到了一个错过使用一个或多个基本规则的机会，而你认为你们花几分钟时间来讨论这个机会将对他有帮助。如果你之前没有介绍过基本规则的概念，可以简单介绍一下。

步骤 3：重复客户所说的话和所做的事情，从而推断出客户错过机会的言行。验证客户是否认同这就是他刚才所说所做的。

步骤 4：分享你认为应该被客户有效使用的特定基本规则，包括这么认为的原因。验证客户对错过的机会是否持相同或不同看法。

步骤 5：如果客户对错过的机会有相同看法或者有不同但相关的解读，请他使用这个（些）基本规则重现你识别到的那部分谈话，验证他是否愿意这么做。

步骤 6：假设步骤 5 最后部分的答案是愿意，当客户在重新设计有关的谈话部分时，为他提供指导。为了加强学习的转化效果，要求客户说出他想要说的每句话，而不是仅仅大致描述他会说些什么。

步骤 7：讨论这些重新设计的表述是否和如何改善了交流和思维。

步骤 8：（可选项）请客户反思错过使用这个或这一组基本规则的机会是否就是他的一种模式。如果是，询问由此带来的结果是怎样的。

提示：

- 本练习是“专业引导者诊断–干预循环”的步骤 4 至步骤 6 的扩充版。有关如何迅速按循环推进的实例，请见《专业引导技巧》（Schwarz，2002）和《专业引导技巧实践指导》（Schwarz, Davidson, Carlson, & McKinney, 2005）。
- 很多错过使用基础规则的机会出现在客户正和你描述的对话中，它们也曾或将出现在教练环节之外的谈话中。从识别错过使用基本规则的机会推进到使用基本规则进行角色扮演将非常有效，在角色扮演中，教练可以担任谈话的对方或第三方。

客户案例：

举例来说，如果你注意到客户正在做一个未经验证的推断，推断某些东西对自己是可能的，你可能这样说：

步骤 1：“瑞秋，我想请你停一下，这样我能核对一些信息。可以吗？”（假设回答可以，继续）

步骤 2：“我觉得我看到了一个错失使用基本规则的机会。这些基本规则在上次教练环节中我们曾讨论过。我想和你阐明刚才你所说的内容，然后解释我是怎样考虑的，看看你是否同意我的观点还是另有想法。你愿意花些时间来这么做吗？”

步骤 3：（假设步骤 2 的提议得到了客户的同意）“我觉得你说了永远都不会为自己打工，因为你永远都没法进行电话销售。对吗？”

步骤 4：（如果那就是瑞秋的陈述）“那么，我认为你可能在做一个或者更多你没有验证过的假设。首先，你听起来在假设如果为自己打工就会要进行电话销售，对吗？然后听起来你还在假设就算不得不打电话进行销售，你也不能提升自己在这方面的能力，这是你在做的另一个假设吗？”

步骤5：（如果瑞秋同意步骤4的分析）“你愿意重现刚才那部分的对话来验证或者设计一种方式来验证你的假设吗？”

步骤6：“我自己曾经这样做过。你可以向我验证你认为必须要打销售电话的假设，或者我们可以设计一种交谈方式，让你和同行讨论他们的经历。关于你的能力提升方面，我们可以思考一下你曾经在什么时候用什么方式拓展了新的能力，或者想想你可以怎样访谈一些必须掌握电话销售技巧的人，看看他们是如何做的。你对我说的这些选项怎么看？”（在这里，教练正转向使用共同设计下一步行动的基本规则。假设客户选择和教练练习验证假设作为向其他人验证假设的前期准备，教练可能如下继续。）“很好，那么我们现在就开始练习你能说些什么来验证你的假设，然后再看看你以后可以怎样和其他人进行验证……”

步骤7：“现在你已经向我验证了你的假设，也设计了你想对其他人说的话来帮助你进一步验证假设。你发现这让我们的谈话有什么改变吗？如果有的话，它可能让你的目标有改变吗？”

步骤8：“我想也许你可能经常会做出一些假设，假设哪些东西对自己而言才是可能的，这限制了你的发展。你认为这是你人生中的一种模式吗？”（如果答案是肯定的）“这种模式对你造成了什么样的结果？你觉得我们需要花些时间来关注一下这种模式吗？”

一旦客户对识别错过使用基本规则机会的过程建立了理解，教练可以省略以上的一些步骤。例如，教练可以对瑞秋简要地说：“瑞秋，我觉得你可能在假设自己学不会打销售电话。你认为呢？如果是的话，我们来设计一两个方法让你验证这个假设，你觉得怎么样？你愿意吗？”

练习 6.3 日常基本规则练习

目的

当客户认同学习和使用一个或多个基本规则是一个有效策略时，本练习将非常有帮助。

何时使用

- 帮助人们学习基本规则并且记住在谈话中运用时。
- 聚焦一个特定的基本规则以帮助客户掌握它时。
- 强化符合交互学习价值观和原则的行为时。

时间安排

每天 2~10 分钟。

材料

一份“高效团队的基本规则”（见附录 C），笔和纸，一份检查表或日志。

指导介绍

步骤 1：和客户确定在下次教练环节之前他想要掌握的一个基本规则。阐明你们各自认为使用这个基本规则会给客户带来怎样的收益。

步骤 2：和客户达成约定，他会在每天的开始简要回顾这个基本规则。回顾的方式可以是在脑海里复述基本规则，或是将基本规则记下来作为提醒备忘录放在显眼的位置，或是写出当客户在谈话中使用基础规则时会使用的一两句典型的句子。

步骤 3：让客户留意自己一天中每次在谈话中使用基本规则的情况，鼓励他每次发现自己在使用基本规则时，就在日志或者检查表上作一个标记。（检查表是一个可选项，但这是一种看得见的奖励进步的方法，效果很好。）

步骤 4：在下一个教练环节中，让客户反思使用基本规则是否改善了他的谈话以及如何改变的。同时也询问客户是否关注到了错过使用基本规则的机会，如果有，探索造成他在哪些情境中没有使用基本规则的原因。

提示：

- 本练习也可帮助团队成员相互学习实践基本规则。有些群体客户会把基本规则注明在会议议程的开头或结尾部分以提醒整个团队。
- 探讨导致人们不使用他们正在练习的基本规则的原因时，通常会引向去阐明人们正面临的一个障碍和他们所秉持的一些价值观和信念，这些价值观与信念让他们难以实施这个基本规则。当出现价值观和信念的问题时，可回顾第 5 章“改善心智”找到一些有帮助的干预方式。

练习 6.4　打开心门：反思性问题

目的

本练习为教练提供了一个流程用来使用我们之前在本章中讨论过的各种“热情”问题。你也可以教会客户掌握这个流程来促进自己或他人的反思。

何时使用

- 实践和模拟真正的探询和好奇时。
- 去获得别人那些还没有立刻浮现在意识中的信息时。
- 促进深入反思与教练目的相关的关键问题时。
- 打开心门接受新视角、想法和意识时。

时间安排

5 分钟至 1 小时或者更久，取决于问题的深度和思考问题所花的时间。

指导介绍

步骤 1：意识到你自己是充满好奇心的，或者意识到这个练习可能帮助客户对一个与教练目的有关的问题产生好奇心。

步骤 2：询问一个真正的（不是诱导式的或者反问式的）问题并且分享自己提问的目的（“我这么问的原因是……”）。你的提问应该与客户的利益和精力保持一致。

步骤 3：询问更多的问题让人的各个层面都能得到表达（身体、思想和精神），在个人感受和职业发展两个层面建立关联。示范提问包括：

- 当你考虑接受这份工作时，你身体里的感受是怎样的？
- 当你想到接受这份工作时，你的脑海里有什么想法？
- 你认为这个选择是如何与自己更大的人生目的保持一致的？

步骤 4：如果你问的是聚焦性的特定问题，将问题发散。如果你问的是广泛性问题，让它们更具体。例如，问题可以从“你身体有什么感觉”发散到“你整体的感觉是怎样的或者你现在觉得有哪些共鸣”，也可以从“你对什么感到兴奋”具体到“你想怎样打发时间或者你想完成什么”。

步骤 5：给客户留足够的时间来思考每个问题。

备选项：分享问题，请客户在下次教练环节时给出回应。

提示：

- 使用非评判的、开放的框架式问题。如用“如果你按照计划接受了这份工作，由此带来的利弊是什么”的方式提问，而不是“你不认为接受了这份工作可能有一些不利因素吗？”
- 在询问反思性问题前，和客户讨论好奇心原则，让其理解你鼓励的行为是什么及其原因。在交互学习、保持好奇心与学会对自己保持好奇心之间建立联系，这是做出明智选择的先决条件。

练习 6.5 讲故事

目的

关于已发生的重大事件的故事有助于识别价值观和信念的来源并确定和阐明利益与障碍。

何时使用

- 识别对客户形成价值观和信念意义重大的人生事件时。
- 阐明对客户而言最重要的利益时。
- 要强调过去的成绩及其如何影响当前状态时。
- 要获得对过去的生活或者职业路径的观点时。

时间安排

30 分钟至 3 小时（或多次环节进行）。

材料

笔和纸。

指导介绍

步骤 1：确定故事所涵盖的人生线或职业线的时间框架。例如，是涵盖过去的十年、二十年还是一生？一旦确定了，就可以开始进行。根据需要选取适合客户需求和情境的时间框架。

步骤 2（可选项但推荐采用）：指导一次引导式图像练习来帮助客户反思你们所使用的人生线中每个重要的片段。以下为引导语言的示例：

“让自己舒服地坐在椅子上，眼睛微闭或者视线低垂，用力甩甩手和手腕，关注自己的呼吸。关注你呼吸时胸部的起伏。现在让自己进行一次时空的旅行，回到过去，重访过去的生活片段，每五年一个片段。开始回想你在 20~25 岁时的生活……回想那时你的生活是什么样的……关注那个时候的你正在做什么。让自己回到那个时间……关注自己住在哪里；日子是怎么过的；那时自己生活中重要的人有谁；自己喜欢做什么；所做过的重要的选择和决定；注意发生在生活中、家庭中和世界上对自己有影响的重大事件……让这些回忆、想法、感觉和经历统统涌现出来。”

在引导式图像练习进行到这个节点时，你可以继续往下一个五年片段推进（或者下一个重要的人生区间或者事件），重复以上的引导过程，也可以停留在这一点，对这个片段的重要事件进行讨论，再重新回到引导式图像练习过程对下一个时间片段进行探索。（更多引导式图像练习见练习 6.8。）

步骤 3：让客户写下一些关键性短语来代表每个人生线或者职业线片段中的重要事件。

步骤 4：让客户在每个人生线片段中选取一两个重要事件的内容讲述故事。讲完之后再让她复述这个事件的情形。询问为什么这个事件很重要，她认为这个事件意味着什么，这个事件是如何形成了她的价值观、信念和未来的选择的。

步骤 5：使用类似以下的问题来对这些故事进行总结：

- 当你将生活的不同阶段进行比较和对照时，你看到了什么？

- 有什么主题和模式浮现出来吗？
- 当你看到自己的人生变迁和重要决策点时，你意识到了什么？
- 对你目前的选择和决定，你有什么领悟？
- 你如何运用这些领悟？
- 在目前的状况下，你能采取哪些行动？

提示：

- 本练习在教练关系建立初期使用很有帮助。它提供了一个机会来回顾客户的生活模式和关键经历，这些背景信息对处理教练目的非常有价值。
- 人生线或事业线练习经常被用来发起故事讲述，进行反思，最后获得新观点。它可以被当成一种主要的言语式练习来实施，也可以是一种用书面表达或者艺术展示形式的练习（实例见练习 7.12）。

本练习也可以帮助曾经共事过一段时间的团队来创建共同的人生线，讨论团队历史中对每位成员都很有意义的事件。团队成员分享自己对过去事件的不同解读，会发现让某些成员印象深刻的事情对其他人而言却无足轻重，这个过程很有启发意义。

练习 6.6 角色扮演

目的

角色扮演练习是测试使用新技能的一种有效方式，它为在重要的个人或职业关系中实施新技能前，提供了一个安全的测试环境。练习特定技能能提升从教练环境到“真实生活”的学习转移，增加了客户将学习转化成实际且有成效之行动的可能性。

何时使用

- 帮助客户练习一种新技能时，如使用一个基本规则或委派任务。
- 在使用一种新技能时，提炼客户想要理解的内容以及方式。
- 去解决客户想要做的和实际能做的之间的差距。
- 需要识别那些能阻碍新技能和学习收获有效运用的价值观、信念和假设时。

时间安排

20~30 分钟。

指导介绍

步骤 1：识别你和客户将要进行角色扮演的特定情境。阐明你们想要练习的特定技能和情境的背景和细节。请客户指导你他想让你扮演的具体角色以及该如何演绎。大多数情况下，我们使用的场景都是基于客户实际经历过的真实情境或者即将发生的一个棘手或有挑战性的情境。这样有助于客户更容易地定义你作为练习伙伴该扮演的角色以及要使用的特定技能。通常这些角色扮演会在转瞬间生成。例如，客户可能判定自己正在对老板做假设，会愿意去练习如何验证这个假设。

步骤 2：约定好技巧练习的时长以及客户是否希望每次她说完后停止角色扮演，听你给出反馈意见后，她再继续进行；还是希望角色扮演的情境一直持续，直到她觉得"卡住了"、需要指导时或有事先约定的时间结束时才停止。通常角色扮演的时长限定在 7~10 分钟，完成后进行反馈。这个时长足以发现关键行为和后果。如果角色扮演的时间太长，反馈时很难去追踪所有的信息，而且你提供给客户的反馈信息量可能非常大。

步骤 3：尽可能真实地演绎场景，不要让客户在这个场景中太容易或者太难以练习自己想要学习的技能。作为教练，通常在扮演场景中的"对方"的同时，也要追踪客户使用技巧的情况以及自己正练习的技巧。角色扮演练习进行得越多，就越能轻松地做到关注和记忆客户行为的同时扮演角色。

备选项：有时在客户练习技巧之前观看示范技巧是有帮助的。在这种情况下，你扮演客户的角色，客户扮演对话的另一方。

步骤 4：在设定时间结束时，停止练习对角色扮演进行反思。即使在练习过程中你已经给了反馈，依然要进行最后的反思。帮助客户从角色扮演中回想起一到两个主要的学习收获。询问客户是否觉得已准备好去使用所练习的技巧，或者他是否愿意现在或以后进行更多的角色扮演练习。

提示：

- 记得要对已取得的成效进行庆祝，同时也要讨论哪些部分还能变得更有用、更有效。
- 角色扮演也是帮助客户重新设计左手栏案例报告的一种有效的方式（见练习 5.3）。

- 我们经常将角色扮演称为“技巧练习”，以更加坚定地信守我们进行角色扮演的目的。同时，也有很多人因为遭遇过感觉被操纵或者尴尬的角色扮演场景，产生了抵触情绪，我们不希望他们设想本练习也是如此。

练习 6.7 创建隐喻

目的

本练习有助于人们生成比喻，来阐明一个问题的各个方面或者一种可能性或梦想，这种可能性或梦想要么还未被定义，要么被深埋在适应性潜意识之下。

何时使用

- 揭示关于障碍或可能性的潜意识智慧时。
- 生成用来作教练框架的比喻和对比时。
- 帮助客户体验采用更具直觉性、更少分析性的方式来生成新观点时。
- 揭示情境的隐藏面或不为人知的特征时。
- 从语言模式转化到视觉模式时。

时间安排

10~30 分钟。

材料

白板和马克笔，或者供教练记录客户想法的纸和笔。

指导介绍

步骤 1：挑选一个你想要开拓新思维的特定问题。例如，有关你新工作的隐喻，有关你想要的搭档类型的隐喻，有关一个问题的完美解决方案的隐喻，或者有关整个教练过程的隐喻。

步骤 2：如何定义隐喻？不需要太挑剔，只要将一件事物比作另一件事物，或者使用一种在生活中与一些抽象的问题有相似之处的具体实例来解释它。和客户分享一些实例。

步骤 3：让客户放松，保持舒服的状态，释放身体内的紧张情绪。鼓励营造一种有趣的试验性的氛围。提醒客户这只是一种生成新思维的方法，如果最后的结果不合适的话，不需要采纳或实施它。强调这只是一种帮助创意性思维流动起来的方法，也是历史长河中为很多伟大的思想家和艺术家所采用的一种实践。和客户分享一个有关隐喻性思考的著名故事，如阿基米德和溢水浴缸的故事或其他你熟悉的故事。

步骤 4：在客户能看到的白板或便笺本上写下一个陈述问题并引发比喻的句子，如"我想我的新职业像一个……"，"现在我的感觉就像……"或者"如果我是一个________________，我要__________________。"

步骤 5：尽可能快地生成尽可能多的比喻。最好的比喻通常出现在显而易见的比喻都用完之后。要允许沉默。当第一个想法蹦出来后，先停留一会儿，看看还有什么其他的念头接踵而来。在白板或便签本上记下客户生成的每个想法。

步骤 6：回顾生成的隐喻。鼓励客户挑选一至两个进行深入的探索。将其他列项保留好，以备以后想要生成更多的或者不同的想法时，重新进行回顾。

步骤 7："剖析"隐喻。讨论与眼下的问题相类似的具体事例的各个方面。举例而言，你会说："这个隐喻总在提醒我，要弄明白一生中想做什么，就像要把一床被子叠起来一样。"

步骤 8：使用挑选的那个隐喻来设计下一步的行动。将这个隐喻作为基础，用一个引导式图像练习、绘画或进行书面表达让比喻更充实，这是比较常见的选择。第 8 章中"糖果盒"（见图 8.3）就示范了可以如何将隐喻拓展至其他的模式。（在帕梅拉的案例中，从隐喻拓展至绘画模式。）

步骤 9：在对隐喻进行更多的探究后，总结从隐喻练习中获得的领悟，并且决定如何将这些收获整合到教练目的的实现过程中。

提示：

- 在某些层面，所有的隐喻都会失灵。当一个隐喻不再有效，客户所有的关注点似乎都与当前情境有差距时，放弃这个隐喻，转向另一个隐喻或改用其他模式。
- 阅读一些关于伟大的艺术家、作家和发明家的书籍，如托马斯·爱迪生（Thomas Edison）、巴克明斯特·富勒（Buckminster Fuller）、弗兰克·劳埃德·赖特（Frank Lloyd Wright）、毕加索（Picasso）、乔治娅·奥·吉弗（Georgia O' Keefe）、安妮·拉莫特（Annie Lamott）等。关注他们的创作过程和他们如何使用隐喻式思维。和客户分享这些故事与实例。

- 你也可以用这种方式来练习：让客户选择一至两个在某种程度上能代表你们正研究的问题的物品，在下一次教练环节时带上这些物品。在教练环节中，让客户将物品和他对问题的看法进行比对，说出两者间每种可能的相似方面和不同方面。

客户案例

乔纳森被强迫提早退休后，又面临着新的职业选择。在一次教练环节后他收到的任务就是针对面临新的职业选择想出几个隐喻。在下一次教练环节中，他说："我搜寻新职业的感觉就像一个石榴，真的很难打开。然后当你打开了，你还是不确定该如何对付那些石榴籽儿。它们看起来很美，但要花很多工夫才能吃过瘾。我觉得最好的方法就是把它们全部压榨融合成浓烈的浓缩果汁。""这个隐喻能怎样帮到你呢？"他的教练安妮问。"嗯，"他说道，"我意识到我原本认为这将很简单，但当事实不是这样时就会觉得沮丧。现在我考虑，真正丰富的汁液在我粗糙的双手开始挤压石榴后才会流出，但到最后我将找到一些很棒的可能性来进行结合。我不再仅仅局限于一件事情上，我可以把很多石榴籽儿的汁混合起来。"这次会谈之后，乔纳森放缓了节奏来调研大量的职业选项。最后他将自己的经验与对两种不同爱好的激情结合起来创建了一个混合咨询公司，并且还与一个合伙人开了一个小的零售店。

练习 6.8 引导式图像练习

目的

教练服务中使用引导式图像练习的主要目的是利用想象的力量帮助客户阐明他们的思维和感觉，以获得所寻求的富有创意、目的明确的行动。

何时使用

- 放松地聚焦于客户的思维和感觉，以意识到它们的存在或阐明它们时。
- 生成或延伸使用一个隐喻来帮助客户发现新的观点或可能性时。
- 帮助客户整合一个强大的隐喻、形象或类比作为改变行为的基石时。
- 生成意识和想法来推动其他模式的使用时，如书面表达、身体意识和视觉表现。

时间安排

5~10 分钟。

指导介绍

步骤 1：在客户的语言中寻找有意义的隐喻、类比或象征符号，它们体现了他想解决的问题的精髓。当你听到这样的信息时，和客户一起决策引导式图像练习是否是一种合适的方法。例如，你可以说："我听到你说'驾车时始终保持路上的黄线在视野中央就好像永远不偏离自己的目标一样'。我觉得使用这个画面来进行引导式图像练习能帮助你不偏离轨道。你也这么认为吗？还是有其他意见？"

步骤 2：帮助客户建立一种平静、放松的接纳状态，这能增强引导式图像练习的有效性。最开始可以这样让客户平静下来，"请舒服地坐在椅子上，可以双目微合或者视线低垂。让自己开始关注自己的呼吸，注意你现在的呼吸……注意呼吸的节奏……"

步骤 3：使用感觉性的语言，通过想象来引导客户。使用感觉性语言能放大引导过程的力量。例如，在本章引导式图像练习部分所描述的斯蒂夫的故事中，黛尔使用了视觉和动觉语言。她说："想象自己驾驶时坐在汽车方向盘的后面，感觉你正坐在驾驶座上。你的脚放在油门踏板上，而你的双手紧握着方向盘。"以下是指导想象时的一些特定准则。

- 使用邀请性的语言。如"允许自己……""让自己……""现在你能……"。限制使用命令式语言。
- 使用开放式的语言让客户接受出现的任何画面和经历。
- 使用简单的句子。
- 使用客户的隐喻，而不是利用你的想象或经历。
- 在引领引导式图像练习时，相信你的用词和直觉。
- 说话要缓慢而平静，在给出两个建议的间隙酌情停顿 3~10 秒。
- 如果你不确信客户是否已经进入状态，你可以说："当你脑海有了一个形象或者感觉丰富的体验时请点点头，然后我会继续。"（通过电话进行时，要求用"是"或者"不是"来回应。）
- 记住所有对引导式图像练习的回应都是可以接受的。

步骤 4：和客户一起总结练习时的体验。常见的体验：想法和一闪而过的顿悟；运动的躯体感觉、身体放松的感觉、体温或者心跳节奏的改变；闻到香味；听到大自然、音乐和说话的声音；悲伤、快乐、释然和兴奋的情绪。

询问以下这些问题可促使客户反思或者分享练习时的体验，有助于他们整合所学到的。

- 有关你的练习体验有任何想分享的东西吗？
- 你的总体感觉是什么？
- 你感觉到了什么？
- 你看到了什么？
- 你想到了什么？
- 当在做引导式图像练习时你注意到了有任何改变吗？如果有，那是什么？
- 让你印象深刻、难以忘怀的是什么？

提示：

- 在进行引导式图像练习时，作为教练的角色就是做好准备，抛去所有对客户体验和结果的预期。接受任何意料之外的情况。
- 听听引导式图像练习的录音或者和朋友进行练习，直到你能自如地引导这种练习。建立稳定、放松的节奏来持续推进，让客户有时间能深入自己的感觉和经历，却又不会被你的引导语言干扰。
- 要意识到不是所有人都能看到形象和象征符号。视觉只是感觉的来源之一。引导式图像练习的体验不尽相同，因为客户用不同的学习模式（视觉的、动觉的、听觉的）来认识世界。这意味着有的人可能更依赖于视觉形象，而其他人可能依赖于身体的感觉、气味或者声音。

CHAPTER 7

第7章

写出来

本章的内容是关于书面表达的。作为成年人，人们似乎分成了两大阵营：喜欢书面表达的人会记日志、写信，捕捉灵感；而讨厌书面表达的人会拖延或避免提笔写东西，这让他们想起了满是红色批注的论文和苛刻的语法之类的“旧校园噩梦”。因此，首先也是最重要的是，在教练环节中使用书面表达干预手法时，要根据客户的情况进行。询问客户的写作经历。对于两个阵营的人都要谨慎推进干预过程。写作有天赋的人能很轻松地进行书面表达，但是这种轻松也会妨碍他们深入挖掘潜意识材料，而这恰恰是教练过程所需要的。害怕写作的人可能发现这种干预方式能极大地帮助他们解放自我，定义障碍，发现新观点或发掘隐藏的才能。他们需要从简单、短暂、有趣的写作体验中获得足够的自在感来跨越原有的写作障碍。

书面表达似乎位于认知的理性过程和适应性潜意识的直觉智慧的交界面上，我们可以使用它进入多种形式的认知过程。我们经常将书面表达和其他模式如视觉表现、引导式图像练习结合使用。你会发现工具包中的很多活动都会激发客户写下他们的体验。将文字落于纸上是一种效能强大的方法来阐明所见、所感、所闻、所悟和所历，它也是一种有效的方式来制订计划、设定目标和概述项目。就像视觉表现一样，书面表达也能深化个人意识、领悟和激情，打通途径前往未曾开发的想象空间和创造空间。

尽管使用书面表达的目的并不是培养作家，但是令人惊奇的是，从未认识到的写作才能就这样经常出现了。一个忙碌的总经理，以前总被看作粗暴无情的人，却发现自己有创作细腻、富于表现力的诗歌的才能。另一个客户开始给员工写表达生动的感谢信，感谢他们的优良品格和为部门做出的贡献。在这个客户进行书面表达练习一年后，我们拜访他公司时发现了很多他写的感谢信，下属们将他的感谢信加上框摆放在自己办公桌上。

结构化的反思性书面表达

本章分享了使用书面表达作为干预手段的重点练习和技巧。练习 7.1 至 7.5 的重点是认知性理性书面表达活动，而练习 7.6 至 7.12 分享的是书面表达练习进入直觉智慧、情绪和其他较弱意识的过程。这些练习大多都能和工具包中的其他活动结合使用，如视觉表达、思维改变和现场调查。关注每个练习后面的“提示”信息，里面会给出结合使用的建议。你也可以尝试自己的结合使用方案来为每个客户的需求进行定制化练习。

第一部分练习被称为“结构化的书面表达”，第二部分为“反思性书面表达”。这些术语某种程度上有些武断，因为即使是更加开放性的日志练习也有一定结构，而大多数的分析性写作任务中都需要反思性思考。事实上，要将视觉表达练习和书面表达练习分开进行很困难，因为从根本上讲，写作也可能是非常视觉化的过程。我们通常在下笔之前或者在写作的过程中将我们要写的内容视觉化。类比和隐喻，特别是视觉比喻，经常贯串于我们的书面表达中，并且帮助我们形成想法。在很多层面，这两个过程是相互交融的。但是从实践的角度，我们基于干预手段的不同焦点，将二者进行了区分：我们是试图分析和结构化一个任务或情境，还是在反思探索它？换言之，我们是在使用收敛性思维制订计划和设置目标，还是用发散性思维写出我们意识流中的想法来发掘无意识的产物？给客户建议练习内容时，考虑他正面临的任务是什么，会帮助我们发现适当的方式。

书面表达练习准则

无论客户是有与生俱来的写作才能还是将写作视为大挑战，在进行书面表达干预时都要掌握一些重要的基本原则。

强调写作能力无关紧要。对很多人来说，书面表达就像不经常使用的肌肉，需要时间和循序渐进的锻炼来强化。还有很多人确信自己没有写作天赋。提醒客户这个练习不是关于写作能力的练习——在纸上列出清单和写下随机的文字就可以满足目的。

完全不用关注拼写和语法。这对练习目的来说无关紧要。人们写下来的内容是供自己使用的，客户可以选择是否与他人分享自己所写下的内容（包括与教练分享部分或所有内容）。

速度要快。快速进行书面表达，中途无须进行编辑或发表评论，这样才能更好地接近无意识智慧。如果在表达过程中有内在批判介入，它将阻止思维和情绪的自由流动。

完成书写练习前不要回看内容。无论是通过想象来进行写作还是计划一个项目，回看内容会把我们的思维带入分析模式，这也会再次阻止创造性想法的产生。练习的过程中不可产生任何观点。

尊重他人的书面表达。就像视觉表达练习一样，教练不应该是客户书面表达的评价者或诠释者。既不表扬也不批判，做到保持好奇心，询问客户问题帮她诠释自己的书面表达。当然，我们可以推断在书面表达中有哪些迹象似乎代表了一种固定的意识模式或呈现出一个恒定的主题。我们可以探寻这些内容，验证客户是否认可我们的观察，这些观察对他意味着什么。但是我们不能强行解读客户的模式，这么做会导致将自己的问题投射到客户身上。对教练的角色而言，这是无益也是不合适的。

书面表达如何起效：丹娜发现了她的缪斯

丹娜・福尔兹（Danna Faulds）是安妮最喜欢的诗人之一。她和客户分享丹娜的诗来引导他们的思维，激发他们的灵感（见练习 7.9）。以下一系列节选皆摘自丹娜第一本诗集 *Go In and In*（Faulds, 2002）。在这本书中，她用日志描述了提高书面表达能力的过程。这个过程在本质上和我们在练习 7.7 和练习 7.8 中所建议的过程相同。安妮和几个客户分享了完整的这一段来帮他们开始自己的日志记录练习，并培养对其他书写活动的自在感。

“那是 1990 年 5 月，我有幸参加了为期一天的克里帕鲁禅修中心员工静修活动。这个活动中有一个环节包含了一系列的冥想体验，然后是一个无意识的书面表达练习。我们被要求在一张空白纸的顶部写上‘这是我想对你说的’几个字，然后写下任何在脑海里冒出来的想法——无须编辑，无须担心措辞，无须停笔想接下来该写什么，只管写下去。尽管有一点儿怀疑，我还是照做了。

“这是我想对你说的。你一次次忘记自己是谁，你以为自己是一个囚禁在身体里的小小自我——不过是自己所有缺陷和恐惧的集合体罢了。当你忘了自己是谁的时候，孤单和害怕变得势不可当，你做什么都不足以击倒自弃的高墙。

“厌恶自己也就是厌恶上帝。因为是上帝给了你这个身体。怀疑自我，感觉憎恶，眼里只有缺陷与失败——这些是你能拥有的唯一可能，因为你已经忘记自己是谁。完美既不必需也不可能，但是回忆能让旅程充满欢乐。我要告诉你完整是一定会实现的……

“重新读了自己所写的内容，我收到了一条完全根据自己需求定制的信息，感动于这个写出来的‘声音’的善良，也惊讶于我所写的内容来源于核心自我的这样一个事实。静修活动继续进行之后的一些环节，那一天和之后的日子，我经常会反思那篇文字的力量。

“几天以后，我抓上笔和纸爬上了苹果园……选了一棵合心意的树，舒服地斜靠在树干上，透过苹果花间的空隙可以看到碧蓝的天空。有点儿紧张，我深吸了几口气，在纸张的上方写下‘这是我想对你说的’。就在这时，我思如泉涌，奋笔疾书，很快写满了整张纸。

“这个声音，不管它来自何方，完全对我了如指掌。这些文字谈到了每天都会困扰我的疑惑的本质。那晚当我从苹果园的山上走下来时，我觉得写作可能是一把打开自我了解和自我接受的钥匙，而这是我一直求而未得的，尽管自己一直在很努力地通过冥想、瑜伽和其他练习来解决这些疑惑。

“我慢慢融合了一套‘自由写作’的日常经历……我会拿起日志本，写下‘这是我想对你说的’几个字，然后让文字自己从四面八方流出。让我吃惊的是，我从未对要说些什么感到束手无策。只要我拿起笔，总有信息可以写——这是来自身体里那个宁静声音的礼物，无论多少。

“我发现，完全听到我需要知道的信息，理解自己在哪里被阻碍或绊倒，并不都是简单可行的。有时我依然沦陷在旧的习惯模式和信念体系中，尽管那个声音已经清楚地说出要获得自由我到底需要什么。然而，逐渐地，不可否认地，我让自己所写的文字影响了自己的生活。模式转变过程有它自己的时间表，不能操之过急。我发现，我开始接受生活中自己的样子，绕开了通常的自我弃绝模式。我发掘了生活的空间感，而它的起

源可以追溯到定期写作练习的开始。”（Faulds, 2002, 第 5-9 页）

最后，丹娜的书面表达变成了诗歌。自 2002 年以来，她已经出版了三卷诗集。对于自己的转变以及写作对自己的意义，她这样写道：

“我用文字重生了自我。

从寂静之中

一天又一天

文字逐渐堆积

而我是谁

跃然于纸上……

我用文字去拥抱对立、武断、悲伤、痛苦和快乐。当沮丧将我深深地拖进那个自我里，让我再次觉得永远都逃离不出暗淡无形的绝望时，我用文字记录了一切。我用文字描述了巅峰体验、意识和生活中的选择与关爱。事实上，我描绘了一个人，我现在知道那个人就是我自己。”（Faulds, 2002, 第 12 页）

我们不断吃惊地发现如此众多的客户都找到了一个相同的缪斯。他们可能不会选择成为出版作家，但是他们发现了一个回归自己的练习，通常这也会为人生中的其他人带来影响。很多人会为自己的孙辈写家史或家庭故事，或者创作被同事及朋友珍视的回忆录。无论使用的是结构性的还是反思性的写作活动，建议你帮客户用一种自由和创造性的感觉来着手这项任务。这不是用来评分的论文，它有很多“橡皮擦”和“删除键”可以用。将想法附于纸上并不意味着你必须采取行动。然而一次又一次，我们发现，纸上那些从潜意识流出的想法变成了客户生活中的显性梦想。

结构化的书面表达练习

这一部分的练习可作为简要的样板来帮你开始思考，如何平衡偏认知性的、理性的写作过程与偏直觉性的、反思性的写作过程。现实的情况是，很多练习都结合了这两者。在此提供了一些我们所使用的基本练习。很坦率地说，很多客户在工作和社会活动中已经学会并形成了非常成熟的理性决策处理过程。鉴于此，我们的干预重点会更多地集中在比较明显不成熟的认知方式上。然而，还是有些客户不知道如何理性地作决定。对这部分客户而言，以下这些练习提供了一种强大、有效的方式来更加严格地分析他们的决定和选择。资源库的第 7 章提供了一些更加深入的解决问题和决策工具，对那些还不熟悉这些过程的客户会有帮助。设法帮助客户平衡使用理性思考和直觉思考的书面表达过程，避免出现非此即彼的情况。

练习 7.1 制定决策标准

目的

本练习有助于个人和团队在进行一个重要的选择或决策时阐明并明确他们认为重要的是什么。《专业引导技巧》(Schwarz, 2002)基本原则之“关注利益，而不是立场”构建了本练习的基础。

何时使用

- 帮助团队或个人阐明决策或选择的标准（潜在的需求、渴望和忧虑）时。
- 在选定最终方案前，识别融入在 2~3 个可选行动方案中的利益或标准时。
- 提升最终选择会满足所有重要需求的可能性时。
- 当个人或团队只看到唯一的可行性选择，帮助他们脱离困境时。
- 当两个人或团队在两个或更多选择之间无法达成一致，帮助他们脱离困境时。
- 结构化一个决策过程，为可选择的类型设定界限来区分头脑风暴型和深入研究型时。

时间安排

20 分钟至 1 小时。

材料

笔和纸或者白板和马克笔。

指导介绍

步骤 1：定义“标准”和“利益”这两个术语，将利益与立场区分开。利益是潜在的需求、渴望、担忧和畏惧，利益会驱动我们的选择；立场是我们已经决策了的解决方案和特定的行动方案。举例来说，立场是决定要辞职；而你的利益或者决策的标准是你想辞职的理由，它们可能包括更全面地发挥自己的才能、更多的自主权、更高的收入、减少压力、更好平衡工作和家庭生活等。

步骤 2：建议客户探索所有他想要满足的利益以实现目标或做出重要决定。如果客户认同这样做是有利的，运用头脑风暴的方法把所有能想到的决策标准都列出来。使用类似这样的提示来开始头脑风暴会有帮助。

- 无论我（或者我们）如何做出决策，我希望用……的方式来进行。
- 只要解决方案能满足以下的需求，我就会很满意……
- 对我而言，解决方案 A 的吸引之处在于……解决方案 B 的吸引之处在于……
- 你认为，一个好的解决方案必须要满足的最重要的标准是什么？
- 完成某件事的重要性是什么？

步骤 3：（可选项）将利益和决策标准进行优先排序，或者将它们分成两列，一列是必须要满足的，一列是最好能满足的。

步骤 4：回顾这些利益选项，看看是否还有其他的补充，或者在这些列出的利益背后是否还有更深层次的需求和利益。

步骤 5：如果在制定选项前已经对利益做出了深思熟虑，将利益列表先暂时搁置，对选项进行头脑风暴或仔细研究。然后再回看那些利益（标准），根据它们评估每个选项。

提示：

- 利益或者标准通常都是以层次性呈现出来的。例如，客户可能说他的利益是达到更好的工作和生活的平衡。如果你问为什么这很重要，答案可能是更深层次的利益：为了改善自己的健康状态，为了花更多的时间陪伴家人。然后在这之后可能还有再深层次的利益。再举个例子，客户可能分享说："我父亲从来不围着我转，而我真的很想和儿子待在一起。"你能用"五个为什么"[①]的原则去发掘最深层次的利益。你发掘得越深入，你就能开发更多的解决方法的选项。例如，除了平衡工作和家庭生活，还有很多更潜在的方法来增进健康。
- 更多有关帮助团队和个人识别利益的指南，请参看《专业引导技巧》的第 117–120 页和《专业引导技巧实践指导》的第 145–147 页。

---

① "五个为什么"是问题解决和质量控制过程的一种通用工具。由大野耐一（Taiichi Ohno）（1998）为丰田制造公司开发，可以为分析事件的根本原因提供帮助。

练习 7.2 阐明目的和目标

目的

明确地定义客户承诺要去实现的目的。

何时使用

- 开始任何教练契约时。陈述出来的聘用教练的原因或许能也或许不能引导客户达成他真正有创造性且目的明确的意图。
- 帮助客户将基于恐惧和回避做出的目标转变成基于可能性和创造性而做出的目标时。
- 进行某个视觉练习，从练习中为行动提取一个特定的目标和方向时。
- 开始一个教练环节时。在广泛的教练目的框架下，可能还有多个子目标或者里程碑来明确独立的每个教练环节。
- 当客户看起来没有取得进步要重新审视教练目的时。有时候，当有新的发现，思维模式发生了改变或者之前的教练环节中客户个人意识有了提高时，可能需要改变或提升教练目的。

时间安排

5 分钟至 1 小时。

材料

笔和纸。

指导介绍

步骤 1: 和客户一起确定你们想阐明的目的的类型和层次。是整个教练关系的目的？是本次教练环节的目的？是在一个更广泛的发展计划中的某一个项目或者活动的目的？例如，总的目的可能是发展领导力技能，但是教练服务阶段性的特定目的可能是学会找到群体中的领导力展现机会。然后指导客户按照以下步骤执行。

步骤 2: 写下一句话来回答这些问题，“我想实现什么？为什么？怎样实现？何时实现？”例如，回答可能是：“我的目的是到明年年底通过在群体中识别和有效地完成一个重要的展现领导力的任务来提升自己积极主动的能力。”如果这是一个目的声明，花点儿时间把它转换成不同的版本，然后再重新读出这些句子，看哪一个或哪几个版本让你有兴奋感。尝试使用不同的措辞（但不要深陷于此），也可能是将两个或更多版本的不同方面综合在一起。

步骤 3：将纸质版本的目标声明放在日常可以看见的地方。

步骤 4：在任何时候，如果这个目的需要提升或改变，停止对原有目的的回顾与跟进，并重新写出新的目的声明。在教练关系中，随着新意识和技能的开发，很多客户提升、扩充甚至精练了他们原有的目的。

提示：

- 为了深化客户对目的的承诺，如果注意到目标陈述不能完全引起客户内心的共鸣，建议客户将它当成一种声明或日常宣言。每天清晨在一天的活动开始前——这是最好的时间——用目标陈述强化承诺，并设定一个意向来指引一天的活动。
- 有时目标陈述的内容不是一个特定的行动，而是一种客户想要创建的特质，如更有效地沟通，更加积极主动，更有创造性。在这种情况下，目标陈述可能不太具体，但是它有助于宣告“为什么”[①]客户想要开发自己的这个领域。“为什么”能以一个包含“那么”的陈述形式来呈现出来：“我想提升自己在对话中真正保持好奇心的能力，那么，我能了解更多别人的需求和利益，制定双方都能全力支持的解决办法。”

练习 7.3　项目完成的踏脚石

目的

本练习有助于将一个大型项目或长期目标分解成可控制的行动步骤。它能认可朝着更广泛目标前行过程中的每个进展，产生进步感和成就感。

---

① 安妮从理查德·斯特罗齐·黑克勒（Richard Strozzi-Heckler）和他在斯特罗齐学院的同事那儿学会了强调“为什么”类型的问题。她发现这种问题有助于自己反思生活，也有助于在她与客户一起努力让客户的生活符合他们自己创造性的且目的明确的意向时进行反思。

何时使用

- 概述为实现一个目标或目的而需要采取的具体任务和行动步骤时。
- 设定实现一个目标或目的的期限时。
- 帮助客户突破对一个长期目的或复杂项目感到害怕或被击垮的状态时。
- 识别出要完成项目在规划、必备资源或者可能的障碍等方面存在的差距，提前做出安排时。
- 制定办法来追踪和衡量目标实现的进度时。

材料

笔、行动计划工作表或类似表格。

时间安排

30 分钟至 2 小时（取决于目标或项目的复杂性）。

指导介绍

步骤 1：如下引导客户："在行动计划工作表的顶部写下广泛的目的、目标和想要实现的意图。"（关于实施本练习各步骤的实例，见表 7.1"罗素的行动计划工作表（初稿）"。表 7.2 提供了一份空白的表格供客户使用。）

表 7.1　罗素的行动计划工作表（初稿）

我的目标是扩展领导力发展教练训练计划直到此教练业务达到我工作量的 60%。

实现目标的里程碑	达到里程碑的踏脚石	完成期限	所需支持或资源及其他备注
1. 完成教练技巧评估	a. 完成并对书面评估评分 b. 访谈客户和同事来证实或增进评估结果 c. 和教练一起确定要建立的能力列表和任何需要消除的差距	2009-01-01	评估工具；访谈对象及其联系方式列表
2. 识别能够培养能力、解决技术差距的教练培训项目	a. 完成培训项目网上搜索 b. 访谈领导者来了解备受尊敬的教练 c. 联系这些教练来了解他们的培训过程	2009-01-01 2009-03-01 2009-03-30	确定要联系的领导者列表。咨询教练和现有客户来识别潜在的领导人和教练

续表

实现目标的里程碑	达到里程碑的踏脚石	完成期限	所需支持或资源及其他备注
3. 选定培训项目并报名	a. 将培训项目于技能培养列表进行匹配 b. 制定预算 c. 做出最终选择 d. 报名	2009-04-15 2009-04-30	培训项目的描述和标准、费用；关键问题：一般人需要多长时间完成整个培训项目
4. 为教练服务进行市场营销	a. 研究教练服务是如何进行市场营销的 b. 制订营销计划 c. 设计并打印名片 d. 设计并打印符合计划的营销材料（网站、宣传册和其他媒体）	2009-05-30	进行的同时挑选培训
5. 完成教练认证的要求	a. 完成培训 b. 就教练认证有关要求联系CFI c. 培训结束后完成所要求的教练契约量	2009-03-30	向其他教练了解认证的过程，分析优势和劣势
6. 吸引并维持足够的教练客户以实现业务量的60%	a. 制定评价表来得到每个客户的反馈 b. 请求每位客户的引荐 c. 评估营销方案各组成部分的有效性，如有必要，进行调整	认证后一年	

表 7.2　空白行动计划工作表

我的目标是____。

实现目标的里程碑	达到里程碑的踏脚石	完成期限	所需支持或资源及其他备注
1.	a. b. c. d.		
2.	a. b. c. d.		
3.	a. b. c. d.		
4.	a. b. c. d.		
5.	a. b. c. d.		
6.	a. b. c. d.		

步骤 2：继续往下，填上达成目标或目的需要完成的大型任务（里程碑）。不需要纠结内容的精确性。这只是第一遍，在回顾行动计划工作表或随着项目的推进需要修订工作表时，还会对任务的大小、期限、次序、描述等内容进行完善。

步骤 3：在每个里程碑下，列出 3~7 个实现这个任务需要采取的具体行动步骤（“踏脚石”）。

步骤 4：完成“踏脚石”的内容后，从头为每个行动步骤制定目标日期。要考虑完成每一步实际需要多长时间，并且几个任务下的行动是否能同时完成。

步骤 5：考虑针对每块“踏脚石”是否需要特定的资源和支持，将它们记在最右边的栏目内，如资金、时间或者能提供指导的人员。

步骤 6：鼓励客户将行动计划工作表贴在显眼的位置作为对行动实施的日常提醒，这也是一种跟踪和奖励进步的方式。建议将每个完成了的“踏脚石”行动勾除或者标上颜色。有需要时重新回顾并订正行动计划。

提示：

- 这个活动特别有助于识别出已形成制订目标模式的客户，或者总是在实施目标时对新方向产生兴奋感，然后放弃原来的目标和方向的客户。
- 不需要过于关注界定某个东西到底是“里程碑”还是“踏脚石”，或者只是所需的资源。列表不需要太细致，否则会让人觉得束手无策。和客户一起确定一致的划分等级，就像你在表 7.1 罗素的案例中看到的那样，不需要绝对的精确。重要的是将行动步骤分解得足够细，这样能让客户、教练和其他相关的人规划行动并且看到进度。
- 对每一步完成的“踏脚石”和“里程碑”进行庆祝有助于提升继续进步的能量和动力，特别是随着时间的累积有不可避免的障碍出现时。
- 对有些客户而言设定时间期限会增加他们的焦虑感。和客户探索这些焦虑感的来源。他们可能是由于对目标缺乏承诺，曾经有过未完成项目或者没有按时完成项目的经历，或是害怕当时间限定没有严格实现时会受到严厉的批判。识别并处理这些相关问题对发掘那些深植于内心妨碍梦想实现的障碍是非常有帮助的。

练习 7.4 制定列表：一个或两个

目的

我们经常会低估制定一个简单列表的威力。本练习是一种可用来帮助生成和明确众多问题的有效方式，这些问题涵盖了从完成项目的行动步骤到利益、愿望和渴望。有两种方式来进行这个练习：第一种，生成一个列表；第二种，并列写下两个列表进行比照对比，时候也会在同一个问题上写下多个观点。

何时使用

- 明确想法、感觉、观点、利益和愿望时。
- 揭示未表达出的想法和渴望时。
- 开始评价想法时。
- 为一个活动排序或者方案规划迈出第一步时。
- 比较、对照一个问题或想法的不同方面时。

时间安排

15~30 分钟。

材料

笔和纸。

指导介绍

步骤 1：和客户阐明他想就什么来制定列表。列表内容应该有关于明确某些观点、想法、感觉、利益或活动需求。有些客户认为对单项列表有帮助的列项包括：

- 列出你对……（未来的职业、生活、项目）的愿望。
- 列出你能达成……（你的项目、目标或获得某个话题的信息）的所有方法。
- 列出你作选择要满足的所有重要利益。
- 列出你对……的担忧。
- 列出你引以为豪的五个特征。
- 列出你最理想的一天会发生的所有活动。

有些客户认为有助于并列比较的列项包括：

- 列出这个想法好的一面，然后再列出需要克服的挑战。
- 列出你做某件事已经拥有的资源，再列出你需要获得的资源。

做出三个列表：（1）你想做些什么来支持你的新方向；（2）你想停止做哪些事，因为它们妨碍了或者并不支持你实现自己的目的；（3）你想继续做什么——那些你已经开始进行了的、将支持你朝着目的推进的实践。

步骤 2：引导客户："静坐一会儿，做几次深呼吸，然后提笔在纸上写出你的列表。保持至少 10 分钟的书写时间，即使你认为已经写完了所有的想法。"

步骤 3：和客户一起复查列表。鼓励客户对所列项目进行添加或者合并。

步骤 4：和客户讨论从这个列表中他获得了哪些新的意识或学习收获。

步骤 5：规划下一步方案，阐明客户将用列出的事项来做什么或者将对列出的事项做什么。

提示：

- 列出"骄傲项"和"遗憾项"。这项技巧改编自大型团队干预方式未来探索方法[①]。它是一种帮助个人发掘自己才能的有效的方法，洞见自己的遗憾区——这个区域是个人想要做出的改变或者需要处理的个人障碍的聚集地。
- 要小心让人列出"利弊"的普遍趋势。这可能形成二选一的思考，导致认为"弊"是不能克服的。我们更喜欢使用"想法中好的部分"与"要克服的挑战（障碍、弱点）"进行比照。将"符合利益"与"不符合利益"进行比照也是一种有效的方式，它为解决未满足需求的可能性留了空间。

练习 7.5　你和我：矛盾关系中的异同

目的

本练习有助于个人在感到愤怒、被责备或者受到伤害时释放那种"我们对阵他们"的想法。这让客户意识到自己对冲突或者有挑战性关系的形成也起了推动作用。

① 有关未来探索方法论（the Future Search methodology）的描述请查询网站 www.futuresearch.net。

何时使用

- 洞察和理解冲突中的两人所拥有的相同或不同的特质、价值观和行为时。
- 为自己和他人揭露盲点、转换视角和增强同理心时。这能为冲突的解决扫清障碍。
- 打破与权威人物（主管、老板、父母）、伙伴（同行、同僚、朋友、拍档）、下属或者孩子的僵局时。

材料

两张纸、笔或者电脑。

时间安排

15~30 分钟。

指导介绍

步骤 1：如下引导客户：“现在开始练习，先反思或者讨论一个与你有冲突的人的特质、价值观和行为。在一张纸的顶部写上标题‘我和（对方的名字）的相同之处’，在另一张纸的顶部写上标题 ‘我和（对方的名字）的不同之处’。”

步骤 2：引导客户在每张纸上写下相关的特质、价值观和行为，在这个过程中，脑海里出现的任何新信息和想法都写到纸上。提醒客户要确保包含了对方的优点以及可能造成自己与他产生冲突的缺点。

步骤 3：和客户讨论练习过程中所收获的领悟。教练可以提问以下问题。

- 从这个练习中你了解了自己什么？
- 从这个练习中你了解了对方什么？
- 作为练习结果，描述一下任何你的想法或者感觉的改变。
- 基于你所收获的，你的行为会有什么改变？
- 基于你所收获的，你处理这种情境的方式会有什么改变？
- 你想采取的下一步行动是什么？

提示：

- 本练习可以在教练环节中进行，也可以作为家庭作业完成。
- 本练习是解决战略性规划冲突时非常有效的前期准备，也有助于解决你和某人之间引而未发的问题，即便冲突还没有显露出来。

客户案例：苏珊和她的父亲

苏珊在重新评估她的快节奏职场生活模式，因为她已经被自己疯狂的工作节奏弄得筋疲力竭。她对要脱离快节奏的模式有些矛盾，因为她的父亲鼓励她成为像他一样的成功商业大亨。

在教练服务其间，当她开始重新评估和定义自己的价值观时，她发现自己与父亲及其价值观的冲突在增大。她认同“你和我”练习能够让一些有关她视觉盲点的有用信息显现出来。

完成这个练习后，苏珊说：“这是一个很好的练习。我做起来有点儿艰难，因为我不得不承认关于自己某些我不喜欢的部分和我父亲很像。例如，没有耐心。我将情绪掩盖起来继续完成了练习。我认为这个练习会帮助我不再过多地归咎于他，而是也为自己的行为当责。我也发现了自己喜欢的相同之处，如我们对工作的激情和对自己会成功的认知。”

反思性书面表达练习

“当我写下一些东西，这个过程给我带来了帮助。它不同于安静地写作，然后再和你讨论这些文字。我阐明了更多的东西。”

客户希拉

练习 7.6　创建愿景

目的

本练习将引导人们去开发自己最深层次的愿望和渴望，从而阐明人生目的、长短期目标和想要采取的富有创造性且目标明确的行为，这些行动通常就是教练或引导服务所产生的结果。

何时使用

- 阐明一个所期盼的未来以便为此努力时。
- 为一个教练契约制定所有的目的时。
- 证明或质疑一个已公开的目的是否符合该人最深层次的渴望、激情和天赋时。

- 使用直觉智慧绕开人们从他人那接收到的目标，发现符合他们自己真正诉求的目的和目标时。
- 作为建立团体共同愿景的前奏，建立个人愿景陈述时。

时间安排

30 分钟至 4 小时，时间长短取决于团队人数和所需愿景的综合程度。

材料

笔和纸。

指导介绍

步骤 1：引领客户进行引导式图像练习，帮助他清楚地展望自己想要的未来。（第 6 章提供了引导式图像练习的指导准则和示例，可酌情改编使用。）

步骤 2：引导式图像练习结束后，让客户缓慢地睁开眼睛，然后立即写下在引导式图像练习过程中所出现的一切，以及自己当时的想法和感觉。书面写下的要求非常重要。通常书面表达的行为能更有效地打开通往内心最深处梦想和渴望的大门，这些梦想和渴望是客户大多没意识到的。鼓励客户不要仅仅只是简单描述引导式图像。

步骤 3：鼓励客户写 15~20 分钟，即使所写的内容已经偏离了未来愿景的主题。保持书写，尽可能快速地写。（这项引导的目的是帮助人们跨越自己最初的障碍或第一个停顿点。通常在第一个爆发点或者停滞区之后的就是更加富有创造性的想法或更加深入的价值观和渴望。）

步骤 4：请客户和你分享他的愿景或愿景亮点。和他讨论愿景能怎样激励或者阐明他自己的教练目的。以下的“阐明愿景的提问”会有助于引导谈话[①]：

- 如果你可以创造未来，你会为自己创造一个什么样的未来？
- 你会怎样为自己和你的组织改变这个世界？
- 严重困扰你的人生使命是什么？（不要太快判定没有东西在困扰你。）
- 你对工作的梦想是什么？
- 你能为工作带来的独特作用或者独特技能是什么？

---

① 改编自《专业引导技巧实践指导》（Schwarz, Davidson, Carlson & McKinney, 2005），“阐明愿景的提问”，第 154 页。

- 你对什么有燃烧般的激情？
- 你觉得什么工作是有趣的、让人专注的、迷人的？如果 10 年后你还是对这个工作专心致志、全情投入、如醉如痴时，将发生什么？
- 你认为最理想的组织应该是什么样的？
- 你的个人计划是什么？你想证明什么？你认为有哪些是需要填补的缺失空间？
- 你想成为谁？

提示：

- 本练习也可以不采用最初的引导式图像练习单独使用。但是我们发现，在客户开始写出他们想要的是什么之前，帮他们生成隐藏在直觉里的形象和情绪后，最终得到的书面表达结果会丰富得多，也具体得多。
- 在教练、团队引导和组织发展著述中有很多可以使用的视觉练习。你可以研究并从中找到一些看起来最适合你经常会遇到的客户类型的方法。《第五项修炼·实践篇：创建学习型组织的战略和方法》（*The Fifth Discipline Fieldbook*）（Senge, Kleiner, Roberts, Ross & Smith, 1994）在“自我超越”章节中（第 201-216 页）提供了一些绝佳的指导来建立个人愿景，也展示了创建团队共同愿景的方法（“创立共同愿景”，第 297-347 页）。
- 愿景与个人和组织的价值观是紧密联系在一起的。愿景是远方的“璀璨明灯”，而价值观就说明了什么样的明灯是有吸引力的，人们会如何到达这些明灯所在之处。《专业引导技巧实践指导》第 17 章“建立共同愿景和价值观”（第 149–157 页）提供了处理个人和团队价值观和愿景的指导方针，包括帮助团队建立自己的愿景陈述和指导价值观的流程和练习示范。

练习 7.7　日志：来自无意识智慧的指导

日志和进行常规反思性写作的价值被广泛记载，也有很多资源提供了详尽的过程指导。本书资源列表中可找到我们喜欢的部分书籍。日志的过程可以非常简单，打开一个空白的本子，把你的所思所感全部写在上面。

设置一个特定的时间在特定的地点进行写作通常很有效。茱莉亚·卡麦隆（Julia

Cameron）在她的书中[1]提供了明智的建议：清早，当思维还在半意识状态，通往适应性潜意识的通道似乎还畅通无阻地开放着的时候，第一件要做的事就是写作。我们接触到的很多人都采用了她的“晨间笔录”（Morning Pages）（Cameron，1992）练习并取得了巨大的成效。还有些人发现比较有帮助的做法是：晚上入睡前进行写作，回顾一天的经历，记录自己在哪些地方和目的保持了一致或者偏离了自己的目的，给自己的潜意识分配任务让它在夜间反复思考。这种练习通常会导致清醒状态下产生有价值的洞见，特别是如果紧接着再进行晨间记录和冥想时。当你养成了记日志的习惯时，你的无意识思维将准备好参与到自己日常的写作任务中。久而久之，这样写出来的作品会变得更丰富，更有创造性，也更有洞察力。

目的

本练习是一种效力强大的方法，能进入并明确适应性潜意识思维的想法和感觉。定期练习将明确创造性的渴望、畏惧、忧虑和梦想，这些对于转变行为、确定职业和生活的方向很有帮助。

何时使用

- 阐明愿望、期待、梦想和妨碍进步的障碍时。
- 探索并开发无意识思维领域，为制订有创造性且目的明确的目标或促进个人成长提供有力的指导时。
- 发泄强烈的情感，如愤怒、沮丧、担忧时。
- 承认心中所想时。
- 跟踪在实现新目标或形成新行为习惯方面所取得的进步时。
- 分析在实现变革的路途中出现的不可避免的退步时。
- 练习形成内在批判，同时又要将它最小化时。

时间安排

每次 25~45 分钟，最好定期练习或者固定练习一些天。

---

① 关于写作、晨间笔录和普遍适用的创意过程，见《创意，是一笔灵魂交易》（*The Artist's Way*）（Cameron, 1992）《行走人世间》（*Walking in this World*）（Cameron, 2003）和《写作的权利》（*The Right to Write*）（Cameron, 1998）。

材料

笔和本。

指导介绍

步骤 1：如下引导客户："预留至少 25 分钟，带着你的写作材料坐在一个安静的、不会被打扰的地方。你可能想要进行一个小的准备仪式——泡杯茶或咖啡，找到自己最喜欢的笔，在脚上围上一条毯子，做几次深呼吸。注意那些能为你记日志创造条件的做法。"

步骤 2："拿起笔开始写。写下任何你脑海浮现的东西。不需要编辑快速地写出来。无论如何一直写下去，直到时间结束或者你已经写满了 3~4 页纸。到了最后你可能是一遍又一遍地重复相同的文字、想法和问题，这样也可以，只要保持继续写下去。"

步骤 3："当时间结束，停下笔来，静坐片刻，然后可以进行其他活动。不需要立刻通读你所写的内容。"

步骤 4：建议客户定期回顾日志内容来找寻观点、主题和模式。很多人喜欢一个星期回顾一次或者一个月回顾几次。鼓励客户"任由模式自行发展而无须担心它们，也无须觉得有必要每天都回顾你所写的内容。我们中有些定期记日志的人再也没有重读过他们的日志。仅仅是写作这个行为本身已经足够帮助我们理解自己和某个问题了。还有些日志被证明是写论文、开发项目或者解决关系的沃土。你自己是评定的裁判。关注的重点不是'生产'出有用的东西，而是通过这个过程进入无意识的思维、感觉和智慧。"

提示：

- 有一个最喜欢的日志本对你每天写日志会有促进作用。它会变成一个期盼着去写下文字的"地方"、一种动力和一个对潜意识的提示——到时间让思维流动了。它也为你回顾所有的日志内容提供了一个方便的载体。
- 大多数记日志的人发现手写日志比在电脑上输入日志更富有成效。我们的无意识思维和手扫过纸张的动作之间似乎有着很强烈的连接。
- 很多人在记日志之前进行一段时间的静默或想象，将加强日志的效果。
- 作为教练，我们偶尔会让客户写下日志事项或者在教练环节中采用和记日志类似的书面表达练习。更经常的情况是，我们会要求客户在一段时间内自由记录日志或进行专题日志记录（见练习 7.8）——坚持 21~30 天。结束之后，我们会和客户讨论他们从完成和回顾自己的日志中所收获的观点和想法。

练习 7.8 任务：主题日志

目的

本练习有助于发掘对一个特定问题或决策所掩藏的情绪和中断了连接的想法与理念，而这个问题或决策与教练目的相关。本练习还有助于阐明人们的问题、目标和最深的渴望。

何时使用

- 清晰定义遇到的一个特定问题和决策时。
- 发掘与某个特定话题相关的所掩藏了的情绪和障碍时。
- 就某一个话题发散性地考虑是什么让某人好奇或者苦恼时。
- 进入关于情境和选择的无意识智慧时。

时间安排

15~30 分钟。

材料

笔和日志本。

指导介绍

步骤 1：确定主题——客户想要探索或阐明的问题或想法。

步骤 2：设定代表这个主题的一个句子，它将帮助客户定义和阐明有意识和潜意识的思维与感觉。客户可以参考一些示例自行提议陈述内容，或者教练可以提议一至两个示例来验证客户是否愿意尝试使用这个（些）建议。

我们成功使用过的主题示例有：

- 我需要我的工作环境……
- 我需要我的团队成员……
- 我希望……
- 我们来假装……
- 对我的职场生活，我欣赏的是……

- 对我的同事们，我欣赏的是……
- 我想对你说的是……（“你”可以指你自己或者别的人）
- 如果风险没这么高，我会……
- 当我八十岁时，我希望人们提到我时会说……

步骤 3：让客户尽可能多地写一些回答来完成这个句子。如下引导客户：“快速地写出来，不用担心拼写、语法或者句法结构。不用回看你写的内容。只要让你的手保持在纸上移动，不管写出来的是什么。”

步骤 4：当客户结束书写后，建议他通读自己写出的内容，询问：“你脑海里出现了什么主题、观点或者新的问题？”继续总结这个练习，深入探究以发现观点、领悟和新的意识。

提示：

- 对一个特定主题进行日志记录并保持一定时间期限，如三十天，这会非常有帮助。有时日志的内容可以是列表。
- 也可以作为一种任务要求客户在两个教练环节之间完成一次或几次主题日志。效果会很好。
- 这个练习还有另外一种替代方式。贴出一个给自己或给客户的问题，然后迅速地写出尽可能多的回答。这样的问题示例如下：

阻止我做出（或说出）我真的很想做（或说）的是什么？（具体说明想说或想做的内容。例如，换工作，告诉同事自己对她不能如期完成工作的感受，或者告诉老板他的想法错在哪里。）

我对女儿的学校教育应该做些什么？

对我在工作团队中发现的问题，自己起到了哪些推波助澜的作用？

我理想的未来是什么样的？

练习 7.9　藏在心间的一首诗（或一首歌）

目的

本练习使用诗歌和音乐帮助激发和聚焦书面形式的个人反思。它有助于煽起创造性的火花或激发产生无意识思维和感觉。

何时使用

- 激发对某个特定问题、渴望、特性或模式的个人反思和无意识智慧时。
- 通过识别一种莫名的渴望、有影响力或能产生共鸣的情绪来刺激自我意识时。
- 帮助人们探索两种方便的方法来激发意识和创造性时。

时间安排

25~45 分钟。

材料

一首鼓舞人心的诗或者一段音乐，可以由客户确定或者由教练建议；播放音乐的设备；笔和纸；日志本。

指导介绍

步骤 1：这一步可以用两种方式进行。方式一，如果客户在谈论一种抽象的概念，如激情、愤怒、无望或者缺乏灵感，询问他是否知道一首诗或者一段音乐可以表达他说的这种特质。（对于负面的特质，翻转这种情绪，如果是无望，激起希望的是什么；如果是没有灵感，激起灵感的是什么？）。方式二，作为教练，针对客户要解决的问题，一旦脑海里闪过一个关于采用什么诗歌或音乐的建议，可以直接说出来。可能不像你体验的那样，它不能让客户产生完全的共鸣，但这并不重要，音乐和诗歌仅仅是一种进入无意识的工具，那里将是起点。

步骤 2：如下引导客户："找一个安静的地方通读诗歌或听几遍音乐。在这个过程中让自己很舒服地坐着，要做的仅仅是领会这些词语或音符。"

步骤 3："拿起笔，开始记下你脑海里任何回应这首诗或音乐的想法。写出浮现在大脑里的任何念头，不要停顿也不要编辑，只是写下去。"

步骤 4：当客户结束书写后，让他回顾自己写出的内容。然后询问这些（或类似）问题：

- 你注意到了什么观点、新的想法或者障碍？
- 在你做练习的时候有什么感觉？
- 你的思维对此怎么看？
- 你的内心对此怎么看？

- 你所提到的会如何解决＿＿＿＿＿＿＿＿（你和客户正在解决的问题或目标）？

提示：

- 向客户建议材料时要仔细谨慎。先深入地理解要解决的问题。询问客户对音乐和诗歌的个人喜好。
- 很多客户不习惯诵读诗歌。请他们把这作为获得一种新观点的方式来进行尝试，并且推荐一两首你个人喜欢的诗歌作品。他们可能吃惊地发现自己对诗歌的刻板印象发生了改变。
- 如果诗歌对客户没有吸引力，也可以建议用一些简单的散文替代。
- 作为教练，探索一些似乎能解决教练服务中会遇到的典型问题的诗歌、散文和音乐是很有必要的，同时也要关注和保留客户建议的材料样本。我们有很多好的材料就是来源于多年来客户和我们的分享。有些还是他们自己的作品，也允许我们进行使用。以下是我们最喜欢的一些材料：

鲁米（Rumi）、赖内·马利亚·里尔克（Rainer Maria Rilke）、玛丽·奥利弗（Mary Oliver）、梅·萨藤（May Sarton）和高尔韦·金内尔（Galway Kinnell）的诗歌。（见资源库中第 7 章“写出来”诗歌部分）。

《可能性的艺术：改变生活和事业的十二项实践》（the Art of Possibility）（Stone Zander & Zander, 2000）中的散文。

《展览会之画》音乐专辑（*Pictures at an Exhibition*）（Emerson, Lake & Palmer, 1972）。

基斯·加雷特（Keith Jarret，1975）科隆演奏会唱片。

客户案例：诗歌重构了杰克的世界

杰克是一个悲观的人。当被问到今天或这个星期过得怎么样，他总是抱怨、沮丧和冷落。他的教练进程很难取得进步，因为他对每个选项和活动的回答都是一系列的“好，但是”或者“这没用，因为……”

然后有一天，在极力寻找有效方法帮助杰克进入和转换他这种模式的过程中，安妮让杰克诵读高尔韦·金内尔（Galway Kinnell）（1965）的诗歌“最后的鸣啭”（*Last Songs*）①。

① “最后的鸣啭”出自高尔韦·金内尔的《躯体破布》（*Body Rags*）。1968 年版权和 1996 年更新版权为高尔韦·金内尔所有。经霍顿·米夫林出版公司许可重新印刷。

这首诗描述了鸟类在夜晚最后的鸣啭，并提出了尖锐的问题：我们能如何接纳那些使我们远离天堂的东西——懒惰、愤怒、贪婪、恐惧，并且“在尘世间将它重新改造成歌曲”。安妮建议杰克自己诵读这首诗，因为当杰克一周又一周地坐在她对面的椅子上寻求新的职业目标时，她所听到的信息只会让杰克远离这个目标。她问杰克是否愿意一周内每天都诵读这首诗，并且花点儿时间写下他能怎样接纳让他觉得沮丧和烦恼的任何东西，并把它们改造成歌曲。安妮那时并不是真的指按字面意义理解的歌曲，那只是个有用的隐喻。

出于某种原因，诗歌和安妮的主意吸引了杰克。他的日志中出现的是一系列的说唱乐和蓝调歌词。有的悲伤，有的烦躁——大多数非常有趣。我们为杰克设计了新的练习：只要他发现自己卷入了无助或无望的思绪中，就写下一点儿韵文唱给自己听。然后他就付之一笑让它们随风散去，因为知道这可能可以做出上好的歌词或者喜剧套路，但不会为自己的人生创造一个新的方向。随着时间的推移，杰克能够将自己的思维集中在可能性而不是不可能性上。他还发现自己有着丰富的幽默感，这是大家都没预料到的。安妮最后一次见到杰克时，他正在上法律学校，追寻他梦想的职业。

练习 7.10 剧本：明确想象的谈话和回想的谈话

目的

本练习将帮助人们洞见，恐惧和偏见是为自己大脑中留存下的过去的和想象的谈话所造成的。

何时使用

- 进入并改变阻碍新的创造性选择和行为的故事和信息时。
- 进一步意识到，有时我们是如何将自己的内在批判“伪装”成来自他人的建议时。
- 想象在进行一场艰难却又重要的谈话时会发生什么，以发现和解决在谈话过程中的恐惧和无效的策略时。
- 现实地评估进行一场艰难谈话的风险时。

时间安排

30~60 分钟。

材料

笔和纸。

指导介绍

步骤 1： 识别客户的状态，是在害怕进行一次艰难却又重要的谈话，还是看起来过于担忧别人会如何看待一个决策或选择。

步骤 2： 建议客户花些时间写出这场谈话的想象版本。写下 2~3 页纸的内容，以确保谈话足够长，精确地写出每个人到底说了什么，对方又是如何回应的。

备选项：询问是否存在一种可能影响了这种情境的“老的”印象模糊的谈话，让客户再造那场谈话。有客户就是通过再造谈话取得了巨大的突破，那是一次发生在青春期关于自己的外貌和妈妈进行的谈话。

步骤 3： 重读谈话，关注在谈话过程中出现的任何恐惧、情绪和评判。

步骤 4： 让客户解释在她写出谈话时，是什么在引导她塑造他人的回应。指导她去想象他人回应方式的假设是什么？谈话中驱动她和对方的回应方式的恐惧是什么？她依据什么来推测他人的回应方式？

步骤 5： 讨论一些可能的回应，这些回应可能将恐惧转换成可能性，将评判转换成好奇或者接受。创建一套可能的回应方式，让客户评估这些回应发生的可能性（或者在一次过去的谈话中真实存在的可能性）。

步骤 6： 请客户重写这次谈话，假设这次谈话的对象是一个为自己提供支持和理解的朋友或同事。然后讨论第二版的谈话有什么不同。请客户进行反思，反思的内容类似于“如果和你谈话的人是一个对你充满尊敬和同理心、支持你的人，你想象的这次谈话或者你需要和其他人进行的这次谈话将有什么不同？”

步骤 7（可选项）： 帮助客户决定是否并且如何按照假设的方式进行这次谈话，这可能激发正向的关注、支持和理解。

提示：

- 这个活动可以扩展到一个左手栏案例分析（见练习 5.3）来深入探究造成对话困难的价值观和假设。
- 并不需要总是重写谈话。客户经常通过通读第一个版本的谈话就意识到自己负面的假设、不适度的恐惧和尖锐的评判，然后能立刻认识到这些行为的无效性。

- 如果不可能和相关人士进行谈话（如已故的父母），通常这样的想象对话能让问题得以释怀。

练习 7.11 寄出的信件和未寄出的信件

目的

本练习有助于明晰未解决的问题，结束与个人、团队或组织之间未结束的情感事务。

何时使用

- 结束与重要的个人或群体（老板、雇员、员工、拍档、父母）之间未完成的事务时，这些事务似乎会阻碍前进的步伐。
- 转换困顿、愤怒、责备和受伤的感觉时。
- 揭示客户如何促成了“戏剧三角形”（见附录 F）时——陷入一个拯救者、受害者或迫害者模式。

时间安排

30~40 分钟。

材料

笔和纸。

指导介绍

步骤 1：建议客户给一个还有问题未得到解决的个人或群体写一封信，无须编辑。如果她同意，如下进行引导：“允许自己充分表达对与问题相关的事故或事件的想法和感觉。你可以选择写一封或多封信件。在你写的时候无须考虑是否会寄出这封信。你可以之后再决定。”

步骤 2：“当你写完信后，把它（们）读出来。作为写信的结果，关注你的感觉和想法是否有任何形式的改变。”

步骤 3：给客户提供以下选项：

1. 决定是否想寄出这些信件。（你可以为他们的决策提供教练服务。）
2. 决定是否想再写一封信寄出去。

邀请客户为之前自己写的信写一封回信，这封信将是客户希望收到的回复。

提示：

- 写信可以作为一次谈话的序曲或前期准备。
- 在决定信是否寄出之前，就这样“陪护”信件一两天通常会有帮助。
- 资源列表中特里·万斯（Terry Vance）的《家书》（*Letters Home*）提供了完成这个练习的细节和选项。

客户案例：萨曼莎的提升和释怀

萨曼莎在公司步步高升，最后坐到副总裁的位置。她在这家公司工作其间，经历了一段复杂的公司历史，其中还包括来自内部和外部团体对她的背叛。当她进入新的领导职位时，她对这些背叛还有着埋怨和愤怒，这些感觉总是挥之不去，没有得到解决。

在教练服务其间，她意识到自己的情绪正干扰她全情投入新的领导职位中，这将蒙蔽她作为领导者的睿智。黛尔建议萨曼莎写一封信。她同意了并写了一封有关公司历史的信，也提到了自己对这个问题的产生所起到的无效作用。这封信并没有寄出。

写完这封信后，萨曼莎清楚地意识到自己也参与了问题的制造。她不再想责备或者归罪那些曾经让她很生气的人。“现在我看到自己在这其中的角色，我已经不再有兴趣责备他们了，我开始跃跃欲试，准备好承担领导责任了。”然后她给每个组员写了一封信，介绍了她的新观点，为自己的行动承担责任。

练习 7.12　“这是你的人生”时间线

目的

时间线或人生线是一种反思我们的行为模式及影响我们态度和价值观的成长经历的有效的方法。

何时使用

- 明确形成价值观、信念和行为的重要人生事件时。
- 识别仍在影响选择和反应的隐藏着的记忆时。
- 对某人如何达到自己人生中的当前状态建立理解和同情时。

- 通过建立一个“人生故事”来阐明个人身份和关注度问题时。
- 识别生活事件中未被定义或者未被承认的模式和对模式的选择时。

时间安排

45 分钟至几个小时。

材料

笔或彩色马克笔、纸，如果采用长卷纸贴在墙上或者铺在桌子上，效果会很有趣并且富有洞察力。

指导介绍

步骤 1：就建立时间线的目的达成共识。是识别模式还是阐明历史，或是阐释重要的事件？明确目的有助于在识别重要事件过程中脑海里始终有一个关注的焦点，即使最后的收获可能并不与目的紧密相关。

步骤 2：确定在时间线中使用的时间增量。5~7 年的时间增量通常会实现很好的效果。十年的时间会太长。时间增量不需要平均分布。例如，你可以按照学龄前、小学、初中、高中、大学，然后是五年一个增量直到现在，用这种方式来设置时间线。

步骤 3：建议客户按照纸的长度在纸上画下一条线，再根据确定好的时间增量将画的线分成相应的部分。然后按如下引导客户：“在每个增量时间段的下面，写下在那个时间段发生的重要事件——特别是和时间线目的有关的事件。迅速地记下脑海里闪过的任何信息，然后移到下一个时间段。你可以经常回顾已写下的内容，在完成后或者在写的过程中增加新的列项。当列项完成后，花点儿时间仔细检查列表，看看你能注意到什么。”

步骤 4：“拿起笔，开始记下在你回顾时间线时脑海里出现的想法、感觉和观点。尽可能多尽可能快地写出来，不要停顿，保持 15~20 分钟。”

步骤 5：讨论客户的领悟和观察。此时教练可以对客户提出的有效问题有：

- 当你回顾自己的时间线时，心里最明显的感觉是什么？
- 一个客观的旁观者会对你的成绩（或者你的遭遇、你的经历、你所居住过的众多地方等）说些什么？
- 你看到自己人生经历中有任何模式吗？而这是你以前没有注意到的。
- 你曾经去过的地方是如何影响到人生中下次想要去的地方的。

- 你会用哪个或者哪两个词来总结你每个十年的人生？把它们写在时间线每个区间的上面或者下面。你的描述能揭露什么？

提示：

- 在建立时间线时采用“首过”（“first pass”）的形式会有帮助。最初完成后的先搁置一边，迟一点再重新整理。休眠的记忆通常会在初次启动后出现。
- 本练习可以和愿景练习（见练习 7.6）合并使用来创造一个强大的过去和未来的连续统一体。带领客户去亲历一次引导式图像练习来回忆或者想象在关键发展阶段的自己（如 5 岁时、10 岁时、15 岁时、21 岁时、30 岁时）。当达到他现在的年龄时，转为想象距离现在的 2 年后、5 年后，然后到 80 岁，回看这个快乐、成功、满意的人生。通过类似以下的提示问题让客户去想象人生：
  从现在到 80 岁，在这段时间里你人生中的关键性事件有哪些？
  你会对成为什么而感到自豪？
  你会对做什么而感到自豪？
  在你人生中会说给年轻人听，用来指导他们发展的故事是什么？
- 写出时间线可以作为单独使用的练习，也可以作为进一步的书面、视觉和言语探索的初始步骤。时间线的另一种使用方法可见练习 6.5。你也可以通过鼓励客户画出代表重要事件或时间段的象征符号来让这个练习更具有视觉效果。
- 还有一种时间线练习的版本是使用波峰和波谷来替代时间“线条”。请参见《专业引导技巧实践指导》第 154 页。

CHAPTER 8
第 8 章

看得见

视觉表达有助于人们迅速抓住问题的核心并将其传递给他人。它能进入并且借助于我们大脑中用视觉进行“认知”的那一部分——天生用图片、颜色、线条和形状来进行思考。教练服务中的视觉表现练习描述了这样一个体验：想象一个画面，将画面转换成可视的形式，进行反思，然后收集可能促成改变的体会。它采用了广泛的媒介和材料，也可以用任何形式进行，包括二维和三维创作。创做出来的作品可以是抽象的也可以是写实的。视觉表现过程的关键是能帮助人们探索自己无意识视觉认知的能力。

萨莉看到支离破碎的自己

在一个教练环节中，客户萨莉描述了自己工作中被分崩离析的感觉。

黛尔问她是否愿意画一幅画来表现她的感受。她欣然同意并着手画了一幅简单的全身自画像。然后在画像上扫了几条横线。深思片刻，她拿起剪刀把自画像剪碎。“好了！”她说：“把我在工作中被扯得四分五裂，无法集中精力的那种支离破碎的感觉表达出来，并且亲眼看到它，我现在感觉好多了。这种美术作品太生动了！”萨莉通过这个练习认识到工作中每个人都“占据了自己的一部分”。作为她的教练，黛尔也收获良多，因为看着萨莉重建自己的感受让黛尔对萨莉有了深刻的理解。在萨莉重建的过程中，黛尔能发自肺腑地感受到她的破碎感。这种感受让黛尔和萨莉识别出她们要一起努力来解决的关键问题。逐渐地，萨莉改进了她的领导风格，这也增强了她所在组织的有效性。

“当我画下一些东西，我能发现有关自己的新信息。当我注视着我的作品，我是如此诧异于自己的收获。”

客户黛比

视觉认知的力量

视觉认知利用了象征符号、图像和视觉隐喻的万能力量。我们生活的这个世界充满了视觉图像。环顾四周，符号、图像和视觉隐喻让我们应接不暇。我们也能即时理解这些带有很多层意义的图像。你的名片上可能就有标识或符号，它们能向你的客户传达某种信息。你和他人也会思考这个符号能反映出来的信息是什么。

我们的无意识思维想象力丰富，它是被我们长期忽视了的智慧源泉。作为教练，我们能通过视觉表达的练习来引导客户打开他们内在智慧的大门。由此他们能更深入地进入个人图像和象征符号的宝库，发掘未意识到的涵义，受益于自我启发的智慧。一个客户写道，“我深深地为无意识思维的智慧及展示智慧的艺术力量所吸引，这种力量可以为有意识思维所用。事实上，我发现我真的有勇气去撕毁原来的计划，轻装上路，探索前行”。

使用视觉表达通常能产生不由自主的“啊哈”瞬间。为客户和自己的人生增添丰富性和多元性。正如另一个客户所描述的，“我能找到一个反映了一些内在现实的图像，并通过艺术作品将它用物质形式表现出来。然后我能和这个图像进行互动。它所表现的真相可能我还不能完全理解。但是通过实实在在看见它、和它交谈，甚至通过把它创造出来这个行为本身，这个真相终将更清晰地显现出来。”我们的图像传达了我们能解码的消息、数据和信息。它们将揭示我们的思维、感觉和梦想。

“直觉艺术”指引了黛尔

以下为黛尔的个人案例，充分显示了使用视觉表达方法时心智改变发生的即时性和快速性。

“作为一个创意过程的终身学生，我把视觉表达当成一个可靠的工具来自我表现、冥想、疗愈和体验创作的纯粹快乐。我像个孩子般发掘着艺术的力量。它能帮我应对生活的悲欢离合。我所经历过的有关他人和自己的强烈体验驱使我去学习了表达疗法，成为了一名执业艺术治疗师，将视觉和其他形式的表达纳入我的教练和组织工作中。

“当我想理清思路、解决困境、表达情感时，我会去寻求‘直觉艺术’的帮助。我称它为‘直觉艺术’，是因为它来自我的直觉，而不是分析性或理智的头脑。这个艺术不是有关创造审美愉悦的作品，尽管有时这确实是意外的收获。它给予了充分的自由，选择任何方式来表达任何内容。这不需要才华和能力，只需要鼓起勇气审视自我，然后敢于尝试。

“以下记录的是我在写这本书时如何使用‘直觉艺术’的经历。当我发现自己被巨大的工作量和迫在眉睫的期限弄得不堪重负时，我打开了自己信赖的素描簿，对要画什么心中一片茫然。然后我开始进行素描，最后一幅卡通自画像冒了出来。然后我写下，‘肩膀耸着，连脖子都看不到了，真纳闷她会怎样如期完成任务（见图 8.1）。’”

图 8.1　头上顶着一本书生活

“此时立刻有个念头出现，我在自画像的头顶上画了本书。写道，‘我头上顶着一本书生活。大多数日子这都没有问题。今天我有些难以承受。实际上这本书是在我头顶漂浮着。我把它看做一种保护，就像雨天里的一把伞。我能够认为它是在帮我守卫我的写作时间。对！’”

“带着最后的这些想法，我的情绪转变了。我画了第二张画，名为‘来自书本雨伞的保护’，上面有一个笑眼弯弯的我撑着一把雨伞。我写下：‘肩膀放松了，脖子也就露出来了。我能做到！’（见图 8.2）当我把这幅画给我丈夫吉列尔莫看时，他注意到我的手正举着雨伞，就说：‘现在你有一个把手了。’没错！我的雨伞图像帮我渡过难关，守卫着我的时间和我自己。”

图 8.2　来自书本雨伞的保护

我和大家分享我使用视觉认知（和写作）的经历，并不是因为这是一个独一无二的故事。它代表了一种普遍经历，几乎每个使用视觉表达的人都体会过。很多客户都开始熟悉这个模式，并且会自己使用它，就像安妮和我做的一样。下面的故事讲述的是我如何使用这个方法帮助帕梅拉规划她的职业路径。

帕梅拉创造了她的糖果盒

背景

帕梅拉是一个经验丰富的自由引导者、顾问和培训师，多年来她已经历练得才干出众、信心十足。这是我们的第二轮教练服务，她想阐明自己的职业路径并为它提供支持。

对话

帕梅拉：我希望制订一个计划来确保内容混杂的工作看起来像个分门别类的糖果盒。

黛尔：进行一个糖果盒隐喻的练习怎么样？你似乎已经有了一个清晰的视觉隐喻。我都能看到你描绘的这个糖果盒的画面。

帕梅拉：当然可以，我们开始吧。

黛尔：你可以画出一个糖果盒来让你的比喻变得生动起来，并且收集更多你想要的信息。我想如果你把盒子填满你会识别出自己想要的是什么。画出糖果的过程会帮你专注每颗糖果，让你如同玩耍般充实自己的想法和感觉。由于糖果盒的布局是非线性的，你更有可能用到列清单之外的方式来建立连接和关系。艺术创作经常能捕捉到一些我们用其他方式识别不到的潜在渴望。你觉得呢？

帕梅拉：好的。

帕梅拉安静地画了几分钟，然后带着以下体会继续了我们的对话。

帕梅拉：好啦，我画了二十块不同形状的糖果。形状代表我想做的工作类型。六芒星形状的糖果是我想和宗教社团做的引导；这两个代表引导董事静修会（Board Retreat）；这两个是为一个工作团队做顾问；这两个是为咨询公司做引导，我是这家公司的合伙人。（她继续描述这些形状和它们代表的工作）我也画了两块糖果来代表自我保健和运动。这么做实在太酷了（见图 8.3）。

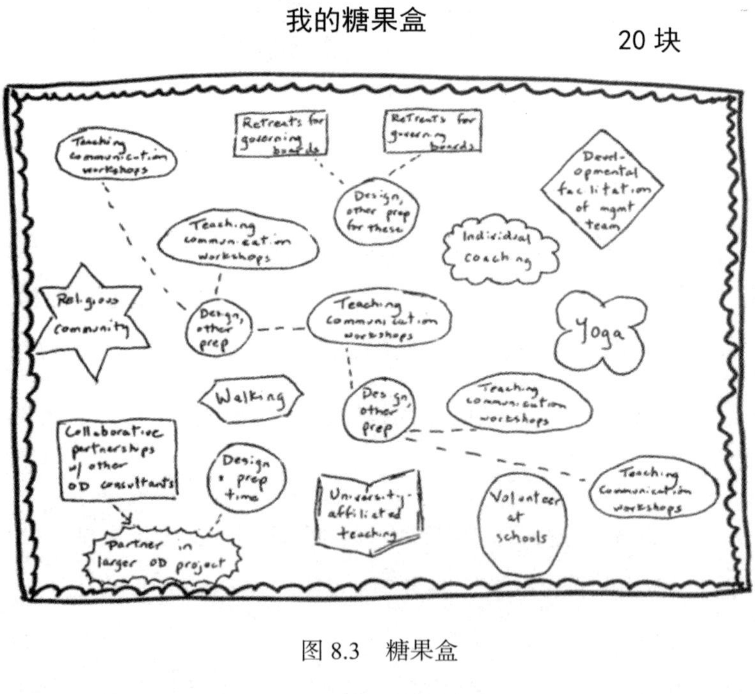

图 8.3　糖果盒

黛尔：当你看到这个糖果盒时，发生了什么？

帕梅拉：我觉得将这个糖果盒和我现在有的糖果盒进行匹配会很有帮助。我能看到过去一年的大事一览表。

教练环节继续进行，帕梅拉规划了具体的步骤来跟进她糖果盒的愿景。最终她的糖果盒成为了现实。

用视觉表达进行干预

我们把短语“艺术创作”或“艺术体验”与视觉表达互换使用。我们认可“艺术”这个词承载了对技术和才华的预期，艺术的产物也能用多种方式进行诠释。我们撷取这个词语最简单的含义，那就是人类用视觉形式来表现某种东西的能力。我们关注的是个人的表达、观点和学习。从这个意义上说，美学技巧和艺术技巧既不与此相关也不是必需的，虽然有时充满美感的艺术作品是进行视觉表达过程中一个未曾想到的意外收获。

在进行艺术创作时，大多数客户能体会到一直处于他们自觉意识之外的感觉和想法。当他们创造和反思自己的作品时，通过和我们就作品进行的交谈，经常会发现自己进行艺术创作和象征符号创作的过程与自己的核心价值观和行为模式类似。例如，一个客户会从纸张的边缘开始作画，然后慢慢向纸张的中间靠近，非常认真的画上同心圆。作画的同时，她得到了一个“啊哈”的领悟。她意识到自己的作画过程也反映出了她对生活的态度：“我做事情总是先在外围试探，然后再小心地展开核心行动。我是个非常小心谨慎的人。有时候这种方式的效果很好，可是有时候却发挥不了作用。我想去探究一下它不起作用的原因。”

艺术创作可能不是你人生或者教练技能的一部分，但是我们鼓励你去试验艺术创作，扩展自己的技能让你对这个过程感觉自如。你可以先自己尝试一些练习，再和朋友、同事一起练习。要有效地掌握引导视觉表达的技能，你需要对这些练习过程和材料有一定程度的熟悉。在自我练习过程中，你也能解决自己的内在批判问题及内心对视觉表达的任何顾虑。

建立一种不一样的谈话

使用图像有助于我们与自己和他人展开不一样的谈话。这种谈话比只有语言进行的谈话更有效。艺术创作把人们带入了意识的深层次，它们位于有意识的、理性的“左脑”思维之外。艺术创作也能绕开我们的防备和理性化思维，让我们更快地找到问题的核心。创作之后的谈话通常会继续发掘我们的无意识思维，因为我们要去清楚地表述自己的艺术作品的意义。视觉表达为人们提供了向他人传递自己的体会的有形的方法。这是一种分享有效信息的强大方法。

讨论那些仅用语言很难去表达的议题时，图像能起到催化剂的作用。例如，有一个工作组陷入了一场异常艰难的谈话。作为引导者，黛尔让每个小组成员都反思自己对造成团队的冲突和紧张所起的作用。然后她建议每个人都画一幅画或者一个象征符号来代表这种作用。这个过程让每个成员都看到小组内部发生了什么，并和大家进行分享。在一位女士的画中，她自己变成了一名法官（见图 8.4）。她把图片向大家展示，说："我的行为就像法官。我对同事总是过于评判，这种方式不管用。"于是小组成员就把这个法官的图像作为一种简化象征来形容他们自己的评判行为。创造和谈论他们的绘画让这个小组承认并讨论了一个不容忽视的问题：他们对他人的评判行为。通过这个练习，小组氛围开始从责备转变为有同理心并且相互理解。团队变得更有凝聚力。

图 8.4　法官

"我在作画时，不是在把问题理性化，而是全身心、百分之百的投入。我用一种新的方式了解整个局势和我自己的角色。"

客户

生成并锚定学习

我们能用艺术来践行铃木俊隆（Shunryu Suzuki） 所称的"初心"。"初学者的心充满各种的可能性，老手的心却没有多少可能性。”（Suzuki, 1970, 第 21 页）正如黛尔所记录的：“使用一种新的不同的艺术媒介，尽管我们对此并不擅长，但它能发挥我们爱玩儿的天性。我们能从一个新鲜的视角来审视形势，重新建立连接，形成具有创新性的观点。”（Schwarz, 2001, 第 56 页）

使用视觉方式来表达自己的过程会让我们去尝试没有负面后果的冒险，这会给我们带来力量。当你手中拿着一块黏土时，你并不知道自己将创造出什么。因为我们是自己头脑中那些图像的创造者和诠释者，我们的行动受到自我的激励。通过自我创作的过程我们发掘自己的洞察力。正如一个客户所说：“手拿画笔的那刻，我觉得自己真正主宰自己的世界。我可以按照自己的意愿绘制人生，并且感受到那种能将它实现的力量。”

艺术作品也代表了对某一时刻的有形提醒，能够同时在我们的意识思维和潜意识思维中锚定学习。有个客户画了一幅他骑着自行车的画，作为保持平衡的象征。他将这幅小小的绘画过塑后放在自己的钱包里，时时提醒自己这个目标。客户常常将自己创作的意义深远的图像或象征符号设置成手持式电子设备和电脑的屏保。另一个客户这么解释：“我感受到了有形象征的力量和慰藉，它们是参照点，帮助我们继续保持着这些感觉和理念而不让它们悄悄溜走。”

使用视觉表达的准则：谨慎推进

当进行艺术创作时，内在批判的声音总是会升高。人们会做出这样的评论：“我的画不好看”、“其他人知道怎么画，我不会”、“我做错了”。视觉表达是一种能激起内在批判的有效方法。（更多有关内在批判的介绍，请见第 4 章）。尽管这个过程让人不自在，但这却是一个面对并设法克服自己自我批判部分的良好机会，同时也是一种以同理心对待自己的方法。这个过程对教练和客户而言都不轻松。

艺术练习具有迷惑性，看起来简单，却意义深远，结构复杂，需要一定的技巧来建立一个相互尊重的教练氛围，引导对创作成品进行的讨论。以下一些指导原则将提升练习过程的有效性。我们将这些指导原则和第 3 章中提供的使用工具和技巧的准则一起合并使用。

强调练习无关乎艺术才能

我们发现“艺术”这个词能激起对技巧和才华的内在评判、预期和畏惧。和客户讨论这个话题通常能减轻他们的顾虑。记住：美学技巧和艺术技巧既不与此相关也不是必需的，尽管有时充满美感的艺术作品是进行视觉表达过程中一个未曾想到的意外收获。

那些对艺术创作总觉得不自在的人们，我们会鼓励他们尝试一些让他们觉得轻松的方式，如画火柴人和符号。最关键的是要写实地或抽象地表达——通过形状、结构、颜色和质地——任何有意义的东西。有的客户喜欢创作自己的图画，而其他的人可能更喜欢从杂志或其他材料上剪下图片制作拼贴画。客户还可以选择画图、涂鸦线条和色彩、填色、画蜡笔画或者制作黏土塑型。

我们发现绘画通常也是一种用图像、象征和记号而不是文字来记录的视觉日志。我们共同设计并建议了能够产生结果的流程、材料和练习。我们会对客户说："如果你能勾勒出你想描绘的东西，那将帮我理解你所说的信息。我认为它也能有助于你的思路变得更清晰。你觉得呢？"提醒客户表达自己的方式没有对错之分，唯一需要的就是接受试验的意愿。

> "没有错误的方式，只有属于你自己的方式。"
>
> 莱恩（Rhyne），1973，第 139 页

践行同理心

进行艺术创作时，客户通常会觉得自己正在冒险，整个创作过程和最终成型的作品都会让他们有脆弱感。作为教练，践行同理心核心价值观至关重要，因为，这样做为客户建立了一个支持性的关系，让他们能面对自我批判，同时挑战自己去开创新的行为方式。这样的教练关系形成了一个实验室，一个用来试验新思维和新行为的空间。在这种关系中，无论教练还是客户都是学习者，双方都在过程中践行同理心。（更多有关同理心信息，请见第 2 章"指导原则"。）

暂不对他人的视觉表达进行解读

暂不对他人的视觉表达进行解读非常重要。完全按照视觉表达的表面意思去接受它。要记住这些练习的目的是显露并阐明问题，而不是关注艺术的作品创作。我们最好不要对作品进行批评或赞赏，因为这样会建立一种"赞同"或"不赞同"的驱动力，让人联想起以往难为情的过程。这样做也将教练置于一个评估者的角色，而不是一个中立的、富有同理心的学习伙伴。

我们每个人都是自己作品的专家和权威人士，客户可以自由地讲述通过她的作品展

示出来的、有关她的图像和创作过程的故事。然后，经客户允许，教练能够和客户一起探索这个图像的意义。作为教练的职责是鼓励和支持客户为自己的创作赋予意义，而不是将自己的解读投射给客户。有客户这么说过：“我觉得有人就创作过程和作品所传递的信息向我提问对我非常有帮助，要去证实这个过程而不是暂不进行解读。”

真诚的好奇心能引导这一过程。作为教练，我们鼓励客户探索图像，而不受我们对这一作品解读的影响。通常我们对客户作品的分析和解读是基于自己预测的推断和假设之上的。当我们观察客户的作品时经常会在心里记下对它的解读，然后听取客户的描述。有时侯我们的解读是准确的，有时候我们发现自己的解读只适用自己而不是客户。

模拟交互学习

支持客户诠释他们自己的艺术作品提供了两个重要的机会。

第一，我们有机会可以练习并模拟验证推断和假设。暂不进行解读让我们作为教练不会去推断，更不会不经验证就展开行动。当你确实发现自己在作推断时，你能意识到正在发生的事情，然后（充满同理心地）放下自己的解读，轻描淡写地将推断仅仅当成一种可能性而不是要以此展开行动的事实。你可以把自己的体验分享给客户，向他示范遇到同样情形该如何处理。

暂不对客户视觉艺术作品进行解读的原因与基于有效相关信息展开行动的原则有关。第二，通过询问他人关于图片的涵义，我们有机会获得有效的信息，建立了信任的关系。客户在艺术创作过程中，甚至和别人谈论创作时都会觉得脆弱。当用一种抱有同理心和尊重的方式来处理这种脆弱时，客户会更加信任你，对你也更坦诚。这样你将获得更多相关的信息。

使用虚拟视觉表达

像很多其他教练一样，我们经常为客户提供虚拟服务——在电子邮件、网络会议或传真的辅助下，通过电话进行教练服务。人们通常认为视觉表达不能通过虚拟的方式进行，这种假设和我们的经历恰恰相反。艺术创作在电话教练环节或面对面教练环节中都是可操作的。你不需要看见客户进行引导，鼓励他采用视觉表达。客户可以自行进行艺术创作，然后描述它、解读它，就好像你本人在现场一样。事实上，如果是面对面进行时，我们会给客户提供一个选项，他们可以不把作品公开，只和我们分享观点。重要的是过程，而不是作品。很多客户确实喜欢把在电话环节创作的作品拍下照片用电子邮件发给我们。但是当你熟悉了这个练习后，你会发现，即使你看不见客户所创作的作品，也能同样有效地对他们进行引导。

期盼出乎意料

我们提供给客户进行视觉表达的练习和指导对他们而言是一种催化剂、一个起点。客户经常会发现自己对这些练习的创造性回应，甚至包括让纸张保持空白。有一次教练环节中，一位女士向她的队友展示了自己的那一纸空白，说："我拿着马克笔和白纸坐在那儿，却意识到我能创做出的最有力的陈述和画面就是让这张纸保持空白。它表达的是我身处这个团队的感觉。我自己和我的贡献就是做个隐形人，不被发现。"我们建议你使用柔和的方式引领客户经历这些过程。留出足够的空间让客户选择最能满足他们需求的方式来表达自己。

视觉表达练习

接下来的视觉表达练习样本为广泛使用各类媒介（从简单的笔和纸到剪贴画、绘画、黏土塑形和三维立体构成）提供了指导，展示了各种我们认为这种干预方式能发挥强大效果的使用目的。你会发现，有助于你和客户的那些建议都会在一个教练环节的开始时出现，例如，有关创建愿景、决策选择、深化自我反思和锚定目标的活动。大多数的练习也展示了我们是如何将视觉表达和其他模式进行结合使用的，通常是引导式图像练习、书面和语言表达进行结合。我们还提供了大量的问题来总结这些练习，这些问题和工具箱中的其他干预方式也能很好的结合使用。

练习 8.1 这个或那个：比较和对照

目的

本练习可用于在两个明确的选项中进行选择或决策。它适用任何类型的决策，甚至是改变人生的重大决策。

何时使用

- 进一步阐明一个有挑战性的选择时。
- 形成有关选择的观点时。
- 深化作选择的自我激励时。
- 做出一个与客户富于创造性且目的明确的行动相符合的自觉选择时。
- 学习并完善一个选择练习时。

时间安排

10~20 分钟。

材料

两张纸、马克笔或者蜡笔。

指导介绍

在这个示例中，我们将在两个工作机会中进行选择。

步骤 1：通过一个简单的引导式图像练习指引客户。由客户决定从哪一个选项开始。用类似如下的方式引导客户："想象你正在 X 机构工作。关注你的感受和想法，以及任何能关联到就职于 X 机构这个事实的身体感觉。让一个能反映你这种体验的画面浮现出来。这个画面可以是写实的，也可以是抽象的，还可以是一个象征——任何对你有意义的东西。当你准备好了，把这个画面画下来。"

步骤 2：针对另一个选项重复步骤 1。

步骤 3：让客户将两张画并排摆放，然后反思自己对它们的直觉反应。

步骤 4：请客户用他画出的图像以第一人称对自己说话。例如，如果让一个黄色圆圈的图像说话，它可能说："我是明亮的太阳，光芒四射，激发出能量与潜质。"

备选项：建议客户写下一两句话来描述他对每幅图像的发现。

步骤 5：询问客户反思性问题来帮他决定倾向于哪个选项。客户可以口头或以反思性书面形式回答。问题示范如下：

- 根据你从练习中得到的收获，你更倾向于哪个选择？
- 你对这个选择的感觉和想法是什么？
- 做出这个选择的后果是什么？
- 你有任何的疑惑或者担忧吗？如果有，你会怎么处理？

- 你愿意采取的行动步骤是什么？

步骤 6：根据步骤 5 中做出的选择制订行动计划。

步骤 7：认可并赞赏成功的做出了一个选择。

提示：

- 通常本练习收集和关注的焦点不仅仅是视觉认知，还有动觉和语言认知。
- 客户觉得使用这个练习能帮助他们成功做出选择的示例还包括：工作机会的选择、是否搬迁、结婚对象的选择。
- 如果不需要迅速锁定一个选择。客户可以选择前 2 个或前 3 个选项，针对每个选项都进行一次反思性提问，最终进一步阐明并整合选项。

练习 8.2 制作选择卡片

目的

本练习将阐明复杂的选择，从而促进决策。

何时使用

- 帮助客户识别自己可获取的选择和选项时。
- 阐明对选择和选项的想法和感觉时。
- 形成有关选择的观点时。
- 生成做选择的自我激励时。
- 做出一个符合客户目的的自觉选择时。

时间安排

15 分钟至 1 小时。

材料

索引卡或宽 3 英寸（1 英寸=2.54 厘米）长 5 英寸的纸片，马克笔或者蜡笔。

指导介绍

步骤 1：询问客户是否愿意试验一个练习，试验的目的是帮她探索可获取的选择的复杂性，阐明思维，并且做出一个明智的决策。如果客户愿意，向她概述整个练习过程，如下引导客户："在这个练习中，你会把每个选择写在一张卡片上，画上一个象征符号或者图像来代表这个选择。这样做会让你的选择可视化并且具体起来。因为选择已经具体化了，而不仅仅是萦绕在心间或列举在纸上的抽象信息。你可以关注到你的直觉反应，获得观点，然后进行有意识地选择。"

步骤 2：指导客户为每个选择制作一张卡片，卡片上要有标题和象征符号。然后将这些卡片摆在桌子上让她看见。接着再继续下一步骤。

步骤 3：让客户这么做："从桌子旁往后退，让你的视野更加宽阔，从这个有利的位置来审视所有的卡片，关注自己对于卡片上的文字、 象征符号和选择本身所产生的任何想法和感觉。"

步骤 4：针对在步骤 3 中客户识别出来的想法和感觉，请客户以摆弄卡片的方式对它们做出回应。可以尝试改变桌子上的卡片摆放位置，将某些卡片翻转，或者将某些卡片从桌子上拿开。关注写在卡片上的这些选择被调整后的结果，请客户对选择进行优先排序。

步骤 5：询问客户反思性问题来帮助她更好地了解优先排序靠前的几个选择，然后缩小范围找到单一选择。她可以用口头或反思性的书面形式来回答问题。以下是一些我们可以使用的问题：

- 哪些选择更吸引你，哪些是你最没有兴趣的？
- 你还想增加更多的选择吗？
- 你还想到了更多的可变因素吗？
- 开始辨别那个（些）让你觉得能脱颖而出的选择。当你确认好了，想象自己坚持这个选择，会有什么想法和感觉？
- 你有任何的疑惑或担忧吗？如果有，那是什么？（如果你决定放弃这个选择，我们从步骤 2 重新开始。）

步骤 6：当客户做出选择后，将桌子上的其他选择卡片收走。

步骤 7：认可并赞赏成功地做出了一个选择。

步骤 8：根据步骤 5 中做出的选择制订一个行动计划。

提示：

- 本练习可以改编用于整理与一系列选择有关的一组可变因素。举个例子，对于一个正在权衡是否接受一份工作的客户，这个练习可以帮她将与每个选择有关的可变因素进行分类（如和家人相处的时间、对工作的激情、工作的环境）。

- 鼓励练习的趣味性非常重要，它能帮助客户不关注选择的“正确”与“错误”。这样他们能更有创造性地发现选项并且将选项的各个方面进行融合。

练习 8.3 塑造你的现实

目的

本练习将帮助人们完全关注当下。它也能促进自我反思并进入自己最深层次的思维和感觉。针对喜欢做手工或者不适应绘画练习的客户，这个练习的效果比较好。

何时使用

- 如果客户需要帮助来将注意力转移、专注到教练环节时。
- 为障碍或者不被某人承认的个性特征建立实体形式时。
- 为渴望的结果建立实体形式时。
- 替代几乎所有视觉表达练习中的绘画活动时。

时间安排

2~10 分钟。

材料

各种颜色的塑型黏土。

指导介绍

步骤 1：让客户选择一块或多块黏土。然后如下引导客户：“将黏土放在手中，感觉它的材质，感受你手中黏土的重量，留意黏土的温度，闻闻它的味道。当你把它放在手上进行按压时注意看会发生什么，关注你握着黏土时自己的感觉。现在开始用你的双手为黏土塑形，可以用任何的方式，你的双手可以随意地摆弄黏土。继续让双手保持动作，直到完成塑形。然后让你的作品静置 1~2 分钟。”

步骤 2：接着说：“将完成的作品放在你的面前或者你手中。让你的黏土创作和你说话，写下它们对你说的内容。让黏土用第一人称说话，以‘我’来开头。”

步骤 3：和客户讨论练习，需要总结的重点包括：

- 讨论黏土创作过程中感官体验和所传递出的信息。
- 考虑黏土创作如何与教练议题和议程相关。
- 反思练习的收获在个人和职业生涯中的应用。

提示：

- 有些客户喜欢在教练环节中拿着一块黏土并且反复给它塑形，这让他们感觉放松、平静，有助于集中注意力。
- 作为教练，如果你思想不集中，无法全身心投入，或者想要开发自己的内在存在时，本练习可以给你提供帮助。它是一个帮你为教练环节做好准备的有效前奏。
- 如果使用本练习的目的是将结果进行其他应用而不是关注当下时，通常在开始前进行一个简短的引导式图像练习会更有帮助，如让客户想象对父母或对领导充满同理心。

练习 8.4　了解你的天赋和困境

目的

本练习会让一直以来被视而不见或不被重视的天赋、才华和能力浮现出来并且得到承认。在教练关系的初期使用本练习能帮助教练和客户从宏观上了解能获得什么样的天赋，要克服哪些障碍，以及感受内在创造性的情况。

何时使用

- 帮助客户识别独特的才华和天赋时。
- 深化对才华和天赋的接纳和赞赏时。
- 将天赋更加全面地整合到客户富于创造性且目标明确的行动时。
- 识别要充分发挥天赋会遇到的任何障碍时。
- 开始摆脱困境并克服障碍时。
- 与内在创造性资源和智慧建立或恢复连接时。

时间安排

45 分钟至 1 小时。

材料

马克笔、蜡笔、四张白纸。

指导介绍

本示例中练习的目的是要了解与工作相关的天赋。你可以根据自己和客户的需要改编引导式图像练习的内容。

步骤 1：向客户解释在本练习中所指的天赋是他投入工作中的特质、才能和能力。天赋和才能这两个词可以交换使用。通常我们会忽视自己最重要的才华，漠视或者不重视我们认为多数人都拥有的具备积极属性的价值。

步骤 2：指导客户针对他的天赋进行一次引导式图像练习。我们可能使用的示范语言是："让自己舒服地坐在椅子上，闭上眼睛或者视线低垂。甩甩手掌、手腕，让自己放松。开始关注呼吸。现在让自己关注呼吸时胸部的起伏。（停顿）。开始回想人们赞扬过你在工作中表现出的才华和天赋。想想你的顾客和客户是怎么说的，你的雇员和同事是怎么说的。你有很多才华。（停顿）。现在关注一个你在工作中展示出的自己喜欢的才华。想象那个在工作中你充分展示这个才华的时刻。重现那个情境就好像现在正在发生中。让自己去感受当你在工作中使用才华时体验是怎样的。关注有什么感觉形成，什么颜色或者形状可能关联到这种感受和感觉，让自己看见这些颜色、形状和线条。现在让一个能代表这个才华的图像、象征符号映入你的脑海中。对你而言，这个图像可能合理也可能不合理，只管让它慢慢显现并变得生动。当你准备好了，将出现在你眼前的才华图像画下来，可以用任何你认为有意义的方式来画。它可以是具体的也可以是抽象的。没有所谓正确或者错误的做法。"

步骤 3：请客户写下才华图像对他说的话。你可以说："如果这幅画可以说话，它会说什么？你可以想象以一种卡通动漫对话泡泡的形式来呈现。让图画用第一人称开口说话，用'我'来开始你的句子。把这些话写在图画的下面。"

步骤 4：指导客户针对内在障碍进行这样一个简短的引导式图像练习："审视这个有关才华的图画，对它进行反思。开始感受你内在针对这个才华所出现的任何障碍。如果你对发现障碍有困难，可以这么思考：有时候才华是把双刃剑，想想当你把才华发挥到极致时会发生什么。它会变成一种负担。对于去完全展现和践行这样的特质，思考你会产生的任何内在障碍、困境或担忧。现在让一个能代表这个障碍的画面浮现，它可以是一个象征符号、一个抽象的或者现实的图像。相信所出现的画面，留意它的颜色、形状和质地。当你准备好后，画下第二幅画，代表显现在你脑海中的障碍，可以用任何你认为有意义的方式来画。"

步骤 5：请客户写下障碍图画对他说的话。你可以说："如果这幅画可以说话，它会说什么？你可以想象以一种卡通动漫对话泡泡的形式来呈现。让图画用第一人称开口说话，用'我'来开始你的句子。把这些话写在绘画的下面。"

步骤 6：请客户重新回顾有关才华的图画。你可以说："让自己和才华重新建立连接，询问作为自我一部分的才华会如何克服这个障碍。"

步骤 7：让客户画下第三张图画：如何克服障碍的图像。

步骤 8：请客户写下第三张图画（克服障碍）对他说的话。你可以说："如果这个图画可以说话，它会说什么？你可以想象以一种卡通动漫对话泡泡的形式来呈现。让图画用第一人称开口说话，用'我'来开始你的句子。把这些话写在图画的下面。"

步骤 9：询问反思性问题来总结练习。以下为提问的提示，可以酌情使用：

- 讨论这三张图画和你的反思性书面表达。
- 如果你重视自己的才华，你的工作会有什么不同？
- 你朝着克服自己障碍的方向迈出的一小步将是什么？
- 你需要培养什么特定的习惯来完全展现你才华的特质？
- 你能想起你曾经将障碍称为"拦路虎"的某个时刻吗？当时发生了什么？鉴于刚才收获到的领悟，你现在会有什么不同的做法？

提示：

- 你可以根据客户的需求和时间因素来扩张或压缩本练习中的引导式图像练习部分。
- 当客户要改变或微调职业路径时，进行本练习也会有帮助，客户能够阐明自己的才能优势。
- 客户经常将才能与创意 / 生存循环中的创造性选择相关联，将障碍与创意 / 生存循环中的生存性选择相关联，并由此获益（有关创意 / 生存循环模式见附录 E）。

练习 8.5 镜像绘画[①]

目的

这是一个用来帮助与他人产生共鸣、关注当下、保持专注的练习。同时也提供了一个机会来练习让他人关注你，以及将身为领导者和身为追随者的不同感受进行比较。

何时使用

- 评估关注当下和聚焦他人即时行为的能力时。
- 关注在对行为和行为目的毫不知情的情况下跟随他人的引导（如教练或引导者）时，所产生的想法和感觉并对它们进行剖析。
- 帮助个人或团队剖析身为领导者和追随者时自己的想法和感觉，包括任何想要控制或者放弃控制的倾向。
- 揭露领导和追随的思维模式时。
- 探索内在批判自我和同理心自我时。

时间安排

5~15 分钟。

材料

四张白纸（步骤 1 和步骤 3 各使用两张）、两种颜色的马克笔或者蜡笔。

指导介绍

步骤 1：如下引导客户："和同伴面对面坐好。"（通常这个同伴就是教练，但也可以是一名同事或者团队成员）。"在两个人面前各摆上一张白纸，两张纸的位置要互相对应，最好每张纸的上部边缘相互重合或接近重合。确定好谁是'领导者'，谁是'追随者'。"

步骤 2："'领导者'用马克笔或蜡笔在纸上画出线条、记号和形状。'追随者'跟随领导者的动作，尽可能再现他的图画。我们建议在练习过程中保持沉默，因为静默的环境能加深练习的体验。"

---

① 1974 年，黛尔在参加一个工作坊期间师从朱迪·罗宾（Judy Robin）学习了这个练习。我们将其改编以适用于教练情境。朱迪·罗宾是一位艺术疗法领域的创始人。

步骤3：角色对换，重复步骤2。

步骤4：请同伴（或者教练和客户）分享他们作为领导者和追随者的体验，以此总结练习。你也可以鼓励他们回应类似以下的问题：

- 你更喜欢做领导者还是追随者？有关你对每个角色的扮演方式，你注意到了什么？
- 追随你的伙伴却不知道他要去往何处，这种感觉是怎样的？
- 尝试完全投入每个角色的感觉是怎样的？
- 在练习过程中，你感觉到自己关注当下的状态是怎样的？

步骤5：请客户就练习体会进行一些反思性书面表达。让他完成以下句子会有帮助。至少写出三条陈述来反思他在练习中的经历。

- 当我进行引领时，我……
- 当我在跟随却又不确定领导者下一步的方向时，我……
- 我注意到自己的当下状态……
- 当我正关注当下时，我……
- 当我没有关注当下时，我……

提示：

- 这个练习可以被深入挖掘来解决众多问题。例如，练习过程可以聚焦领导力风格、单边控制和交互学习的倾向及区分团队成员中对领导和追随的偏好。
- 在活动过程中，通常会出现内在批判。人们总是会觉得自己做错了或者做对了。这是一个关注自我批判声音、唤醒同理心自我的良好机会。
- 探索未知状态的舒适程度，也是进行镜像绘画练习的另一个主题。

练习8.6 涂鸦绘画

目的

本练习是一种用轻松、充满活力的方式来表达挫折和愤怒感觉的方法。同时也可以用来舒缓压力、改善情绪以及进入关注当下状态。

何时使用

- 进入关注当下状态并意识到一种内在状态或情绪时。
- 提升体内能量水平时。
- 当文字已不足以表达你的感受，让被压抑的愤怒和挫折得到迅速释放时。
- 为一个要用语言交流解决问题的教练环节进行暖场时。

时间安排

2~5 分钟。

材料

纸和笔（马克笔或者蜡笔）。

指导介绍

步骤 1： 如下引导客户（或你自己）："甩甩手掌、手腕和胳膊，让自己放松。闭上眼睛，做三次深呼吸。睁开眼睛，拿起马克笔，选择一个能和你的情绪产生共鸣的颜色。"

步骤 2："让你的手自发地在纸上随意移动，画出记号、线条或者图形。可以抽象一点儿。如果你想重复一个记号或者换一种颜色，可以随意。如果一张纸画完了，可以重新在另一张纸上画。关注画画儿时你的情绪。"

步骤 3："如果你发现你在评判自己的作品，可以闭上眼睛乱画或者使用非惯用手来画。"

步骤 4： 继续引导："当你觉得完成了，停止作画，关注纸上的颜色、线条和形状及它们和你目前的心境、身体和情绪有什么关联。注意在涂鸦时你所体验到的任何改变。"

步骤 5："思考基于练习的体会你可能想要采取的行动步骤。"

提示：

- 对教练而言，这是一个在不同客户间或者在其他活动与教练活动间进行转移切换的有效方法，特别是当你还没有完全专注于自己的教练角色时。
- 鼓励客户在纸上进行自由地涂涂画画。这不是一个要创造任何具象作品的练习。

练习 8.7　愿景拼贴画

目的

本练习可用于帮助客户建立并阐明愿景，有助于客户将自己的愿景与教练目的保持一致，并采取行动实现它。

何时使用

- 翔实地想象和描绘一个愿景、目的、打算或目标时。
- 当某人想要建立一个可视的定位锚或提醒时。
- 在朝着目标前行的路上陷入困境，需要阐明一个目标或愿景时。

时间安排

20 分钟至 1 小时或更长时间。

材料

带有图像的杂志、胶水、剪刀和用来贴图像的结实的纸。

指导介绍

步骤 1：进行一个简短的引导式图像练习，帮助客户想象并阐明她的愿景。

步骤 2：引导客户在杂志中搜寻并剪下任何和她愿景的有关的图像，包括突然映入眼帘的文字、短语以及图片等。

步骤 3：将图像组合起来制作剪贴画。客户可能喜欢先把图像位置安排好，然后再贴到纸上。也可能一边挑选一边粘贴。

步骤 4：如果客户的愿景中没有包含代表自己的一个象征符号或者体现物，建议她立刻添加上，并且决定把自己放在剪贴画中的什么位置。将自己放在剪贴画中能够让人们觉得更真实，帮助他们和自己的愿景保持关联。

步骤 5：当剪贴画完成后，请客户仔细观察她的作品，并写下或说出愿景的元素。

提示：

- 除了用于创造愿景，剪贴画还能用于很多议题。通常客户喜欢用剪贴画制作来对比自己想要的东西和自己不想要的东西，给自己创作一份奖励，或者收集与自己正使用的某个（些）隐喻有关的图像。

- 人们总是更喜欢收集图像并创作剪贴画，因为与绘画相比它更容易。当然，你也可以将剪贴画和绘画素材结合使用。
- 和客户确定用于剪贴画素材收集的时间，特别是在教练环节进行过程中收集素材时。因为搜寻图像时很容易受到干扰，分散思路。
- 本练习可以在教练环节中启动，然后在实地调查环节继续。
- 进行本练习的另一个选项是使用一个盒子或容器创作一个三维愿景。它们构成了带有背景的立体模型，在前景中还包含可以活动的部件。
- 很多客户喜欢从大自然中挑选素材来放入他们的二维和三维剪贴画中。

练习 8.8 对比体验

目的

这种干预方式可以用来探索视觉符号和图像的意义，从而进入语言描述很难达到的信息领域。这种过程所收获到的体会能帮助客户改变心智模式。创造对比能提升学习，对比视觉图像是一种从相反的观点来探索同一个主题的多样化方法。

何时使用

- 清晰定义成功像什么时。
- 阐明或者区分教练过程中一个重要的问题时。
- 通过对比生成新的意识和观点时。
- 重新回顾一个熟悉的内在障碍并超越现有的思维和心智模式时。
- 形成创造性的选项时。

时间安排

15~30 分钟。

材料

一张白纸，中间用一条直线分成两部分（见表 8.1）；马克笔或蜡笔。

表 8.1　对比体验练习模板

在这幅画中我注意到……	在这幅画中我注意到……

指导介绍

步骤 1：指引客户通过引导式图像练习来识别一个当他感觉成功的时刻并与之重建连接。（第 6 章提供了引导式图像练习的准则和示例，供改编使用）

步骤 2：让客户用任何对他有意义的方式，画出在引导式图像练习过程中浮现出的画面或象征符号。建议他画在纸张的右半边。

步骤 3：接着，指引客户通过引导式图像练习来识别一个当他感觉不成功的时刻并与之重建连接。然后让他将代表这个体验的一个画像或象征符号画在纸张的左半边。

步骤 4：请客户对比这两个画像来总结这个练习。以下是引导客户观察和反思图像所用的一些提示：

- 比较两个图像中包含的图形种类（如一边是开放式的而另一边是封闭式的吗？）。
- 比较两个图像中所使用的颜色（是暖色调还是冷色调，是单一色调还是多彩颜色？）。

- 比较绘制线条的方式（是凹凸还是光滑，是虚线还是锯齿线？）。
- 比较整体的构成：线条、形状和颜色被安排在纸上的什么位置，纸上的空间是如何使用的。
- 讨论两个图像在内容和视觉元素上有什么异同。
- 关注你对每个图像的想法和感觉。
- 你有什么体会？

步骤 5：让客户在每个图像下面写上她的观察。

步骤 6：请客户理解他所收集到的观点，决定自己的下一个行动步骤。如果适合的话，将行动步骤记录下来并附上完成期限。

提示：

- 如果有客户说："我被套上了由工作福利和优厚薪水做成的金色手铐，我想探索如何获得自由，去追求有挑战性的工作。"你可以建议客户采用视觉对比练习，引导他去找到一个被手铐铐住的图像和一个获得自由的图像。
- 有些人会把对他们具有启发性的图像当成屏保，以此作为一个日常提醒。

客户案例：

吉列尔莫正在反思他的职业选择，想做出一些改变。他使用了这个练习创作了两幅对比图画，我们发现这两幅画发人深省。第一幅画的内容与吉列尔莫想施展自己的才华有关，他画了一颗开放的心；第二幅画是关于他不想施展自己的才华，画上是一个干涸的水龙头。他说："我意识到某些类型的组织是我想为之工作的，在那里我会获得更大的成功。在这样的组织中我会保持开放的心态，并且能够充分发挥我所有的技能和才华。而其他的组织只会让我感到筋疲力尽。"

练习 8.9 强制适配

目的

本练习鼓励客户改变观点来生成有关某个特定项目或问题的新的可能性和创造性观点。

何时使用

- 改变对某个情形和问题的观点时。
- 选择生成的解决问题的方案时。
- 不仅改变对人际问题的思考方式，而且设计新方法来解决这一问题时。
- 识别尚未被意识到的新问题时。
- 就一个目的、目标或问题提出新的疑问时。

时间安排

20~40 分钟。

材料

一套抽象的和写实的图片。

指导介绍

步骤 1：识别客户想要生成一些新想法和新选择的话题、问题或项目。

步骤 2：摊开一排图片，既有抽象的也有写实的。这些图片与步骤 1 中识别出的话题没有特定联系。你提供的图片越多越好。

步骤 3：让客户尽快挑选出 3~5 张让他产生共鸣的图片。注意不要陷入理性的思维来挑选图片，用直觉思维快速做出选择。让客户不要试图在图片和要讨论的话题之间建立一个可知的连接。

步骤 4：预留时间让客户有机会回顾这些图片，然后将每张图片与要讨论的话题进行“强制适配”。写出每张图片如何与话题相关联，在可用的时间内尽可能多地生成更多的相同点、不同点和新隐喻的信息。

步骤 5：讨论新体会、对问题的新观点及在强制适配过程中形成的替代性观点。询问客户这其中是否有一个（些）观点在某种程度上是他想追寻的。如果有，根据新的体会或替代性观点制定接下来的一些行动步骤。

提示：

- 安妮有一套艺术图片集，是她从各种资源中收集而来。很多图片是平价出售的平装艺术书和设计书中的页面。她把每张图片都放入塑料的纸张保护套中，这样就可以重复使用了。
- 如果这个方法论，也就是使用视觉隐喻的方法，对你很有吸引力，你可能想购入一套“视觉探索卡”（Visual Explorer）（Palus & Horth, 2001），共 224 张图片，由查尔斯·帕拉斯（Charles Palus）和大卫·豪斯（David Horth）收集而成，用来帮助团队实施这样的练习。创新领导中心（www.ccl.org）可以提供这套图片。

客户案例：

安妮的客户是国家公园护林员。他们经常困扰于如何在夏季休闲旺季让人们不在船坞区游泳。他们在码头附近张贴了禁止游泳的标志，向游泳客发放了通知，让划船的客人帮他们执行“禁止游泳”的规定。但这些措施似乎都没有效果，每年夏天都会发生几起严重的事故。使用了强制适配练习后，整个团队改变了对问题的看法。他们查看了大量代表优美环境的图片。看完这些图片后，一位团队成员写出了让游泳区比船坞区更具有吸引力的想法。这个理念引起了团队的共鸣。他们迅速列出目前游泳客人认为船坞区比指定的游泳区更具有吸引力的所有因素。新的视角帮他们生成了很多想法，来增游泳区的吸引力，这样既减少了事故的发生，也降低了执行的成本。

练习 8.10 邮寄问题明信片

目的

本活动有助于识别或者阐明可能正阻碍客户进步的问题或障碍，创建跨越问题的愿景。

何时使用

- 帮助客户从一个持久性的障碍或问题中解脱出来时。
- 识别或阐明进步的障碍时。
- 为了帮助客户放下一个附加的障碍，建立起一种明显的优势感时。

时间安排

30 分钟至 1 小时，可延长至几小时或几天。

材料

明信片；艺术卡片或其他类似图片；用来制造剪贴画的杂志、图画和各种各样的材料；胶水；用来展示图片的布告板、泡沫芯材或硬纸板；纸笔。

指导介绍

步骤 1：请客户摆出随机挑选的一些明信片或图片，请他仔细审视这些图片，然后挑选出让他产生共鸣的一张。

步骤 2：这样引导客户："在这张图片的背后，或者用另外一张纸，写下目前人生中似乎让你很困扰的一个问题或障碍。"

步骤 3："将这张图片搁置一边几小时或几天。就好像你已经给你的潜意识发了一条消息让它思考一段时间。"

步骤 4：让客户重新回看图片，然后如下引导他："考虑一下你的问题陈述，写下就你的问题图片会对你说的话。它将如何帮助你定义或理解这个问题？图片中有关于如何解决你的障碍、问题或困境的线索吗？尽可能写满一页纸。捕捉任何出现的随机想法。完成后将图片和文字放置一边。"

步骤 5："安静地坐好，做几次深呼吸。如果音乐能帮助你保持专注又不会干扰你的话，可以听一些你喜欢的轻音乐。如果你的问题或障碍被'移走'了或者被'修好'了，你的状况会是怎样，在脑海中创建这样的画面。让它尽可能地详细。例如，想象你会建造的美丽家园或者你是如何度过一天中最喜欢的那段时间的。"

步骤 6：（可选项）"用杂志图片、你自己的图画或者手边的其他材料，创作能反映自己愿景的剪贴画。"

步骤 7："写下（或者和教练口头分享，或者两者都进行）你对实现愿景的期望。列出实现自己的愿景可能需要的资源。"

步骤 8：和客户确定 2~3 个他能采取的行动，借助他识别出的资源开始向着自己的愿景前进。

提示：

- 以上列出的所有美术材料并不都是客户必需的。如果他们使用白板纸或彩色美术纸更得心应手，可以在这些材料上制作剪贴画。要警惕由于让客户使用他们不熟悉的美术材料而造成的障碍。作为备选，你可以随身携带这些材料供客户使用。在资源库部分的美术材料列表中，列出了我们喜欢使用并会分享给客户的材料。
- 本活动综合了练习 8.7（愿景拼贴画）和练习 8.9（强制适配）的元素。你可以从其中一个两个练习中选择替代步骤来改编本练习。例如，在步骤 1 中，你可以请客户创作一个问题剪贴画，而不是选择一张图片。

练习 8.11 有感召力的定位锚画面

目的

本练习提供了一个创建个性化的、具有感召力的象征符号或画面的机会。这个象征符号或画面可当成一个具体的提示，提醒人们已经做出的承诺和期望的行为改变。它和口头宣言所起到的作用是一样的，只不过是视觉形式的。

何时使用

- 在有意识思维和潜意识思维中锚定一个承诺或者期望的行为改变时。
- 保持对一种期望的关注时。
- 确认客户在他的人生中想具体展现的特质时。

时间安排

10~30 分钟。

材料

蜡笔和客户选择的二维或三维艺术材料。

指导介绍

步骤 1：本练习的催化剂就是客户多彩的口头语言：描述一种特质、事件或者情境所使用的短语、隐喻和类比，就是客户想带入自己生活中的元素。通过讨论这个短语，在他的思维中锚定自己的期望，为这个短语创作视觉画面，这将是一个极有价值的方式。一旦你们识别了这样一个隐喻，询问客户是否愿意进行一次简单的引导式图像练习来阐明这个画面或象征符号。如果客户同意，进行引导式图像练习，否则，执行步骤 2。

步骤 2：请客户画出、捏塑或者创建自行浮现在自己脑海中的能代表他语言描述的画面或象征符号。

步骤 3：鼓励客户观察并反思自己的作品，关注自己的想法和感觉。

步骤 4：为完成的作品命名或进行写作。

步骤 5：和客户共同设计“展示”这个画面或象征符号的位置和方式，这样它能发挥定位锚的作用。

提示：

- 本练习建立在“只有想不到，没有做不到”这句俗语的基础之上。
- 很多客户已经准备好略过引导式图像练习，直接开始练习创作美术作品。
- 建议客户将美术作品放在视线所及的地方，这样它才能发挥作用并提醒他不要忘了自己的期望。

客户案例：

凯特是黛尔的一名客户。她说：“我觉得很满足，自己正处于最佳的状态。我想要有更多的延展性和快乐，就像一个万花筒。”很快她画出了图 8.5 中的画面作为她的锚定画面，并且将它保存在一个特殊的位置。

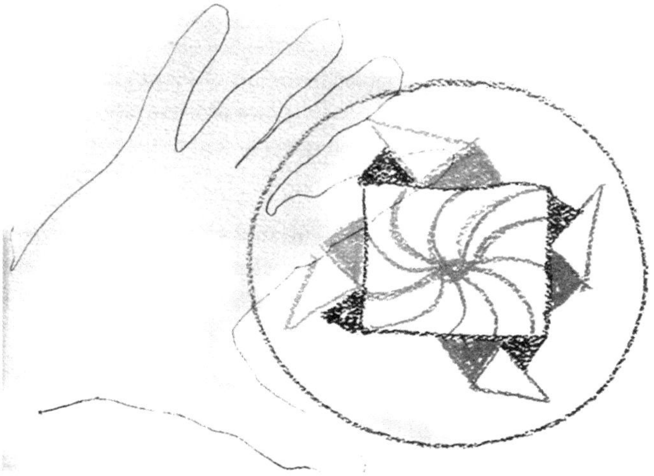

图 8.5　万花筒

CHAPTER 9

第9章

动起来

“蛰居在人体内是上苍赐予的一份珍贵礼物。通过这种方式，我们体验着自己的人生。我们的身体也满载着自我认知、自我修复、爱和慈悲。通过再次唤醒情绪、感觉和直觉的感知技能，我们可以让身体的智慧显露，指导我们的人生。”（Strozzi-Heckler，1993，第137页）

很多客户追寻自己目标的收获有限，是因为他们和自己的身体失去了连接。这些共同的经历和下文安妮的故事类似：他们基本上感觉不到能量在体内的流动和身体内蕴藏着的智慧。很多人出现了心理的和生理的“变形”。尽管他们会求助于教练服务来实现重要的职业和人生目标，但是他们无法完全做到放松身体、平复心情来进行全面开发潜能所需的深层次探索。本章将邀请你进一步开发自己的身体动作，帮助客户进行能提升潜能的身体练习。

安妮发掘自己的身体智慧

安妮的故事介绍了她如何了解到充分调动身体的价值，以及这种感悟为作为一名老师和教练的她带来了什么样的可能性。

“一谈到在教练练习中加入身体意识和身体活动的内容时，我就会感到害羞。这种感觉来自我自己的人生经历。在我成长的那个年代，不鼓励女孩子积极运动。自然而然地，爱阅读不爱运动的我从未真正地和自己的身体保持友好关系。中学时初次尝试跑步，却因为腿部骨折而作罢。我开始觉得自己像个笨蛋。当然，我越这么想，越容易遭遇意外。高中时我爱上了骑马，却频频出现坠马、擦伤和挫伤的状况。大学时我开始尝试滑冰，却造成了背部的严重损伤。没有人教我如何和自己的身体相处，如何有技巧地使用自己的身体，如何从中学习并喜爱自己的身体。之后，我对某些类型的体育活动也产生过兴趣，但都因受伤而止步。

"在一次创意工作坊上（由黛尔和她的合伙人吉列尔莫・奎拉尔引导），我发现了克里帕鲁瑜伽（Kripalu yoga）。以前我也练习过瑜伽，可以想到，那次练习因为严重的损伤和背部手术而终止。但是在创意工作坊上克里帕鲁瑜伽老师更强调的是我们对自己的身体和呼吸的关注，而不是姿势是否标准。老师一次次提醒我们要从身体内关注当下，去'呼吸、放松、感觉、观察和接受，而不是努力去充分展示一个姿势。现在我知道，这就是这种方法的基本教义。一段时间之后，我开始留意到我的双脚、胸部和面部的感觉，这是我从来没有感觉到的。我也开始注意到整个躯干部分，如我的腰部和腹部，以前这些部位几乎是麻木的。通过观察自己的身体，我对自己有了一种新的感觉，对这种情形我变得很好奇。

"我继续跟随一些极有天赋的老师研究克里帕鲁瑜伽。我的力量和灵活性及释放紧张和放松的能力在增强。我对身体里所储存的信息和记忆的意识也在不断深化。然后有一天，我正在拉伸肩胛骨中间特别紧张的部位时，自己作为一名舞者的形象突然浮现在脑海中。我能够生动地看到自己随着午夜皓空下群星间的银线翩翩起舞的样子，这个画面在我脑海中栩栩如生。我立刻知道这对我而言是一种真正的可能性，是我可以选择的另一个身份。它在我脑海中挥之不去，魂牵梦萦，每当我在努力完成一个姿势或者应对工作挑战时它就会出现在脑海中。我的某些部分不停地在问：'你想成为一个笨蛋还是一名舞者？你想被困于紧张和挣扎织就的大网中还是自由地遨游在可能性的王国里？'

"这次经历后不久，我决定做一名瑜伽老师。尽管我为此做了很多努力，在教师培训的倒数第二天，我还是从台阶上摔下来弄伤了后背和肩膀。伤势很严重，过去的 18 个月我一直在做康复理疗。但是这一次我的态度和方法截然不同。尽管恢复情况不稳定，医生还是惊讶于我的恢复能力，避免了手术治疗，我也没有因此而消沉。我将要成为瑜伽老师，无论需要面对什么样的阻碍。我把身体盔甲里的每个障碍、每块紧张的肌肉、每个警戒的地方都看成老师。是的，我经历过泄气、疲惫和挫折，但我从未停滞不前。我已经具备了调整自己的身体，辨别下一步的需要，对新方法持开放心态，并且继续自己的征程的能力。

“从身体内关注当下为自我发展打开了不可思议的前景。我已经识别并处理了很多创造力和人际关系方面的障碍。最重要的是，我以前竟然丝毫未意识到这些障碍的存在。有关它们的记忆和感觉被深深地锁在我的肌肉中，在我肩膀、下颚和腰部的紧张中，在我每天重复无数次的呼吸方式中。结合了专业引导方法的概念性框架，我开始让我的思维、身体和心灵保持平衡并相互融合。

“我仍然需要继续努力。去年我开始在斯特罗齐学院工作来深化自己通过身体进行探索的能力，同时扩大自己的教练技能来帮助客户进行身体探索。这将是一生的征程，我已经收获良多。最近，有个大学毕业后就未曾见过面的同学来访，她见到我后就总结了我的变化：‘我总把你看成那种会成为图书管理员的羞涩女孩。天哪！我简直大错特错！在房间的这一头我就能完全感觉到你的能量和干练！’

“因为自己通过探索身体取得了突破，我逐渐在自己的教练练习和引导中引入简单的身体练习。帮助客户开始关注他们的身体、呼吸和内在注意力的质量。我总是根据客户的状态实施练习。有些人已经拥有比较好的动觉意识，但是大多数都与自己的身体失去了连接，就像当初的我，甚至情况更糟。和客户一起，我们按需定制符合他们喜好和发展层次的练习。我们发现，平静心绪、保持呼吸、释放紧张和感受身体传递出的信息能产生巨大的威力。有时候，新的意识是不明显的，仅仅是留意到身体内能量或紧张程度的改变并将这种变化作为“晴雨表”来指导选择。还有些时候，会产生戏剧性的突破，如同我出现舞者画面的经历那样。无论发生了什么，探索身体创造了新的学习。它能有助于提升能力并做好准备迈向人生中一个创造性的目标，一个能让个人保持激情的目标。大多数的客户最终实现的成果比他们预计的要多，而身体智慧通常是他们成功的重要组成部分。”

什么是身体智慧

身体智慧是藏在适应性潜意识中的直觉智慧的一部分[①]。因此，我们能使用身体来帮助自己绕开理性和曲解。通过直接调整情绪、感觉、动作和精神状态，能辨明自己真

① 有关适应性潜意识概念的解释，请见第 1 章，第 22 页。

正的价值观、假设和期望。我们能从自己的回应中发现失去平衡的地方，发现自己真正的诉求被隔绝的地方。我们使用身体智慧这个术语来指从感情（情绪）、感觉（味觉、触觉、嗅觉、听觉和视觉）和直觉中所获得的信息。它可以通过对身体感觉意识的培养来获得——感觉能量在身体内的流动方式。这种智慧可以通过技巧和系列练习进行开发，包含针对呼吸、姿势、运动和内在注意力的练习。

理查德·斯特罗齐·黑克勒在他的教学中将探索身体与调整身体或者使用身体进行了区分。“探索身体是使用我们的内在体验，而不是简单地追求更标准的姿势，缓解身体症状，引出一种情绪反应或者能让姿态更优雅，尽管这些可能也会伴随发生。”（Strozzi-Heckler, 1993, 第 16 页）探索身体让我们能充分体验自己的内在核心和最重要的生命能量。它不仅能帮我们定义现在，揭露隐藏在身体内的历史障碍，还能有助于感受到新的可能性，实现自身的完整，全面展开富有创造性且目的明确的行动。就如安妮看到内在舞者的经历为她开启了新的可能性一样，探索身体能定义一个新的未来。正因为它的精髓在于能进入自己和客户最深层次的期望、天赋和障碍，我们才提供这些练习来解锁身体智慧。

“学会听见和尊重你的身体智慧并不是要满足你所有的期望。它是一个包含了培养自我意识、观察行动产生的后果和加强有意识选择的能力的过程。当你学会了辨别身体智慧和习惯，你将很容易获得更高程度的自我信任。”（Faulds, 2005, 第 186 页）

探索身体的收益

通过使用本章中的练习，我们和客户在某些领域对于使用和探索自己的身体取得了突破性的进展。这些领域包括：

- 减缓紧张
- 发掘障碍
- 深化自我意识
- 提高创造性能量
- 回归目的和承诺

接下来我们将解释这些成果有助于教练服务和行为改变的原因和方式。

减缓紧张

长期紧张会降低活力，加大学习的难度。它削弱了我们关注当下、真正理解他人和创造性的能力。《大脑使用说明书》（*The Owner' s Manual for the Brain*）（Howard, 2006, 第 816 页）引用的研究表明，紧张 30~90 分钟能引发酶分泌提高 200%~300%和冲动行为，效力持续时间达 12 小时至 3 天，最长到 2 个星期。长期紧张会造成能量消耗、意志消沉、冷漠、退缩、失眠、慢性疲劳、困惑、缺乏专注力、记忆差（Howard, 2006）。要去教练一个无法专注任务且与自己的想法、感觉和期望隔绝的人是比较困难的。使练习或者简短的关注练习来开始教练环节，帮助客户找到一个适合他们的练习方法，这都是消除由突然的或长期的紧张和倦怠所产生的影响的有效的启动方式。

发掘障碍

培养平静心绪的能力，让自己能够体验到各种感觉及体内能量的流动，这会提高我们的意识，知道自己紧张的来源，注意到自己对人对事的消极反应和其产生的原因。神经科学家提出了这样的理论：身体的细胞记忆力储存了强烈的情绪，当我们集中意识处理我们的身体时，这些情绪可能被释放出来（Faulds, 2005）。尽管很多科学家还未认同这种理论，但对很多人而言，身体意识和运动确实激发了情绪和反应，帮助他们识别了隐藏的障碍。处理我们身体中绷紧和麻木的部分通常可以释放被困的情绪。培养减缓思维节奏并旁观思维活动的能力将有助于识别无效的思维，避免它的发生。这样，我们不会一次又一次深陷于不断恶化的、基于畏惧的各种模式，恰恰相反，我们能够把这样的模式看成一个限制或障碍，我们可以探索它并从中学习。这样我们会更少地依赖于旧的思维模式而看到其他可能的选择。

当客户意识不到自己的障碍或为障碍所牵制和束缚时，他们很难看到新的创造性的选择。大多数的内在障碍是无法回避的，识别并处理它们通常能释放我们的精神能量和身体能量，为工作创建新的创造性的选项。（更多有关处理情绪和障碍的信息，请见第 5 章“改善心智”）

深化自我意识

学会信赖情绪和感觉并对它们采取必要的行动将建立某种程度的自我意识空间。有客户称，他在教练环节中最解脱的时刻就出现在当教练指出他的愤怒只是一种情绪时——

是对他就一个形势所做的一系列假设的回应。他不需要对愤怒做什么，行动仅仅是一个选择。非消极式的旁观自己的想法和感受帮助我们了解自己，了解我们的过往经历和过去的回应，以及我们可能的未来。一旦我们建立了这种健康的超然心态，我们能使用这种能力来留意我们能量的细微变化，把这种变化作为一个“晴雨表”来辨别符合我们最深层次的期望和价值观的选择。我们使用的很多身体意识练习是一些策略，用来验证对选择的直觉反应。当客户开发了这个能力，他们能更加信任从身体中所接收到智慧，这是他们决策过程中很有价值的一部分。

提高创造性能量

当我们的身体、思维和心灵保持相互一致时，我们会释放出能量和活力吸引他人和资源向我们靠近，帮助我们实现目的。当我们的身体能量减少了，会更容易陷入无效的行为和思维模式中，这让我们很难去完成改变、成长和符合我们的价值观这样一个艰巨的任务。安·麦基·库珀（Ann McGee-Cooper, 1990）在《你不必筋疲力尽地下班回家》（*You Don' t Have to Go Home from Working*）一书中提出了让人信服的“能量工程”（energy engineering）概念。她的方法将紧张管理从开发精神能量和身体能量的练习中分离开来。她提到，经主观评估，40%练习了能量工程的企业高管获得有效收获。她的很多技巧依托于意识提升，关注精神能量和身体能量何时耗尽及耗尽的方式。人们通过她的方法学会了很多能遏制能量耗尽的个人策略，从而创造了新的能量。很多这样的技巧都依赖于身体练习。安妮成功地使用并改编了麦基·库珀的成果，帮助很多客户获得生成创意性选择和敢于尝试冒险的能力。然而，在能量工程能发挥作用之前，客户必须提升意识，能关注到身体和思想何时正保持中正，何时又失去了平衡。本章中的练习有助于提升这种意识。

回归目的和承诺

我们教练过程的目标是帮助客户定义并创造性地实现对他们很重要的一个目的。要实现富有创造性且目的明确的行为需要深层次的承诺——从骨子里坚信你正努力的方向是正确而有意义的。然而，我们当中的很多人在一生中都没有表现出这样一种目的。我们看见很多客户在“屈就地生活”——因为恐惧，因为想要去配合或满足他人对自己的要求，还因为许多其他的原因，他们的感觉和能量被抑制了。这种抑制和不平衡通过他们的身体反映出来。而他们身体的“状态”又限制了他们究竟能展现出怎样的可能性。他们所有的体验——看待事情的方式和接受到的他人对自己的反应方式——都受到过去的心理防御经历的影响。这些防御经历潜藏在他们的身体里，又通过他们的身体体现出来——佝偻的肩膀、激进或封闭的姿态、低垂的视线。萨拉的故事展现了这样的关联方式，萨拉在经理面前的姿势就是身体对她过去的反应，儿时在父母的管制下她是一个充满畏惧的孩子。

身体帮助我们发现需要处理阻碍的地方，它也是我们学会坚守目的的载体和资源。改变身体为我们展开了新的可能性。当你需要在与一个目的相符合或者不符合的行为中进行选择时，身体能发现并感觉到这个目的会让你在那一刻积极主动地做出有创造性的反应。因此，我们要练习在身体里感觉到目的。我们想象并且练习自己住在一个身体里，这个身体代表着我们想要在生命中展示出来的样子。我们请客户参加一些特殊的活动，如采用山式站立的姿势，在这种中正而平衡的姿态中大声说出他们对自己目的的承诺。通过这样的方式，很多人能够“回归”或者将他们的承诺根植于自己的直觉智慧中——于他们的身体和骨肉之中——这样会感觉可靠而真实。然后，他们的内在指南针会校准自己的行为，帮助他们去实现目的。

萨拉的故事：身体意识帮教练和客户带来了突破

萨拉和安妮的教练进程一直停滞不前。在教练关系的初期，萨拉和安妮以及萨拉的老板共同确定了一个目标：更严格地遵守公司的政策和工作流程。萨拉也理解执行工作任务的方式和这么执行的理由，但是她总是自作主张。有时候管理层会认为她在故意忽视既定流程。这也给她的同事带来了很多问题，他们不得不总是查找文件记录，跟踪她的进展来获取遗漏的信息；或者重复做了萨拉已经完成却没有记录在案的工作。萨拉和安妮尝试了很多策略来解决萨拉的模式问题，但是没有太大进展。

在一个两周一次的教练环节前，萨拉和公司的一个经理发生了激烈的争吵，起因就是她不遵守公司工作流程，并且就项目进展情况缺乏和同事的沟通。安妮让萨拉和另一方一起碰面，看他们能否理清到底发生了什么，再阐明需要用不同方式做些什么。安妮以前从来没有见过萨拉和经理进行这种一对一的会面。她对萨拉完全异于以往见面时的行为感到震惊。这主要是通过她的身体动作表现出来的。每次经理直接和萨拉说话时，萨拉坐在椅子上保持身体前倾，整个身子几乎要对折起来，面部只到桌子的高度。在她自己说话和经理说话的交替中，她的身体就在椅子上来回扭动。当她说话时抬眼偷瞄经理的举动让安妮想起了一个乞求宽恕的孩子。

当安妮把自己的观察与萨拉分享并要求她反思自己的感情和感觉时，突破点出现了。萨拉放缓了自己的呼吸，闭上眼睛去关注她的感情和感觉，她发现自己非常害怕。她将这种感觉联系到自己小时候受罚时的感受。小时候的事帮萨拉发现她是如何从童年经历中再造了一个行为驱动力的。萨拉的父母要求过于严格，他们制定了很多规矩让萨拉遵守。无可避免地，萨拉会忘记一些规矩并因此受到严厉的处罚。作为一个青少年，她开始用越来越频繁地忽视和故意违反规矩的方式来进行反抗。萨拉并没有将她的这种模式和自己在工作中对"规矩"和权威人物的反应建立关联。

这是一个根深蒂固的模式，但它还不能让萨拉立刻产生不一样的行为。她和安妮做了很多工作来帮自己学会发现身体里预示着将要采取模式行为的感觉。她开始注意到并定义了自己的恐惧，也越来越清楚自己可以有不同的选择。她也能看见采用这种对苦涩童年的反应方式所造成的后果并不是自己所预期的。

然而，仅仅靠意识还不足以改变深植于萨拉体内的模式。在安妮的帮助下，她还需要开展一些练习来培养转变反应方式的能力——她的能量和力量。这样有助于她在思想上和身体上对自己正试图创造的结果保持警醒。萨拉希望自己有能力与领导建立合适的关系；希望拥有一个没有不必要的限制、有成效的工作环境，这样她能充分发挥自己的创造性天赋。萨拉承诺会每天进行冥想和身体姿势练习，包括练习山式站立的姿势保持中正而平衡（见练习 9.5~9.7）。经过一段时间，她学会了停止原有模式，牢记自己想要改变行为的原因和方式。她塑造了自己的身体，通过身体实践自己的选择。最后萨拉学会了用一种放松、中正和开放的方式与她的经理进行互动，这就是她希望的相处方式。经理对她的回应方式也发生了改变。她从一个快要被解雇的员工变成了一个高效的项目经理。

进入身体智慧的练习

接下来是一系列针对呼吸、注意力、能量意识及回归目的和承诺的初始练习。这些练习对刚接触身体智慧这一概念的客户是最佳选择，对在这个方向进展顺利的客户也很有成效。如果你发现我们在这里提供的练习有帮助，建议你可以寻找更多的训练。你可以开发很多练习来丰富自己在这个领域的工作形式和内容，包含瑜伽、合气道、气功、网球、高尔夫、舞蹈或者大多数需要集中注意力进行的运动，以及各种形式的冥想。还可以参加特定的培训来将身体意识开发整合到你的教练服务中①。这些初始练习也能产生意义深远的结果，而且这种身体意识的开发还能进行得非常深入。当你发掘了需要仔细处理的障碍时要特别小心。将身体智慧练习连同所有其他认知方式的练习合并使用能帮助你和客户找到正确的路径。

练习 9.1 三部位呼吸

目的

本练习能提升对当下的关注，温和地建立能量并且形成平静的专注力。

何时使用

- 在教练环节开始进入关注当下状态时。
- 释放胸部和腹部的紧张时。
- 平复和聚焦思维时。
- 开始任何其他身体意识练习前。专注呼吸几乎总是关注感觉和思维的练习的开始步骤。
- 将注意力从外部的焦点转移到内部焦点，开始自我反思时。

时间安排

3~5 分钟。

指导介绍

步骤 1：假设你已经向客户解释了为何认为现在练习呼吸会有帮助，并获得了客户的允许开始进行。这样引导客户："选择你舒服的坐姿，坐好。感觉你的双脚深扎在地板上。找到你的坐骨，坐骨是你臀部那两根突出的骨头，当你坐着时支持你身体的重量。左右摇晃你的身体，让左右的重量保持平衡。现在让身体前倾再后退，让身体前后的重量也保持平衡。接下来伸展你的脊柱和颈椎，想象你的头顶就要触到天花板了。微微地

---

① 例如，由斯特罗齐学院（www.strozziinstitute.com）和教练培训学院（www.thecoaches.com）提供的培训活动。

收回下巴。双肩下沉。进行任何你需要的其他调整来帮你感觉踏实、平衡和舒服。”

步骤 2：“将注意力转移到你的呼吸上来。把嘴合上通过鼻腔进行呼吸。不需要改变你的呼吸，只要关注你的呼吸方式。你的呼吸是只进入了胸腔，还是只进入了腹部？你呼吸是快还是慢？感受它。”

步骤 3：“现在慢慢地开始把你的呼吸扩展到下肺部，感觉自己的腹部在扩张。吸气，尽可能地让你的腹部充满空气。当你的呼吸已经满了，缓慢地将气息释放，再开始新一轮的吸入。你可能愿意把手放在腹部，这样你能感受到自己在呼吸时腹部的扩张和收缩。”（继续 3~4 次呼吸。）

步骤 4：“现在将注意力转换到你的胸腔。关注你的呼吸进入上腹部，感觉当你吸入气体时，你的肋骨向两边扩张。你可以将双手放在你身体两侧来充分感受这种扩张。当你的胸廓随着呼吸已经扩张到极限时，缓慢地释放，再开始新一轮的呼吸。”（继续 3~4 次呼吸。）

步骤 5：“现在将注意力转换到你的上胸部。关注你的呼吸进入锁骨正下方的一个点。你可以轻轻将指尖放在锁骨的正下方来找到这个点。同样，将空气充分吸入这个部位，然后再缓缓释放，在吸气和呼气间平和地转换。”

步骤 6：“现在开始将三个部位的呼吸结合起来，让气流平缓地充满你的腹部、胸廓和上胸部。在每一次吸气结束后，呼气，温和地将腹部剩余的气体排出来。”（继续这种方式的呼吸，通常保持 1~3 分钟就足够了。）

步骤 7：“解除对你呼吸的关注，静坐一会儿。当你准备好继续其他环节时，告诉我。”

提示：

- 三部位呼吸练习是一个绝佳的“家庭作业”，能帮助客户建立身体意识并保持放松。你可以建议客户舒服地躺在地板上进行这个练习，练习时间可延长，最好不超过 10 分钟。
- 你也可以参考练习 4.1“借由呼吸进入当下”的意识练习。这个练习中的延长呼气易将身体带入更接近放松的状态。当客户注意力特别不集中、紧张或焦虑不安时，你可能更倾向这个练习。
- 三部位呼吸练习是一个“万能的”呼吸练习。能帮助在任何时刻产生平静和能量。所有的呼吸练习都有一个附加收益，那就是给血液充氧，提升人体的能量水平和大脑的清醒度。

- 当你和客户在一起时，你可能注意到他倾向于采用浅表呼吸（胸部呼吸）或者倾向于腹部呼吸——胸部折叠于腹部且呼吸只进入下腹部，这些都是显著迹象，表明帮助客户将呼吸扩展到完整的三部位呼吸将让他充满活力，打开新的意识。

练习 9.2 采用循环式呼吸的坐式或卧式冥想

目的

本练习能促进客户深入放松，提高身体意识。用来作为日常练习，扩展客户从身体中保持思想集中和关注当下的能力。

何时使用

- 释放深层次的紧张和完全放松时。
- 建立身体意识时。
- 加强思想专注力时。
- 敞开心扉去接受积极的目标和宣言时。

时间安排

5~10 分钟，这个时长对于还不习惯冥想练习或深入放松技巧的人比较合适，练习后可延长至 20~30 分钟。

指导介绍

步骤 1：姿势：最理想的情况是舒服地躺在地板上完成这个练习，过程中手心朝上，双手放在身体两侧，双腿伸直，两脚自然地倒向两边。但不是所有人都认为这个姿势很舒服，特别是那些颈椎或背部受过伤的人。还有一些人对采用卧姿觉得没有安全感。针对这些状况有几种其他的选择。出于对舒适度的考虑，建议躺下时准备一些支撑物：在头下放一个枕头或者一块折叠的毯子，颈部放一个卷好的毛巾，或者膝盖下面也放上一个枕头。另一个舒缓腰部紧张的选择是将膝盖弯曲，让两条腿互相靠着。如果觉得仰卧特别不舒服，可以建议客户侧卧，双腿像胎儿般蜷曲着。头枕着一只胳膊或一个枕头，以避免颈部紧张。这个练习也可以盘膝坐在垫子上或正常坐在椅子上进行。如果你采用坐姿进行练习，像练习 4.2 那样，开始时让客户集中注意力，伸展脊柱进行调整。总是以帮助客户找到对她最有效的身体姿势来开始这个练习。你可以建议她自己尝试多种方式来找到最放松的姿势。

步骤 2：如下引导客户："大致扫描一下身体，关注身体觉得紧张或不舒服的任何部位。将自己的注意力放在这些部位，逐个暗示它们完全放松。"

步骤 3："把注意力转移到呼吸上。开始充分地呼吸，让空气充满你的腹部、肋骨和上胸部。当你呼吸时，想象自己完全沉入支撑着你的地面中。"

步骤 4："开始让你的吸气与呼气保持相同的时间。呼吸时默念数字可能对你有帮助，'吸气-1-2-3-4'，'呼气-1-2-3-4'。"（使用任何能轻松跟上呼吸节奏的数字。）

步骤 5："现在留意当你从吸气转到呼气、又从呼气转到吸气时，这个过程是否有一丝摇摆或者犹豫。这个时刻很容易失去对呼吸的专注，让干扰的想法进入脑海。有意识地将吸气和呼气之间的转化变得平稳。想象你的呼吸是一个完整的圆圈，一个在空间转动的车轮。没有停顿或者迟疑，只是从吸气到呼气的平稳流动。"

步骤 6："保持几分钟这样的循环呼吸。当时间结束后我会告诉你。"（如果客户是自己进行这个练习，他们可以设置一个定时器，尽管很多人都觉得这样做有点儿不和谐。建议客户简单练习 5~10 分钟，如果需要可以定期检查时间。练习几次之后，身体就会形成意识，知道什么时候该结束了，然后自动将思维带回到意识中。）

步骤 7："当你在呼吸时，注意力走神是很自然的事。当你注意到脑海里有想法时，无须自责或者认为自己做错了。只需要自然地将注意力转移到呼吸上。你可能发现，几分钟后你就进入了一个深入的冥想状态。任由它发生。一旦时机到了，你的思维会将你带回到意识中。"

步骤 8："当时间结束后，慢慢回到意识中。当你还在放松状态时，提醒自己教练服务想要实现的目的或者自己想要发展的自我特质。"（在放松状态时，大脑特别容易接受宣言和建议。）"然后轻轻地扭动你的手指和脚趾。保持闭眼状态。微转身体让重心从身体的一边转移到另一边。如果是坐着的，轻轻扭动身体；或者如果你练习时采用的是仰卧姿势现在转为侧卧。几次呼吸后，慢慢完全回到当前状态。当准备好时缓缓睁开眼睛。"

步骤 9："再花点儿时间重新简单扫描你的身体，关注练习后是否有任何变化发生。"

提示：

- 很多客户喜欢在做这种冥想时播放让人放松的背景音乐。还有人觉得使用录音来为他们说出整个步骤更容易进行。你可能愿意与客户分享自己的录音，或者建议他们去商场挑选一张放松的 CD。

- 练习 4.2 提供了另一种冥想方式的选择，也是可以让客户采用的有效日常练习。
- 当客户养成练习聚焦注意力的习惯时，将获得很大的收益。可查阅资源库寻找更多的练习资源。
- 对不熟悉这个练习的人而言，10 分钟的冥想有些长了。鼓励客户进行练习，最开始可以减少至 5 分钟，逐渐地将注意力训练时长增加到至少 10 分钟，最好能逐渐延长到 20~30 分钟，因为这样才能给身体和大脑足够的时间来充分放松，进入深入的冥想状态。

练习 9.3 身体扫描

目的

本练习能单独使用，也可连同其他身体练习一起使用，用来提升对感觉和能量及有关想法和情绪的意识。

何时使用

- 任何教练练习伊始释放紧张时。
- 提升对紧张位于身体何处的意识时。
- 刺激位于身体各个部位的感觉和能量的意识时。
- 将身体意识与感觉和情绪进行关联时。
- 关注身体如何回应思维习惯和“老故事”时。
- 关注身体如何回应两个选择间的比对时。

时间安排

3~5 分钟。

指导介绍

步骤 1：采用一种舒适的姿势。这种扫描练习可以采用站姿、坐姿或者卧姿进行。选择一种客户觉得舒服的姿势。以下的引导介绍用于放松目的的身体扫描。可参见之后的“提示”来改编这个练习以适用其他目的。

步骤2：如下引导客户："绷紧你浑身所有的肌肉，然后再全部放松。重复1~2次。快速绷紧和放松有助于减缓表层的紧张。"

步骤3："关注你双脚的感觉。它们是局促、紧张的吗？它们是放松的吗？暗示它们再放松一点儿。"

步骤4："缓慢地抬起你的右腿。让你的注意力停留在你的小腿、膝盖和大腿上。真正地关注腿的每个部位。将你的注意力缓慢地从一个部位移动到下一个部位。关注任何紧绷或紧张的部位。关注出现的任何感觉和情绪。如果你愿意，暗示你的腿可以再进一步放松，把承担了一天的重量全部卸下来。"

步骤5："将注意力扫过身体转移到左腿。缓慢地抬起这条腿。让你的注意力停留在你的小腿、膝盖和大腿上。关注出现的任何感觉和情绪。暗示左腿把承担了一天的重量全部卸下来，完全放松。"

步骤6："将注意力转移到腹部。关注呼吸时腹部的起伏。吸气，让空气充满腹部然后再呼出。关注你腹部的感觉，关注出现的任何情绪。让你的腹部完全放松。"

步骤7："将注意力转移到胸部。让你的呼吸扩展到胸部。关注胸部的起伏。关注心脏周边的区域。你觉得哪里是紧绷的？能量可以在胸部自由流动吗？关注任何你需要放松的部位，让能量更自由地流动。关注是否有些地方让你感觉强烈或者完全没有感觉。"

步骤8："将注意力转移到你的左臂。转动你的手臂，从一边转到另一边。关注在你的左肩、肩胛骨中间和你的手腕里的任何紧张。缓慢地活动你的手指和手掌。关注出现的感觉和想法。暗示你的肩膀放松，然后是你的上臂、肘部、前臂和手腕。让你的手掌和手指完全放松。"

步骤9："将注意力转移到你的右臂。转动你的手臂，从一边转到另一边。关注在你的右肩、手臂、手腕或者手掌里的任何紧张。将注意力从你的肩膀移动到你的手腕，关注出现的感觉和想法，让每个部分都放松。扭动你的手掌和手指。关注出现的感觉和想法，让你的手掌完全放松。"

步骤10："将注意力转移到你的面部。关注你的前额、眼睛、脸颊。注意你的下巴是绷紧的还是放松的。关注你口腔里的舌头。留意当你将注意力带到面部时出现的任何想法和感觉。暗示你的眼睛放松。放松你的下巴，舒展你的前额。"

步骤11："现在将你的注意力越过前额进入你的头部和颈部。将你的头部从一边转到另一边，重复几次。关注哪里是绷紧的。感受能量流过你颈部的后方然后进入你的头皮。关注出现的想法。暗示颈部和头皮完全放松。"

步骤 12：“缓慢地将注意力下移到你的背部。关注仍保持紧张的区域。特别注意肩胛骨中间的部位，再到你背部的中间和腰部。关注你对身体后半部的感觉是否或多或少地比你身体前半部的感觉要清晰一些。关注出现的任何感觉和情绪。关注有些部位是你没有感觉的。”

步骤 13：“让你的注意力直接往下经过双腿的下部进入双脚中，关注你的感觉、想法和情绪。让你双腿的下部和脚掌完全放松。”

步骤 14：“平稳呼吸几分钟，然后总结在身体扫描过程中你注意到了什么。”

步骤 15：请客户分享她关注到的信息。哪里存在紧张和麻木？哪里有开放的感觉或者觉得有流动的能量？有感觉到能量被阻塞的地方吗？有出现了强烈的情绪或想法的地方吗？针对扫描的目的和是否将这个练习与其他练习合并使用，提出问题并帮你明确相关信息。例如，如果你正帮助一个客户识别障碍或处理无效的信念和假设时，你可能询问隐藏在一种感觉或情绪之后的故事或经历。如果你要去进行一个视觉表达练习，你可能仅仅让客户理解从身体扫描中得到的意识，将它按照感觉到的样子画出来或者带入一个引导式图像练习中。

提示：

- 当你在实施这个练习时，每完成一步就停顿片刻，让客户能“更深入”——关注内在的想法和感觉——体验你所建议的动作。让你的节奏平和而缓慢。
- 你可以缩短或延长身体扫描练习时间。可以单独扫描身体背部，也可以不这么做。对几乎没有身体意识的人而言，这样做会很有帮助。身体背部经常感觉麻木或者累积了很多没注意到的紧张。
- 身体扫描练习中不一定要包含放松的暗示。虽然这个练习是一种建立放松的意识状态的有效方式，它也能用于扫描发现紧张和反应，但是对很多客户来说，最重要的一步是能够注意到并描述出自己身体的状态。它能使你具有洞察力，关注紧张或身体对一个暗示或选择的反应。你可以根据使用目的来改编扫描练习。
- 在客户进行过几次身体扫描练习后，你可以将指导和建议变得非常简短，这样客户可以更深入地探索自己的感受和意识。
- 你也可以调换身体部位的顺序。很自然地从上到下或从下到上地进行推进，不要过分跳跃式的进行。例如，从脚直接转到后背会让人觉得转移路线太长，造成干扰。

- 本练习也可用于扩展练习 9.2（采用循环式呼吸的坐式或卧式冥想）中的步骤 2。这对不习惯于深度放松或者身体意识程度还比较低的客户而言，特别有帮助。

练习 9.4　身体晴雨表

目的

本练习是一种进入直觉智慧的方式，直觉智慧知道哪个选择最符合客户的目的和承诺。除此之外，进行本练习也可以建立身体意识。

何时使用

- 帮助客户识别两个或更多选择中哪一个能带来最多能量和最积极的感受时。
- 帮助客户进入并整合直觉智慧，通过理性的认知决策做出选择时。
- 提升对身体感觉和注意力的意识时。

时间安排

10~15 分钟，取决于需要考虑的选项数量。

指导介绍

步骤 1：让客户简单描述他正考虑的选项或选择。然后做如下引导练习。

步骤 2："舒服地坐好。深呼吸来帮助放松。现在闭上眼睛或者让视线低垂。想象你已经做出了选择，看看你现在会做些什么，坐在哪里，正在处理的任务是什么。想象你要实现的是什么。大致想象你最平常的一天会是什么样的。"

步骤 3："扫描你的身体，从头顶开始，然后下移到你的颈部、胸部、心脏，经过你的躯干，直到你的双脚。关注你的身体对这个选择的感觉是怎样的。有感觉紧绷或者放松的部位吗？能量在哪个部位流动？能感觉到一丝活力或者兴奋感吗？还是感到沉闷或者畏惧？关于这个选择的吸引力，你身体告诉了你什么？"

步骤 4：对每个选择重复步骤 2 和步骤 3。

步骤 5：讨论客户从每个选择中了解到了什么。使用步骤 3 中的问题来对比客户每个选择的回应。更多相关的问题还包括：

- 是否某个选择能比另一个生成更多的能量？如果是，你认为这意味着什么？

- 你身体对某个选择的反应是消沉的吗？
- 它对某个选择的反应动作似乎是在扩展或者伸展吗？
- 某个部位的紧张或者麻木是否意味着做出一个选择可能需要去克服的障碍？

提示：

- 本练习对比较两个选择或者考虑一定数量的选项（最多三个）的效果最好。超过这个数量，客户会很难去辨别身体对每个选项回应的区别。
- 如果客户正考虑大量的选项，可选择其他干预方法，如利益列项、列表、利弊对比或者其他理性的决策工具。（更多理念请见练习 7.1，练习 7.4，练习 8.1 和练习 8.2。）然后在最优先的 2~3 个选项中使用本练习的干预方式来做出选择。
- 本练习也适于在选择间进行对照。例如，让客户考虑他认为最“安全”的选择，并且关注身体是如何反应的。然后考虑最有创造性的选择，同时关注身体如何反应。

练习 9.5 保持中正

目的

本练习可提升对重心的意识，也有助于注意到处于中正而平衡的心态做出的行为与处于被动心态做出的行为间的差距。

何时使用

- 在身体里建立从上到下、从前到后、从左到右保持平衡的感觉时。
- 建立有形的意识来分辨中正位置和失去平衡位置的区别时。
- 将保持中正呈直线的姿势与为实现目的而采取的专注一致的行为建立联系时。
- 当情绪和心理受到刺激后练习回复到中正的状态时。

时间安排

2~3 分钟。

指导介绍

步骤 1：如下引导客户：“直立，双脚分开与臀部同宽，将你的第二脚趾与髋骨对齐。”

步骤 2："前后左右地摆动身体，然后停止在你觉得平衡的位置上。"

步骤 3："感受并调整身体平衡，让全身呈直线状态：

a. 将你的重量平衡地放在双脚的四个点——大脚趾和小脚趾后面的两个突出部位和脚后跟的两边。

b. 不要挺直膝盖，让它们在不弯曲状态下保持放松和灵活。

c. 尾椎骨略微回收，耻骨微微前倾，让骨盆放松使身体呈直线状态。

d. 双肩提起，向上，向后，再向下，使两个肩胛骨的翼状突出点相互拉伸，肩膀下垂，尽量远离耳朵。

e. 下巴与地板保持平行。看看耳朵是否与肩膀对齐。

f. 将身体从双脚到头顶进行拉伸，双脚紧贴地面，腰部拉开，将颈部和脊柱伸展开。

g. 用指尖轻轻按压。"

步骤 4："把指尖放在肚脐下的部位感觉自己的重心。感觉你的能量和身体是否在这个点保持平衡。如果没有，进行一些必要的细微调整让自己保持中正。"

步骤 5："保持平稳呼吸，从脚到头扫描你的身体。关注平衡站立向上伸展的感觉。"

步骤 6："建立一个中正而平衡的状态来推进你的人生目标。建立一个以专注的态度朝你的目的前进的目标。对自己承诺，下次当你被敏感话题或者旧患触发出激烈情绪时，找到这种状态。"

提示：

- 如果你是面对面实施这个练习，围绕客户转转，看能否发现客户的身体有不成直线排列的部位。例如，胸部挺得太前或者佝得太后，肩膀看起来往前耸，或者整个人站着略微往前倾或者往后仰。征得客户同意后，轻轻地触碰你觉得不成直线排列的地方，请客户将注意力关注到这里，看看能否进行一些细微的调整。
- 大多数人的身体都有些不平衡。有时候当我们处于中正的姿态，会感觉很不自在，就像到了陌生的地域。鼓励客户练习保持身体中正直到他们自己能感觉到区别。让客户将这种中正的感觉和夸张的不平衡状态进行比较会有帮助，如踮脚站立、双肩前耸或下巴前伸。
- 如果你在教练一个小团队，这个练习也可以作为一个团队活动来实施。团队成员能够观察他人中正站立时看起来和感觉起来像什么，彼此成直线站立给予反馈，并且约定，当他们在团队任务过程中看起来或感觉起来没有处于中正状态时，要互相提醒。

练习 9.6 保持平衡

目的

本练习可提升保持平衡的意识，练习聚焦注意力。

何时使用

- 提升直觉意识，以觉察到身体平衡而思维不平衡的时刻。
- 开发保持注意力和专注度的能力时。
- 建立一种面对挑战如何保持强大、灵活和平衡的意识时。
- 帮助辨别与目标保持平衡的选择和与目标符合度不太高的选择时。

时间安排

5~10 分钟。

指导介绍

步骤 1：如下引导客户："站立，双脚分开与臀部同宽。通过前后左右地移动身体将你的重量平衡均匀地放在双脚的四个点——大脚趾和小脚趾后面的两个突出部位和脚后跟的两边。"

步骤 2："下巴与地板平行。让你的目光聚焦在视线正前方的某个点上。当练习的过程中保持视线一直聚焦在这个点上。"

步骤 3："缓慢地将你的重心转移到一只脚上。当你这么做的时候，检查承重腿的膝盖是否既不往后挺直也不向上超伸。它应该是放松并且略微弯曲的，这样这条腿才能像风中的小树苗儿一般随重心的改变而移动。让非承重腿的脚尖轻轻地落在地板上。"

步骤 4："将注意力聚焦在你的目的上、一个对你很重要的承诺上或者你正在考虑的一个选择上。"（作为教练，可以建议一个和教练一致的关注点。）"当你在关注时，慢慢抬起非承重腿的脚尖，大约抬离地面 1~2 英寸高。记住，要保持你的视线柔和地固定在你前面的那个点上。注意你是否保持平衡或者是否开始摇晃。关注出现在你脑海中的感觉和反应。”

步骤 5：如果你使用本练习来辨别两个选择中哪一个与客户能保持平衡一致，重复步骤 4，考虑另一个选择。让客户关注自己维持平衡和聚焦能力的任何变化。

步骤 6：和客户谈论保持平衡的感觉，是否有不平衡产生，以及它是如何产生的。将找到并保持灵活平衡性的能力与对实现目标前过程中应对挑战时所需要的特质的关注力进行关联。

提示：

- 注意：如果你或客户担心会跌倒，可以靠近墙壁来实施这个练习。如果很难保持平衡，身体一边靠墙，让客户伸手能得到支撑。
- 这个练习很适合作为“家庭作业”，建议客户日常进行。它可以帮助客户植入平衡感并且汇集到他们的思维和身体里。

练习 9.7 化为一座山

目的

本练习可建立对目的保持坚定而专注于承诺的意识，也可用于帮助客户意识到如何在自己的身体中变得强大而专注。

何时使用

- 阐明在身体和大脑中有一个坚定的目标是什么感觉时。
- 开发身体意识，清晰地意识到脚踏实地的、中正的存在时。
- 打造一个可能做出新的、创造性的、可信任的选择的身体时。
- 为在运动中保持中正打基础时。

时间安排

5 分钟。

指导介绍

步骤 1：如下引导客户：“直立，双脚分开与臀部同宽，将你的第二脚趾与髋骨对齐。”

步骤 2：“通过以下动作进入中正平衡状态：

a. 将你的重量平衡地放在双脚的四个点——大脚趾和小脚趾后面的两个突出部位和脚后跟的两边。

b. 不要挺直膝盖，这样它们在不弯曲状态下可以保持放松和灵活。

c. 尾椎骨回收，耻骨微微前倾，让骨盆放松使身体成直线状态。

d. 从腰部开始拉伸。

e. 双肩提起，向上，向后，再向下，使两个肩胛骨的翼状突出点相互拉伸，双肩下沉，尽量远离耳朵。当你这么做时，把胸骨向前挺出，不要驼背。

f. 下巴与地板保持平行。看看耳朵是否与肩膀对齐。

g. 将身体从双脚到头顶进行拉伸，将颈部和脊柱向上伸展。”

步骤 3：“将双手举过头顶，呈“V”形，让指尖向外伸展。想象强大的能量从地上升起，经过你的双脚，穿过你的身体，最后通过你的指尖散发出去。”

步骤 4：“说出你的目的或者一个对你很重要的承诺。想象你就是一座挺拔的高山，能够支持和承担这个目的。关注和感觉在你身体里、你心中和你脑海里这个目的带来的力量。”

步骤 5：“扫描你的身体看看有没有部位会觉得虚弱、紧绷或者麻木。如果你能发现这些地方，关注他们就好。看看自己是否能做些调整来放松，并且感觉这些部位变得强壮和灵活。如果不行，那就仅仅关注这些部位。围绕它们进行放松，观察一段时间，再看看他们是否有了变化，或者有障碍出现。”

步骤 6：“保持这个姿势 2~3 分钟，同时关注你的目的或承诺。手臂举起的时长要足够让你劳累，然后关注此时你产生的想法和抗拒。再坚持一小会儿。下定决心要用高山的力量和专注力来坚持到底。”

步骤 7：“慢慢地放下手臂并且收回姿势。动作要非常缓慢并且特别留心。身体意识是在你摆出并保持姿势的过程中建立的，也可在你收回姿势的过程中建立，就像现在这样，两个过程都同样重要。”

步骤 8：“关注你的感觉和想法。将这些信息进行分享或者记录下来，这样你可以比较它们是怎样随着时间而变化的。想想当你带着大山般的力量、平衡和坚毅来推进你的生活时，将展开什么样的新的可能性。”

提示：

- 这个练习很适合作为“家庭作业”，建议客户日常进行，它可以帮助客户将关注目的的意识植入他们的思维和身体里。
- 山式站姿是一个经典的瑜伽基础体式，用来教授平衡和成直线站立。不同的导师在引导时都会有轻微的变化。如果你发现以上的指导对你或客户不太有效，可以在众多可用的瑜伽资源中寻找方法来指导这个体式。
- 在客户进行这个活动时，让他们通过保持中正、摆出或收回姿势时扫描身体以及关注感觉和注意力的改变来练习身体意识。
- 对已经采用了身体练习的客户，请他们设计一些方法来增强自身的能力，以在运动中保持身体中正和觉察的状态。
- 建议客户开放他们的身体练习环节，在练习时宣告他们的目标或承诺并且保持对它的关注。
- 鼓励在客户日志中记录自己的观察，或者画出或创做出能反映自己感受的作品。

练习 9.8　身体塑像①

目的

本练习可提升关注到身体内情绪和情感反应的能力。有助于客户学会观察自己和他人的身体来作为信息的来源，从而更全面地提升对比意识，将有创造性的、坚定的能量与基于畏惧的被动式姿态进行对比。

何时使用

- 辨别我们的身体对有目的的创造性情绪和选择的反应与对基于畏惧的被动式姿态的反应之间的差异时。
- 开发能力来密切观察身体并从中收集相关可验证的信息时。

① 此练习由安妮改编自她从瑜伽教师认证导师迈克尔·卡罗尔（Michael Carroll）处学到的一个练习。本章中分享的身体意识活动很多都得到了迈克尔、理查德·福尔兹（Richard Faulds）和安妮在夏洛特的瑜伽教师玛丽·卢·巴克（Mary Lou Buck）、黛比·乔治（Debbie George）、汉普顿·思罗尔（Hampton Thrower）的悉心指导。

- 在群体成员间提升身体意识时。

时间安排

5~15 分钟，时间长短取决人数的多少。

指导介绍

本练习可以一对一实施，也可以在小团队中进行，团队成员分成 2~3 人的小组。如果你是通过电话实施练习，让客户站在一面全身镜前，以便于观察自己。然后如下引导客户。

步骤 1：“站立，双脚分开与臀部同宽。”

步骤 2：“回想一个你觉得生气、难过的时刻或一个你觉得失败、不成功的时刻。花点儿时间重塑那个情境下你所体验到的感觉和情绪。”

步骤 3：“将我的身体（教练的身体）摆放成能反应出你的想法和感觉的姿势。想象我是一块黏土，你在对我进行塑像来向他人展示你的经历是什么样的。”

备选项：让客户摆放自己的身体并从镜子中观察。让人们轮流摆放另外一个或两个人的身体，创造出一个塑像来清晰地传递他们重塑的那个情境中的想法和感觉。

步骤 4：“关注并分享你对自己创造的塑像的反应。”

分享的提示可能包含类似这样的问题：

- 塑像可能夸大实际事件中你身体的姿态，但是你的身体是用什么样的方式来表达这个塑像的各种元素的？
- 当你在生气、伤心或难过时通常会如何表达塑像应该有的元素？
- 这些表达对你的思维和身体产生了什么影响？
- 你在身体里所表达的信息会如何影响他人对你的反应方式。

步骤 5：调转情境，提出：“现在回想一个你觉得成功而满足的时刻——你正在从事一个有意义的事情并且进展顺利。”

备选项：“想象你已经实现了自己的教练目标，并且在未来身体力行。”

步骤 6：“将我的（或者你的或者他人的）身体摆放成能反映出你的想法和感觉的姿势。想象我是一块黏土，你在对我进行塑像来向他人展示你的经历是什么样的。”

步骤 7：“关注并分享你对自己创造的塑像的反应。将这种反应与对第一个塑像的反应进行比较和对比。”

分享的提示可能包含类似这样的问题：

- 描述你在这个塑像中所看到的特性。
- 这些特性与你在第一个身体塑像中观察到的特性有什么不同？
- 哪个身体是你想“入住”的？
- 和第一个塑像相比，你的内心对这个塑像是如何反应的？
- 要“入住”到代表你成功而满足的塑像身体里，你还需要什么条件？

提示：

- 在总结练习时，向客户指出，虽然我们的身体反映了我们的情绪和情感，我们让身体所呈现的姿势和外形还是会帮助我们生成或者改变情绪。
- 这个练习的一个改编做法是，让客户尝试一系列松垮下塌或者不平衡的姿势，然后再尝试一系列更平衡更中正的姿势。让他们关注姿势对能量水平、情绪和情感的影响。
- 你也可以将练习改编成帮助客户观察并摆出能完成一个特定目的身体姿势。例如，你可以暗示客户将身体塑形成能够像老板提出尖锐问题的样子，能够主动要求升职的样子及能够进行主旨讲话的样子。

CHAPTER 10
第 10 章

实地调查与试验

这个世界上充满了让客户探索、收集信息、发现自我的机会。本章是关于为（两次）教练环节之间的成长和探索创造结构化的学习体验。我们认为这是一种开发过程，因而把这些练习称为实地调查和试验。它们促进教练环节之间重要的学习，激发客户的好奇心和求知欲。实地调查和试验也是指导客户练习收集相关信息，在决策前验证假设的有效方法。

实地调查和试验的定义

实地调查是社会科学中的常用术语，指的是原始数据的收集。常见的实地调查方式主要有问卷调查和面对面访谈或电话访谈。而在教练服务中，实地调查的例子可能包含对研究工作和研究程度的要求。当客户在收集与自己有关的数据、观察人类行为或者辨别各种工作情境的文化和环境时，实地调查练习也为他们提供了扮演人类学家和社会学家的良机。

与之相比，试验通常被认为一种更具科学性的过程，在受控环境下，测试特定的变量。在我们教练服务中，对这个术语的使用会宽松很多，是指尝试新东西来获得体验的行为。实地调查和试验的实际区别就在于，试验是针对一个客户面对的特定问题或困惑，预先设计实践一种特定的或者一系列的技能并观察它（们）所产生效果的活动。亲自对行为改变的观察是常用的试验类型。例如，一个客户可能练习每天向同事询问至少 10 个问题，以此试验这种做法是否会对促进学习、改善交流质量有帮助。

有时候，活动会融合实地调查和试验的特征。这两者间的区别有助于你考虑让客户怎样实施两种类型的活动：收集原始资料，在特定情境下测试新行为来观察反应和结果。

实地调查：时机和理由

客户们发现实地调查特别适于收集他们不了解的或者不专业的领域的数据，如职业访谈。它特别有助于练习敞开心扉、查验假设，因此当客户就某种情境的思考陷入僵局时，我们会经常使用实地调查这种工具。带着一种好奇且开放的精神，客户从数据收集中获得的信息可能挑战他们原有的推断和假设。从自己的研究中得出的结论常常让他们放弃原来的想法，重建心智模式。

我们经常将实地调查作为一种手段来观察对情境和选择的个人反应。一个正考虑改变职业的客户，可能发现实地调查有助于去了解哪些工作有意义和有乐趣。一个过于聚焦在自己所犯的错误的人，可能把搜寻人们赞扬和感谢的内容当作发现自身天赋和贡献的一种方法。下面的故事讲述了黛尔是如何创建一个实地调查活动，帮助客户和自己的个人喜好重建连接的。

“在一次教练环节中，客户谈到了自己生活状况的改变。她刚离婚，孩子们也刚刚上大学了。她意识到现在可以随心所欲的做饭，因为不再需要迁就他人的口味了。可是她却说：‘我甚至不知道自己喜欢吃什么。’然后她立刻意识到这句话就是对自己人生各个方面的隐喻。它令人心酸地呈现了她的需求：在迁就他人一辈子之后，现在她需要深刻地了解自己的喜好，无论是在个人生活方面还是在职业发展方面。

“到了教练环节的尾声，我们开始讨论家庭作业的选择，一个念头跳了出来。我做了个假设，如果客户有办法弄清楚自己的食物喜好，那么她也能用同样的方法来阐明其他的个人和职业喜好。我建议她去食品市场，从货架通道的一头走到另一头，只选那些对她有吸引力的食品。这个练习让她把对健康饮食和平衡膳食的考虑放置一边。我鼓励她去选择会立刻吸引到她的食品，通过给予充分的自由来帮助发现她的愿望、渴望和喜好。

“她很喜欢这个主意，并且很享受地实施了试验。有关这次购物狂欢，她写道：‘我决定结束我的购物之旅，我想回家把每样东西都尝一遍！’在购物其间和之后的一段时间，她正视了对自己的喜好缺乏认识这一问题，也看到了这个问题是如何渗入个人和职业生活的选择与决定中。在之后的教练环节，我们经常把这次市场练习看成一个有关选择的隐喻。这个活动帮助她更清楚地意识到当她选择时——关于食物或任何其他的选择——反映了有关她自己的过时信念。在这次练习后，她能更好地遵从自己的天性做出真正的、自由的、知情的选择。”

试验：时机和理由

经过设计的试验为客户创造了试验新思维和行为方式的机会，然后去留意这种改变给自己和他人带来的影响。例如，一个被反映沟通不够直接的客户，可能去练习向朋友和同事解释自己的推理和意图，作为一种去觉察（分辨）不同的谈话行为所产生后果的方法。在试验中，客户们尝试一些有备之险，负面后果有限，却又能获得学习和领悟。试验就是一种以大千世界和日常经历为实验室的自我探索和发展的形式。人们常说，人生就是一场大型试验。教练服务提供了帮客户创造一次试验的机会，然后了解会发生什么。

试验的内容对应的是新领域的学习。学习这些知识之后能够外推到其他的情境。当要开发一种新技能时，采用试验的方式非常有效，因为试验实实在在地提供了能产生预期行为改变的练习。这种方法让客户在一个比教练环节更真实的情境下进行技能迁移并最终掌握它。试验不仅能增强技巧的熟练度，还能经常识别出阻碍预期行为产生的价值观、信念或假设，而这个预期行为是客户朝向自己的目标前进所必需的。一个潜在的技能或特质也可能因为试验过程而进入人们的视野。在教练进程的任何节点，实验都可以是富有成效的。

设计实地调查和试验

教练和客户会共同设计实地调查和试验的方式。有时候是教练提出一个建议，还有一些时候客户会想到一些东西。实地调查和试验都是自然而然地成形于教练环节的内容，通常带有有趣和兴奋的意味，以及可控程度的风险。

像任何优秀的研究设计一样，这些活动起始于一个假设——由你和客户提出、需要去调查和回答的某个问题，或者是一个你们想要验证的假设。实地调查和试验都能让客户去收集有效数据，再得出结论。

以下是你和客户在设计实地调查和试验时需要考虑的一些问题。

- 你想验证的假设是什么？
- 你验证假设的目的是什么？
- 要实施这个活动可以采用的一种有趣方法是什么？
- 要实施这个活动可以采用的一个实用方法是什么？
- 如果还需要其他人参与进来，你会选谁？为什么？
- 你要寻找什么类型的数据？
- 你会如何追踪和记录这些数据？
- 你会如何分析这些数据？你会采用什么决策标准？
- 你预见到实施这个活动会有任何难点吗？
- 对于做这个实地调查和试验，你感觉如何？

实施并总结实地调查和试验

在客户结束教练环节离开前，建议他承诺会实施研究的具体时间。提醒他在实地调查和试验其间，不但要收集数据，而且要留意自己的想法和感觉，这非常重要。除了要用脑子记，在实施实地调查和试验时采用一个结构化的观察形式或在活动结束后反思性地记录下相关体验，都非常有用。

引导总结的问题

以下问题供你和客户在总结时进行思考。（有些问题仅限于试验总结，其他的可适用于调查和试验两种情况。）

- 你对这次实地调查和试验有什么感觉和想法？
- 你收集到了什么有用的数据？
- 如果你要重新实施一次，你的做法会有什么改变吗？

- 你意识到（改变）你的行为带来了什么结果吗？
  - 通过这次试验，对于你自己和你会如何应对改变，有什么体会？
  - 通过你收集到的收据，对于你自己、他人和整个组织，你有什么体会？
  - 你的意识和体会能如何关联到你对要解决的问题的思维方式？
- 通过这个活动，你解决这个问题的做法会有什么不同？
- 你会用什么标准来整理数据？
- 基于你的收获你会用什么标准来进行决策？
- 通过这个做法，你的下一步计划是什么？
- 你想怎样庆祝你学到的新知识？

追踪结果

试验和实地调查应该会产生一种结果——新意识、新学问或者一组有用的数据。一定要追踪活动的结果，可以采用询问客户结果或者和他们一起总结实施结果的方式。最后要庆祝通过活动取得的进展。

客户经常反馈说实地调查活动和试验让他们：

- 转变了思维和观点。
- 获得了有价值的信息来帮助做出知情决策。
- 通过尝试新事物而感觉到更有力量。
- 学会了如何将学习迁移到新的舞台。
- 更明确自己的选择。
- 制订了下一步计划。
- 获得乐趣。
- 能更轻松地去尝试冒险。

实地调查的练习

以下是我们让客户使用实地调查活动的示例。这些活动通过研究外在的世界来产生新的信息（如观察他人），也通过探索内心世界对外部环境、画面、物体和选择的反应来产生新的信息。

练习 10.1　如何启动一个项目[①]

目的

本练习有助于在项目的初始阶段生成新的想法和关联，也能作为项目选择的序曲或者当项目陷入困境时用来帮助客户“解困”。

何时使用

- 就一个项目激发想法和新观点时。
- 定义和阐明一个项目的边界时。
- 通过收集激发性的想法、资源和符合多种学习模式的对象来生成兴奋点和灵感时。
- 克服一个重要的项目障碍时。

时间安排

1~4 小时。

材料

能装物品的容器，如篮子、盒子、鞋盒或塑料筐。

指导介绍

步骤 1：让客户聚焦项目的主题。指导他收集任何能与他的项目产生共鸣的物品，放入容器内。这么做的理念是收集他感兴趣的物品和资源。例如，能激起思想火花的物品、有意思的玩意儿、能证明项目渊源的东西或者能关联到思想或学习的其他领域的东西。

他收集的资料可以是书、图片、文章、短语、单词、布匹或一片树叶、一块石头、一根羽毛以及其他东西。鼓励客户收集任何能引起共鸣的物品。和他分享这样的理念：挑选物品时，它与项目的关联可能不会马上呈现。他不需要想出关联是什么，只要将物品放入容器内。相信自己的直觉思维，然后会为二者建立关联并阐明它。没有一定正确或错误的做法，这只是“素材资料”。

---

① 多年来，黛尔通过聚拢并收集“素材资料”来快速启动项目。当读了《你推我搡》(*Push comes to Shove*)（Tharp, 1992）并且了解到作者也是采用这种做法后，她借鉴了部分特怀拉的方法，开始将目标圈到容器内而不是将它们分堆叠放。感谢特怀拉 · 萨普(Twyla Tharp)的助推启动法。

步骤 2：当客户收集了若干对他有吸引力的物品后，让他在教练环节时把物品带来，将它们从容器中取出摆放开。以下是可以选择采取的后续步骤。客户可以自行思考下面的提示或把想法写出来。

- 关注联结所有物品的共同主线。
- 关注这些物品的异同。
- 让每个物品诉说自己与项目关联的故事。
- 列出你收集的每个物品所激发的想法和关联。

备选项：建议客户在家检视这些物品，使用一个或多个上面的提示进行思考。

步骤 3：用在活动过程中出现的想法和信息帮助客户定义项目和他要实现的目的。

提示：

- 本练习若能在一定时间跨度下进行，会达到最佳实施效果——一个星期到几个月都可以，具体取决于项目范围和完成日期。
- 当客户开始教练服务时，黛尔都会建议进行这个练习。他们对自己的收集会带来什么样的成果、能生成什么样的想法兴致盎然并充满好奇。客户称练习帮他们将无关的想法扭合在一起，从而能更清晰地看到项目主干。此外，练习还让他们进一步朝自己的目标迈进。

练习 10.2 环顾四周：一扇满载可能性的墙壁、一个充满选择的世界

目的

本练习可帮助客户在身处众多复杂的可能性时进行选择，当人们面对多种选择感到迷惑而束手无策时，实施本练习会特别有帮助。

何时使用

- 刺激直觉和分析来进行选择时。
- 阐明或优先考虑一个行动计划时。
- 通过挑选有吸引力的选择及分析其吸引力背后的因素，来生成决策标准时。

时间安排

2~6 小时。

材料

大白板纸、马克笔或蜡笔、美纹胶带和一面墙壁。

指导介绍

步骤 1：现场制作一个选项列表或者使用客户事先已准备好的表格，也可以是在别的活动中形成的列表。然后让客户进行如下练习："在一张纸的顶部，用较大的字写上一个选项。其他选项也依此进行，一张纸写一个选项。要确保每个选项的变化形式都已包含在内。把所有的可能性都列在纸上。"

步骤 2："在标题下面，添加上任何反映了你对每个选项的想法和感觉的象征符号或图像。还包括与这个选项有关联的任何其他文字或短语。"

步骤 3："将这些纸贴在你经常停留的房间的墙壁上，让自己被选项包围。挑选房间时要考虑你需要的隐私程度。"

步骤 4："让这些选项在墙上贴上一段时间。时不时地在房间里四处走动，就像在博物馆或画廊观赏艺术品一样浏览每一个选项。当你站在每个选项前，关注自己的直觉反应。考虑：

- 你想离哪个选项更近一点儿并停留一段时间？
- 你发现自己直接走过了哪个选项并且想要与它保持距离？
- 你认为哪一个选项最有趣最充满诱惑力？
- 哪一个选项让你的内心在欢唱？

使用口头或文字记录的方式观察并保存你的回应。"

步骤 5："将你发现最没兴趣的选项去掉，重新进行试验，再次浏览选项。"

步骤 6："继续淘汰对你最没有吸引力的选项直到剩下最后一张。"

步骤 7：一旦客户确定了要去追求的选择，继续帮他制订有关那个选择的行动计划。第 7 章中的练习 7.3"项目完成的踏脚石"可能有助于这个步骤。

提示：

- 将你的选项写在纸上并画上象征符号或画面，再贴在墙上，这让你有机会与这些可能性共处，并且让这些选项在你的潜意识里开始酝酿。其结果就是发自本能地感觉到最佳选择，并深化对最终决定的承诺，或者对选项进行整合，因为你已经开始将选择与感觉和思考进行整合。

- 本练习可以在一个教练环节中开始，然后作为实地调查继续进行。
- 如果客户还没有一套标准来挑选选项，通过分析最初有直觉吸引的选项来建立标准。鼓励客户浏览张贴出来的选项，发现自己最有兴趣的。然后基于这些选项的共同点建立标准。最重要的标准往往会在选项中不断重复。这样原本缺失的标准会逐渐显现。建议客户建立标准列表，这样他们之后可以用来检验最终的一个或两个选择。
- 你可以建议客户实施练习 7.1“制定决策标准”，来生成标准或利益清单以指导决策。
- 如果客户有一套现成的标准，运用它们来评估选项。例如，假设客户对决定买哪所房子左右为难，帮助他给每个标准分配分数，采用 5 分制，5 分价值最高，1 分最低。最后的分配结果可能是：费用=5 分，位置=3 分，便利度=3 分，美观度=5 分，布局=4 分。根据这些标准给每个选项打分。汇总后将分数添加到每张选项纸上。这种方法提供了更多的数据，建议客户不要立刻选择最高分的选项，应先用把这些分数来验证靠前的选择是否看起来正确。
- 这个练习似乎过程比较长，工作比较多。事实也如此。客户反馈，它能帮他们驱散复杂决策时的困惑。

练习 10.3　关注并追踪你的行为

目的

本练习可帮助人们关注到那些符合或不符合自己目的和价值观的习惯性行为和模式。它是所有以自我观察和追踪个人模式为基础的干预手段的代表[①]。

① 安妮从道格·西尔斯比（Doug Silsbee）处了解了使用追踪表进行自我观察的威力。道格·西尔斯比是一位高级教练和老师。安妮使用这种方法改变了自己过度承诺的模式，也帮助很多客户识别并转变了类似的模式。有关观察和追踪如何帮助教练成长的更多案例，请见《正念的教练》（*The Mindful Coach*）（Silsbee, 2004）的第 13 章“教练的发展策略”。

何时使用

- 识别人们采取某种特定行为的频率和时机时。
- 促进思考观察的行为是否支持教练目的和承诺及如何支持时。
- 收集相关数据来决定是否改变一个行为及如何改变时。
- 记录将新的期望行为融入日常活动中的频率时。

时间安排

1~2 小时，每天连续进行 10~15 分钟。

材料

“行为观察追踪表”（见表 10.1）。

指导介绍

步骤 1：和客户一起确定他想追踪的特定行为或行为模式。可以是一个他想建立更多意识的行为，一个普遍的问题如仔细探寻他是如何安排时间的，或者一个特定的行为如咬指甲或埋怨同事。在本练习说明中，我们考虑的是客户想要改变的一个行为模式。

步骤 2：和客户商定在什么情境下追踪这个行为，并且持续多长时间。对于根深蒂固的模式，7~30 天是最有效的。

步骤 3：给客户提供一份通用的追踪表或者和他一起设计一份表格。事实上，记录行为是承认行为及其后果的重要组成部分。表 10.1 提供了一份表格样本。

步骤 4：和客户一起回顾追踪表，讨论从追踪过程中得到的结果，决定是否再继续一段时间行为实例的记录及如何进行。

提示：

- 本练习经改编能追踪和认可将新技能融入日常活动中所取得的进步，将它转换成一种衡量标准或一个试验进行使用。例如，帮助客户追踪他每次记得去分享相关信息或解释自己推理的时刻。这是一个很有效的自我评估工具。
- 鼓励客户和你共同设计一份追踪表，将你们都认为与行为有关的因素包含在表格内。
- 在总结活动时，鼓励客户关注是什么引发了他们正在观察的行为。也可将其作为追踪表的一个内容元素。关注引发原因是识别价值观、信仰和无意识模式的一个重要前奏，要成功地保持行为改变，揭示这些价值观、信念和无意识模式是必需的。

表 10.1　行为观察追踪表

行动	开始时间	结束时间	这么做的喜悦和回报	这么做我特性中会增强的方面	停止这种行动的收益	继续这种行动的收益

注：改编自道格·西尔斯比开发的一个七重奏教练练习（Septet Coaching Practice），经同意后使用。

练习 10.4　观察他人

目的

本练习是为了帮助人们关注自己的言行举止和自己对待他人的方式而构建的。所收集的数据是帮助客户为自己或工作单位建立绩效标准的基础。

何时使用

- 建立衡量人们行为的一个基准线时。
- 将个人或组织服务与其他服务提供商进行对比时。
- 开发观察和记忆他人语言和非语言行为的技能时。
- 关注自己和他人所期望的行为转变时。
- 开发或阐明与行为有关的绩效标准时。

时间安排

1~3 小时。

材料

笔和纸。

指导介绍

步骤 1： 确定要去观察的一个重要的相关行为或一组行为。例如，竞争对手或雇员为客户提供的服务，正从事客户目标职业的某个人典型的一天的生活，或者一个团队会议偏离议题的次数和时长。

步骤 2： 和客户商定实施行为观察的时间或系列时间，确定能进行观察的条件。考虑客户怎样才能做到在实施过程中坦诚自己的目的、观察行为的同时还能收集到准确的数据。例如，要符合交互学习原则，客户应该让他人知晓自己正在实施观察并收集数据，而且在大多数情况下，和观察的对象一起设计观察过程。

步骤 3： 设计流程来追踪客户的观察。可以采取做记录或记日志、制定检查表的方式。

步骤 4： 回顾数据并讨论收获到的领悟，同时就数据和实地调查情况做出一份新的问题列表进行回答。

步骤 5：共同设计下一步行动来应用关键性领悟并回答问题。

提示：

- 练习的过程要符合交互学习原则，最重要的是不暗中或操纵性地观察他人。我们会帮客户设计一个流程来征得对方的允许，让对方知道观察的内容和原因。经过一段时间对观察行为熟悉后，观察对象的习惯性行为就会出现，使客户准确感知这一行为是否有效。
- 本练习经改编后可用于观察各种各样的行为或事件。单一地观察他人能建立关注的技能，有助于对他人及他们情境的好奇心。
- 如果客户有特定的标准或正在收集特定数据，制定一个类似练习 10.3 中的追踪表也比较有效。

客户案例：

安妮的一个客户是一个当地政府大型服务部门的经理。他经常收到来自顾客、行政长官和其他雇员的投诉，认为他的部门没有提供优质的服务。可是他已经投入了几千美元进行员工客服培训，所以坚持为员工争辩。

因为每个星期都要浪费宝贵的几个小时来处理这些投诉，因此这个客户的部分教练目标就是解决如何减少投诉，让他可以更有效的利用时间。在为这个目标而努力的过程中，我们识别了一个问题，那就是此客户并不确切地知道为顾客提供服务时到底发生了什么。他的信息来源主要是一些二手或三手报告，以及来自员工、顾客或者接到顾客投诉的当选官员，因此我们决定做一些实地调查。

客户和安妮商定，他会于一天中的不同时间段在自己部门的大堂坐上一小时，连续坐三天，记录下他的所见所闻。即便客户通知了他的员工，自己在观察他们的服务以了解问题所在，他还是计划带上一本杂志或一份报纸边坐边看。他准备待上足够长的时间让大家“忘记”他的存在。（此市场调研的设计基于这样一个事实，大堂是个很繁忙的地方，很多人在等候，人来人往。）在观察期间，客户可以特别关注到他认为优秀客服的实例和他觉得员工不符合标准的地方。

通过这次实地调查，客户收获了很多。首先，他认为，有很多时候员工们能够态度更友好的服务。其次，他认识到，发生的问题在服务机构提供的客服培训中并没有得到真正的解决。最后，他发现，人员编制并不足以接待如此众多的顾客。实地调查活动促使客户向他的员工阐明了他所希望的优质客服标准。他还增加了人员并改进了培训内容。一年内投诉量下降了 55%。

练习 10.5　喜欢还是不喜欢[①]

目的

本练习借助了客户对一个特定话题、情境、解决方案或环境是喜欢还是抗拒的直觉反应，帮助他们辨明自己的渴望、需求、利益和决策标准。

何时使用

- 帮助客户辨别或阐明进行决策要考虑的偏好时。
- 在客户真正想要的东西和让她没有激情的东西之间进行对比时。
- 制定一套标准来指引选择时。
- 克服在既定情境下对自身渴望感到困惑或空虚时。

时间安排

20 分钟至 2 小时。

材料

源于现场观察的图片、物品和数据。

指导介绍

步骤 1： 确定客户想要阐明选择的一个特定议题或目标。客户想要解决的议题样本包括买房、选择一份新工作、设计新办公室，以及选择指引人生下一阶段的目标。

步骤 2： 和客户商定何时、以何种方式去收集能代表这个问题的广泛数据。例如，收集很多各种房子的照片、参观大量办公场所或者访谈某个工作领域的从业者。

步骤 3： 建立体系来追踪客户收集相关数据时自然产生的“喜欢”和“不喜欢”（接受与否）的念头。例如，将所有能产生共鸣的房屋外观归为“喜欢”类，将产生了一种

① 这个练习最初的理念来自《喜欢 / 不喜欢的设计》（*Yes/No Design*）（Love, 1999）一书中的概念。

"呃"的嫌弃反应的全归为"不喜欢"类。如果是在整理观察或访谈数据时，建议客户将所有产生共鸣的属性列出清单，也将那些让人感觉不舒服或者引起担忧的属性列出清单。鼓励客户快速追踪并分类，相信自己对喜恶之物的直觉。在分类时将所有实用性的考量都抛诸脑后。

步骤 4：让客户检查"喜欢"类和"不喜欢"类的共性。确定对图片、情境所产生的直觉、情绪反应的描述词汇。列出让客户反应强烈的一些特质或属性，这些就是指引客户选择或决策的标准。

步骤 5：确认将"喜欢"与"不喜欢"进行对比所收获的体会，制订下一步行动计划来做出选择。

提示：

- 鼓励客户根据直觉智慧做出迅速而明确的反应，而无须进行理性思维和分析。如果客户对某一物品或数据产生的是中性反应，无法确定该归入哪一类，可将它放置一旁。本练习的目的是进行一个强烈的对比，在直觉反应的基础上明确共性。
- 与决定喜欢的事物相比，有些客户更容易决定自己不喜欢的事物。如果是这种情况，先找找他们抗拒对象的共性。然后将这些共性反转成与它们相反或者有明显区别的特性（如将不喜欢狭促的环境反转成喜欢开放、整洁的空间），观察是否符合客户的期盼。这种方式也是一种将基于恐惧的抗拒关联上有创造性的生成性选择的机会。

练习 10.6 天赋评估：访谈朋友和同事

目的

本练习帮助客户认可自己的才华或天赋，从而能依托它们实现自己的目标。

何时使用

- 对天赋进行一次客观的评估时。
- 鼓励对天赋的认可时，特别是未被承认或不被重视的天赋。
- 需要确认或否定客户的自我评估时。
- 需要帮助人们感觉到自己的贡献得到认可时。

时间安排

1~3 小时。

材料

笔和纸。

指导介绍

步骤 1：建议客户请同事或朋友对自己天赋的进行评估。解释你为何如此建议（如你认为客户低估了他的才华或者对他的才华认知不清）。如果客户认可这会是一个有用的过程，进行步骤 2。

步骤 2：帮助客户制订一个他将要访谈的人员列表。鼓励他去逐个识别为什么这个人能提供有关他天赋的有效信息。

步骤 3：协助客户设计 1~3 个他想对每一个访谈对象提出的关键性问题。以下为客户曾经使用过的一些问题示例。

- 我正在试着学会发现并且欣赏自己的天赋，你愿意告诉我你感受到的我的天赋或才华是什么吗？
- 你看见我在有效使用天赋时的具体例子有哪些吗？
- 如果你必须说出你最看重我的一种特质，那会是什么？为什么你认为它很重要？
- （如果客户清楚他的天赋，想要继续开发它们）你有过认为我在错误地使用天赋或它已成为我的不利因素的时候吗？

步骤 4：和客户讨论通过询问他人有关自己的天赋他学到了什么。对很难认可自己天赋的人而言，总结练习最具威力的部分就是教练将客户所有的天赋进行总结列表，然后读给他听，而客户全神贯注地理解、接受并认可自己的每一个特质。

提示：

- 访谈是一种基本的实地调查技巧，可用于收集各种领域的有效信息，包括客户自有技能的任何方面（例如，他们的交流是否顺畅，他们如何授权，下属希望他们能采用不同方式来做的一件事）。客户经常会和他们正考虑的新职业领域的从业者实施访谈；就培训和认证项目展开访谈；和顾客进行访谈来确定满意度，并征求意见进行改进。
- 我们认为，要帮助客户成功使用访谈技巧，教练能做的最有效的工作就是协助客户设计访谈请求和问题，帮助他们确保访谈过程是和访谈对象共同设计的。询问的问题是开放的、充满好奇心的，而不是封闭的、诱导式的。

进行试验的练习

这部分的练习演示了各种建立对新行进行测试和试验的方法。它们的设计已超出了像实地调查那样的数据收集范围，进入尝试新行为来检验有效性的领域。这些试验也能揭示那些阻止期望行为发生的深层障碍，这样教练和客户可以对其进行处理。

练习 10.7 用不同方式做同一件事

目的

本练习鼓励使用改变后的行为进行试验，帮助客户体验行为改变是怎样生成创造性的可能性的。它也是一种有效的催化剂，帮助人们关注自己对改变的向往和抗拒。

何时使用

- 通过行为改变来解放思想时。
- 改变一个不断重复的无效方法或策略时。
- 收集有关对改变的感觉、想法和阻碍的数据时。
- 挖掘改变的趣味性时。

时间安排

每天 10~20 分钟，进行一天至一周。

指导介绍

步骤 1：帮助客户识别他在日常事务中的一些惯常行为，包括具体的行为和感官体验。例如，早上去同一家咖啡馆买咖啡，下班后走固定路线回家，或者在同一条小道儿上慢跑。

步骤 2：从这些日常事务中选择一个客户愿意进行试验的活动，采用不同的方式来实施它，为期一天至一周。和客户商议好开始和结束试验的时间。让他关注自己采用不同方式进行这个日常活动时所产生的抗拒心理和情绪，以及任何趣味感和自发性。

步骤 3：总结成果。询问客户的想法、感觉和试验的成果。

- 改变行为后你意识到了什么？
- 通过这次试验，你对自己有什么觉察？你对自己处理变化的方式有什么觉察？
- 对于你要解决的问题或者要追求的目标，如何把你的意识和觉察连接到你的思考方式上？
- 通过这次试验，你对这个问题可能采取什么不同的做法？
- 你会如何庆祝自己的收获？

提示：

- 很多客户发现当他们改变一个习惯性行为时，去记录会发生什么非常有用。他们的体验每一天都在改变。
- 对一些人而言，这个简单的练习会激起强烈的喜好和厌恶。做好准备要使用其他的干预手段帮助客户检视这些感觉并从中获得学习体会。

练习 10.8　为改变而尝试不完美

目的

本练习可帮助人们趣味性地试验新行为，转变那种总想做到完美无缺，或者在一件事上花费太多不必要的或无效的时间的行为模式。

何时使用

- 帮助人们为活动设立现实的标准时。
- 更好的意识到时间运用是如何偏离目标时。
- 要改变完美主义模式时。
- 更多地关注新目标时。

时间安排

每天 10~20 分钟，进行 1~2 周。

指导介绍

步骤 1： 让客户挑选一个在工作中对绩效影响不大的日常任务。客户愿意以低于正常的标准来完成这个任务（精确度降低或者速度提高）。

步骤 2： 思考、写出或讨论以下这些细节问题能有助于阐明并构建这个试验。

- 你想挑选什么工作任务来进行这个试验?
- 为什么会选择这个任务?
- 你的正常标准是什么?
- 你试验时采用的标准会是什么?
- 这个标准和你的正常标准有什么不同?
- 这个不完美试验可能产生什么样的意想不到的消极的或积极的后果?

步骤 3： 由客户实施试验并追踪成果。让客户关注他的想法、感觉和试验的影响。鼓励他把发生的情况用脑子记下来或者用笔写下来。

步骤 4： 和客户总结试验。总结时可能使用的问题有：

- 改变行为后你意识到了什么?
- 通过这次试验你对自己有什么觉察?
- 对于你要解决的问题，如何把你的意识和觉察连接到你的思考方式上?
- 通过这次试验你可能采取什么不一样的做法?
- 你愿意采取的下一步行动计划是什么?
- 你会如何庆祝自己的学习收获?

练习 10.9 委派任务

目的

人们在委派任务时经常会困扰于有关掌控权、有效沟通、时间管理和预期模糊的问题。本练习能让客户练习有效的任务委派。

何时使用

- 要帮助一个负担过重的客户练习委派技巧时。
- 帮助人们关注，委派任务时是否出现了要掌控任务的需求，以及产生这一需求的过程。

- 练习使用主张和探询的方法共同设计一个任务时。
- 练习建立和清晰传递对任务实施的预期时。

时间安排

30 分钟至几小时。

指导介绍

步骤 1：假设你和客户都认为这会是一个对他很有效的练习，帮他挑选一个重要的任务进行委派。在挑选任务时应考虑要满足的需求和利益。

步骤 2：帮客户一起为他将要委派任务的对象建立清晰的预期。预期可以包括如何成功完成任务的具体标准、完成的期限、被授权的责任和义务的程度。鼓励客户在这份预期中也涵盖他将如何监督委派任务完成情况的内容。

步骤 3：和客户进行 7~10 分钟的角色扮演，演练他计划在最初委派任务时要进行的谈话。

步骤 4：就角色扮演提供反馈意见。要特别留意会谈中客户可以询问委派对象更具有好奇心问题的部分，以及可能错失机会去和委派对象一起决定如何完成任务的地方。

步骤 5：和客户商议他将在何时进行委托任务的谈话。鼓励他在谈话后立刻记录自己所观察到的对话情况。

步骤 6：根据客户书面或口头的观察内容，讨论谈话的完成情况。询问是否产生了任何出乎意料的问题或回应。检查练习进行的情况，根据所取得的进步或者没有任何进展的结果，确认当客户下次想要委派任务时是否会采取任何不同的做法。

步骤 7：和客户商定你们是否会继续共同追踪委派任务的实施进展以及继续追踪的方式，以此获得更多的学习体会。

提示：

- 我们会经常建议客户也要寻求任务委派对象的反馈。客户可以在谈话结束之后的某个时间询问委派对象对谈话的体验，以及在下一次委派任务时他希望客户能采用哪些不同的做法。
- 这个练习经常会引起微观管理他人的倾向。要识别并解决这个问题，有效的做法是和客户一起确定委派后监督任务执行的方式，以及如何开始最初的委派谈话。

练习 10.10 工作项目的技能迁移

目的

本练习让客户有机会将他们在教练环节中讨论、计划或尝试过的新行为带到需要使用它们的实际场合中。

何时使用

- 将新技能迁移到需要使用它们的实际场合中时。
- 识别并解决在尝试践行一种新技能遇到的困难时。
- 关注并记录一种新技能或方法的有效性时。
- 将人生某个领域的技能迁移到另一个领域时。

时间安排

每天 15~30 分钟，持续 1~2 周。

材料

笔、日志本和记录观察的表格。

指导介绍

步骤 1：和客户商定他想要迁移到自己日常生活中的技能或方法。典型的示例包括询问更多的问题、验证假设、建立承诺边界、差别化使用时间或者向他人明确要求。

步骤 2：建立时间框架来练习和观察技能，确定方法来记录试验和客户对实验的观察。务必要求客户观察在实施新行为时自己的想法、感觉和身体意识，以及他人对练习有效性的反应和看法。

步骤 3：和客户总结他的观察。不可避免地，在试验新技能时会出现挣扎和退步的情况，要提供额外的教练服务、角色扮演或其他资源帮助客户继续开发这个技能。最后，要庆祝圆满融合一个新行为所取得的成功和进步。

提示：

- 这是一个基本的试验设计，可以改编用于多种目的，包括将技能迁移到个人生活、志愿者项目及工作中。

- 我们经常使用这个练习的方式是，帮助人们将在人生某个领域（如家庭中）很成功的一种技能或行为迁移到另一个目前该技能使用不太理想的领域，如工作中。这个试验的设计就是为了测试是否以及如何迁移这些技能。
- 虽然最初的试验目的可能是在工作中或者在一个特定领域练习技能，很多技能通过客户在这个领域的不断练习实现了最佳融合。这一点在练习交互学习技能时特别明显，如施以同理心、保持好奇心、坦诚想法和感觉等技能。从小范围开始——在客户愿意的 1~2 个情境中使用技能——然后教练他扩大检验技能的情境数量。

客户案例：

黛尔的一个客户发现，自己和老板经常有不一样的优先考虑。客户决定制定一种练习，让他在工作时定期和老板沟通，检验他们的优先考虑是否一致。为了帮助他有效地将这种技能迁移到工作中，他和黛尔设计了一个体系来提醒他进行沟通并追踪沟通的有效性。客户在一个记事本上画上了一些电话的符号，当他联系了老板就画掉一个符号。除此之外，他还追踪了自己的工作成效，看看自己是否完成了更多的任务，以及上司的提醒和纠正是否减少了。

另一个客户希望得到教练帮助，将他在一个领域的技能迁移到另一个领域。他说："我在家里很有条理，但在工作中就不是这样。"黛尔帮助这个客户弄清楚如何迁移这些技能到工作中。他和客户谈论他在家里究竟是如何有条理的。他问："工作和在家有什么不同？"通过检查在家和工作中的异同点，黛尔和客户列出了一些基本的组织技能，这样客户能将这些技能迁移到工作中并追踪自己的做法。

CHAPTER 11
第 11 章

举行仪式

仪式是提供一种标志物的一些例行过程——用一种值得纪念的方式描绘人生中的变化。教练服务的过程中必定会产生改变，因此教练服务提供了一个理想的环境来确认客户的改变。本章将讨论如何设计能在教练环节中实施或者客户能自己进行的个人仪式。

什么是仪式

仪式包含了过程和典礼，典礼体现的是我们对工作和生活中转型阶段的认可与尊重。仪式的主题可以有关于成就、损失、新意图和梦想，或者摒弃我们已经不再适应的行为。它们有助于深化承诺，固化实现新目标的意图。它们还可以纪念我们身份的改变和信念的转换。此处我们所称的仪式在本质上是非常个性化的，因为它们的设计灵感来源于客户的经历，是专门为客户而设计的。

客户创造的个性化仪式可以采取很多形式。它们可以一个人安静地进行，也可以邀请他人作为见证者或参与者加入。无论仪式是个人形式还是有他人一起参与，其本身都将我们连接到一个更大的群体。它们将我们与其他有类似经历的人联系在一起，提醒自己并不孤单，这可能就是我们的祖先、组织的领导者和同事、朋友和家人曾经或现在正经历的途径。我们属于更广泛领域中的一部分，能够从这些先驱者身上获得启发。

仪式包含了典礼。它们可以是一次性的事件也可是一个日常的行为。它们可以简单得如准备一顿饭，或者每天在固定的时间慢慢地一边喝茶一边进行思考。我们所指的仪式的特别之处就在于，我们为具体的活动制定了固定的仪式形式。例如，安妮有一个仪式，每天早上阅读文章作为一天的开始。当她发现一条自己喜欢的文章，会把它写在一张小纸片上，放进壁炉旁那个篮子里。然后每天清晨，泡上一杯咖啡，在自己最喜欢的窗户旁坐下，从篮子里抽出一张底片，开始短暂地思考引文对她的人生和即将开始的一天所带来的意义，享受一段安静的沉思时光，然后开始一天的活动。

像这种形式的日常仪式有助于将寻常变得非同寻常，让我们更加珍惜日常生活中的珍贵时光。其他单项活动的仪式，通过精心策划来象征性地纪念一个重要的过渡阶段。庆祝活动也是一种仪式，我们将它单独放在第 12 章“评估和庆祝结果”中进行讨论。这么做的原因是，我们在教练服务中使用庆祝活动的方式和其他仪式不同，它们总是和特定的成果或成就联系在一起。通常在教练服务中仪式主要用于慢慢灌输一种改变或描绘对特定人生过渡阶段的一个自觉选择。这有别于传统的文化或宗教仪式，但却能从中得到启发。下面的故事将展示我们在教练服务中使用的典礼类型，我们称它们为仪式。

埃琳娜的转折点仪式

经过大量深入的教练服务工作，黛尔的客户埃琳娜认真审视了自己的心智模式——价值观、信念和假设。她准备对自己作为组织领导者的思维、态度和行为发起一场重大的转变，并且想找到一种方式来标记这种转变。黛尔和埃琳娜都认为这需要进行一种仪式。

仪式的目的是象征性地清除已不再适合埃琳娜领导风格的残存行为、态度和特质。埃琳娜和黛尔一起设计了一个她们都熟悉的传统犹太新年塔什利赫（Tashlich）仪式的变体。塔什利赫的字面意思是“抛弃”，它是一种简单的仪式，将面包碎屑撒到溪流中，象征着自我净化和抛弃所有你不想带入新年中的事物。

在准备阶段，埃琳娜针对她的单边控制特质和妨碍她执行领导力的行为列出了一张具体清单。带着这份清单，她和黛尔从碰面的地方（黛尔的办公室和艺术工作室）走到举行仪式的地点——附近的一个隐蔽的池塘。那是一个阳光闪耀的温暖秋日，池水波光粼粼。

埃琳娜精心收集了一把石头，象征着要被丢弃的每一个特质。然后站在池畔，她把石头一个接一个地扔进池塘里。每扔一个她就说出一个自己承认并且想要丢弃的特质或行为："我要丢弃不够坦率的个性；我要丢弃不征求员工意见独自做决定的行为；我要丢弃厚此薄彼的行为……"她一直继续，直到手中的石头全部扔完。

然后她的脸上浮现出一丝笑容。"我觉得解脱了。"她深深地叹了一口气说道。作为总结，埃琳娜写出了一份她愿意奉行的有效领导力特质和创意行为列表。

通过实施这个仪式，埃琳娜经历了一个有关她领导力风格的转折点。带着执着与承诺，她建立并践行了有创造性的交互学习行为，这些行为有助于提升她的领导力，也有助于组织的发展。这种积极的转变帮助埃琳娜逐渐释放了自我责备和为过往行为感到羞愧的心态。

其他客户会按照自己的需求改编这种仪式。有的人写下他们准备释放的特性或怨恨清单，然后把清单烧掉，埋入土中或者撕成碎片。大多数客户都实现了相似的成果，建立了对新行为的更深层次承诺。这个仪式就像一支马克笔，它在客户的意识和未来行为中描绘了改变。

黛尔和一个朋友会在犹太新年举行这种仪式，已经持续了很多年。今年她们打趣道："过去收集扔到池塘里的石头多到要用两个手来抱着，现在已经逐渐减少到只有一把的量了。"随着一个又一个石头扔出，她们在转变。

停车场仪式：帮助团队接受改变

当我们进入人生中的每一个新阶段，伴随着的除了兴奋以外还有失去。升职、婚姻、新家、新工作，甚至新的爱好都需要放弃旧的身份、宝贵的个人空间和让人觉得自在的习惯。这对于工作小组而言也同样适用。在团队中，人们会加强彼此因放弃旧的东西而带来的痛苦，忽略了他们正在努力的目标。以下的案例展示了安妮如何使用一个"放弃"仪式来帮助团队告别过去并且接受改变。

多年来，学校图书馆的员工一直在抱怨，严重拥挤的工作环境，面积不足的书架，存放馆藏图书的旧楼需要维修等问题越来越多。在一个特别多雨的夏季，图书馆屋顶几次漏雨，损坏了一些图书和一套珍贵的底片。最终一位慷慨的捐赠者听说了这种境况，愿意出资进行大规模的增建工程。

然而，与对增建新设施的兴奋感接踵而来的又是各种抱怨：施工其间的不方便；因为增建，原来的窗户和最喜欢的办公室没有了；最过分的是，员工停车场也没有了。增建施工结束后，员工们就不得不把车停在学生停车场，然后步行差不多五个街区才能抵达办公室。当这种不满情绪达到高潮时，图书馆馆长前来寻求帮助。他问我们能做些什么来帮助团队适应改变。他曾经尝试向大家指出增建工程的积极因素。然后尝试劝告人们就此接受这种改变。这两种策略都不奏效，消极的情绪严重影响了人们的心态，对新建筑的空间规划标准也没能提出重要的意见。

和员工进行访谈了解他们的担忧后，似乎能明确的是，就像他们想要更好的环境一样，员工们也同样喜欢在原来的图书馆里工作，他们喜欢自己的办公室、便利的停车条件及对所有东西的位置了如指掌的感觉，尽管外人看来可能觉得杂乱无章。安妮和馆长决定要创建一个仪式，和员工一起赞美旧的环境下他们珍爱的东西。

没花太多精力和费用，在一个周五下午的晚些时候，馆长安排自助餐厅在停车场举办了一场冰激凌联谊会。他从维修部借了一些丁字镐和铁铲，然后邀请所有人走出办公室，享用圣代冰激凌，向停车场道别。在活动中馆长发表了简短致辞，分享了自己对失去什么会感到难过，还有对增建工程完成后的期待。最后，作为总结，他举起铁镐象征性地挖出一小块儿停车场的沥青地面，然后邀请每个人都过来挖出一小块儿，再将它扔到将要成为建筑工地的区域边缘，扔出去时说出自己对失去什么感觉遗憾以及期望得到什么。几乎每一个人照做了，人们聚集在一起直到傍晚，分享了更多关于改变的想法和感觉（特别是关于停车场的）。

没有鼓吹或乞求人们要更加积极，也没有说出事情不会像他们想得那么糟糕之类的陈词滥调。团队只是实施了这个仪式，笑过，哭过，然后继续前行。有趣的是，从那个下午之后抱怨几乎不复存在。列举并且致敬要失去的东西，这种体验解放了所有人，让他们能更加彻底地迈入可能的未来。

使用仪式所带来的收益

当出现一个过渡期或转折点时，在教练过程的不同节点使用仪式很有效果。它们可用于纪念学习收获或者一个勇敢的行为，改变身体、思维或情绪状态，承认损失和悲痛，或者表达我们自我觉察方式的转变。根据仪式的意图和性质，最终的成果也各不相同。总而言之，客户描述的收益类型有：

- 重建了人生的某个方面并为其提供了动力。

- 减少和愈合了伤心和悲痛。
- 释放了怨恨和愤怒。
- 增加了团队、群体和社群的包容性。
- 认可了变更和过渡。
- 为继续前行并采取下一步行动计划做好了准备。
- 感受成就和成功的喜悦。

在教练进程中加入仪式深化了过渡阶段的意义。通过将我们的注意力、情绪和思维聚焦到仪式的创造过程，我们将象征性地存在于记忆中的意义注入仪式中。完成了的仪式成为一个重要的经历和记忆，当人们回想它时会强化在仪式活动中所纪念的转变。仪式如同生日和纪念日一般在我们的意识和潜意识中留下了深刻的印象。这就是我们为何认为在教练过程中加入仪式是一个强大的定位锚。它们能深化客户对过渡阶段的理解和承诺。

帮助客户设计并总结仪式

就像一个动人的故事一样，一场仪式也有开始、中间和结尾。它需要一些初步的筹备和计划，首先要做的就是阐明仪式的目的和预期的效果。通常在讨论目的的过程中，仪式的形式和包含的活动也会随之成型。仪式的结尾就是一种锚定或铭记仪式本质的方法，这样仪式所代表的含义就能被带入日常生活中。以下问题有助于客户设计仪式：

- 目的和主题是什么？
- 这个仪式对你象征着什么？
- 当仪式完成后，你希望自己在记忆中留下什么？
- 当你实施了这个仪式，你想得到什么样的感觉？
- 你想为这个仪式做些什么？
- 这会是一个个人仪式还是其他人也参与其中？
- 一天中的什么时间是最佳仪式实施时间？
- 在仪式中你想获得什么样的感官体验？
- 你想在仪式中包含任何有意义的象征和标志吗？
- 你想在哪里举行仪式？

当你和客户在总结仪式时，可以考虑以下问题：

- 在进行仪式时，你的体会、想法和感觉是怎样的？
- 作为这个仪式的一个成果，你意识到了什么？
- 实施完这个仪式后，你有什么样的领悟？
- 实施完这个仪式后，你的下一步行动是什么？

尽管这些听起来有些复杂，但事实上，仪式可以是简单的，也可以像客户所希望的那样多层面的。关键是帮助客户设计出一个仪式，能满足他的需求，反映他的意图，并且促进他的成长。

关于仪式的练习

通常仪式都是服务具体客户的一个活动，具有高度的特定性和定制性，本章仅提供少量练习模板。最开始的练习是建立日常仪式和实践来帮助锚定新的行为、目标和特质。之后的练习是更加复杂的仪式，这些仪式用于纪念重要的个人或团队的过渡阶段和成就。你可能想和客户一起分享这些练习和本章中的一些故事，帮助他们着手共同设计一个有意义的仪式。

练习 11.1　设计日常仪式

目的

日常仪式的作用就像一个提示，提醒你坚守的重要意义，提醒你要将注意力集中在何处，如何去关注，以及你想要注入的一种特质。

何时使用

- 练习新行为时。
- 建立一种新习惯或提升行为时。
- 深化学习时。
- 注入一种价值观或特质时。

时间安排

5 分钟至 1 小时。

材料

根据仪式的具体情况，提前收集好所需物品，这样不会因为准备不足而在仪式过程中分散注意力。

指导介绍

步骤 1：和客户分享以下看法："日常仪式的目的将决定你设计仪式的形式，它可以用来满足你的各种需求。例如，帮助提醒你自己的目标，深化你想要体现的特质，激励你自己，和自己重新建立联系，减轻压力，聚焦注意力。日常仪式可以包含任何你认为有意义、能实现你目标的各种行为或活动。例如，说出一个宣言，思考一个视觉画面来寻求灵感，小口啜茶来放缓你的节奏，开始工作前进行三次深呼吸，或者练习瑜伽、冥想或散步来帮助平静心绪，集中思维。"

步骤 2：阐明日常仪式的目的和关注点。以下为客户在思考、讨论和书面表达时可以使用的一些提示：

- 在这个仪式中，你想给自己带来什么？想进一步加强的是什么？希望能记住的是什么？
- 你日常仪式的意图是什么？
- 实施这个日常仪式将给你带来怎样的收益？
- 你能采用的一个简单而有效的方式是什么？

步骤 3：设计包含日常仪式的练习。决定每天练习多长时间，客户将实施这个仪式多少天。确定客户每天练习的时间和地点。

步骤 4：让客户在商定的时间框架下练习日常仪式。

步骤 5：练习结束后，让客户评价仪式并评估是否实现预期目的。如果客户不满意，可以对仪式进行调整。

步骤 6：总结仪式的实施情况时，可思考以下问题：

- 在进行仪式时，你的体会、想法和感觉是怎样的？
- 作为这个日常仪式的一个成果，你意识到了什么？
- 实施完这个仪式后，你对自己有什么样的领悟？
- 实施完这个仪式后，你的下一步行动是什么？

提示：

- 日常仪式是试验一个不同寻常的方法或者保持对一个项目的关注的一种有效方式。

- “日常”是客户选择的一个时间框架。它可以意味着连续进行 7 天然后评估，也可以指在一个特定的时间周期内进行仪式并持续一段时间。

练习 11.2 固化意向

目的

在教练契约启动时使用目标阐明仪式会非常有帮助，它有助于对客户的整体情况进行大致了解，为教练工作建立蓝图。

何时使用

- 评估当前创意循环的行为时。
- 评估当前生存循环的行为时。
- 阐明目标时。
- 增强对所选择的目标和意向的承诺时。

时间安排

1~1.5 小时。

材料

空白纸和笔。

指导介绍

步骤 1：让客户考虑在他人生中什么是有效的。“有效”的定义是指进展顺利、取得进步、毫无问题。这些有效的内容就是他人生中采用了创意循环的行为和态度的一些特定方面。让客户列出他人生中十个有效的方面，要尽可能地详细。（这是列表 1，以下样本中并未列出。）

步骤 2：让客户考虑在他人生中什么是无效的。“无效”的定义是指进展不顺利、停滞不前、问题重重，或者那些体现生存循环的行为和态度的次优结果的现状。让客户列出他人生中十个无效的方面，要尽可能地详细。

步骤 3：指导客户思考他列在无效表里的每一项。帮助他确定它们的对立面是什么，把它们表述成自己期望的结果。将结果写在无效项的对面。如：

列表 2：无效项	列表 3：期望的结果
1. 对我们的工作体系感到困惑，并且工作没有条理。	1. 工作有条理。
2. 总是从一个会议奔赴另一个会议，通常都迟到。	2. 准时。
3. 工作拖拉，给自己施加了太多的压力。	3. 放稳工作的步调。

步骤 4：现在邀请客户读出他想创建的期望结果列表，确认这个列表的准确度。作为一个象征性的释放姿态，让客户将无效列表画掉，因为他已经不再想要这些东西了。

步骤 5：指导他在期望结果列表的上写下“我选择……”的标题，然后签名并注明日期。这样对客户说：“你刚才已经和自己签订了协议来创建你所选择的东西。你已经写下了你想创建的期望结果。可能此刻你还不知道要‘怎么做’。但是这个‘怎么做’将成为教练环节的一个重要方面。”

步骤 6：鼓励客户将标题为“我选择”的列表贴在日常可以看到的地方。告诉他可以将查看列表当成一个简单的日常仪式。当他实现了这些目标时，可以把它们画掉，然后庆祝成功并更新列表。

提示：

本练习参考了人生学习模式中的创意 / 生存循环行为（见附录 E），也可以参考更常用的单边控制或交互学习模式、特定的价值观或原则（如同理心或好奇心），或者你在教练服务中使用的其他模式。

你可能想向客户解释这个练习的基础原则，那就是如果我们知道前行的方向，我们更可能采用一种更加直接的路径抵达，而不是用迂回路线行进。

练习 11.3 过渡仪式

目的

本练习描绘了一种有意义的人生转变。过渡也意味着一种结束，一种对过去的摒弃，来为今后做准备。它们通常隐含着一个人身份的转变。通过见证并赞赏学习收获，人们开始将自己的观点整合到他们向前迈进的行为和创造中。

何时使用

- 纪念并致敬人生某一方面的一个过渡阶段时。
- 纪念并致敬个性的转变时。
- 将过去的学习收获具体化并带入未来时。
- 为今后打造动力时。
- 思考并认可从已知路径向未知路径的转变时，就像旅程中的一次送别。

时间安排

30 分钟至几小时。

材料

视仪式的具体情况而定。

指导介绍

过渡类型将决定仪式的内容。过渡可以是职业上的，如退休、承担更多工作职责，或者接受一份新工作，也可以是一种个人生活的转变，如儿女长大离家后的空巢状态、离婚或者长时间病假后返回工作。和客户商定她想要用仪式来表示的过渡阶段。

步骤 1：根据以下类似的提示进行讨论或书面表达：

- 这个过渡阶段对你来说有什么（特殊）意义？
- 它会如何改变你对自己的思考和感知方式？
- 它会如何改变他人对你的思考和感知方式？
- 它会如何影响你的人生？
- 你需要什么来摒弃已不再适合你的东西？它们可能是过去的个性、角色、职责或关系。
- 从已知到未知的过渡会使你的个性以什么方式转变？
- 认可学会了什么以及从过去收获了什么并把它们带到未来。
- 你对让你感觉兴奋的事物有什么打算？

步骤 2：策划并准备仪式。

- 确定仪式是在教练环节中还是在教练环节后进行。
- 这是一个个人仪式，还是也有其他人参与？这些人是谁？
- 这将是一个简单的仪式还是更复杂一点儿的？

- 你会如何表示对这个过渡阶段的致敬？仪式将包含什么活动？（仪式可以很简单也可以经过精心的设计。它的范围很广，可以是出去散散步，也可以是在你或者专人策划下，和某人举行一次特殊的宴席，分享你的过渡阶段。）

步骤 3:（可选项）你可以找到一个能象征性地联系到转变的过渡性物品，把它包含到仪式中，这种做法通常很有效果。这个物品在过渡阶段能起到锚定的作用，当仪式结束后就成为一个提示物。它可以是任何你认为有意义的东西，如一块能让你想到自己力量的小石头，一种象征着你的新个性的物品，一个你为了寻找灵感自己创作的视觉符号，或者一首吸引你的诗歌。

步骤 4: 参加仪式。

步骤 5: 总结仪式的实施情况时，可思考以下问题：

- 分享在仪式过程中浮现的任何体会、想法和感觉。
- 实施完这个仪式后，你意识到了什么？
- 实施完这个仪式后，你对自己和当前情形有什么样的领悟？
- 实施完这个仪式后，你的下一步行动是什么？

提示：

- 庆祝过渡的积极方面有助于提供创造性的能量和动力来维持和扩大改变。更多有关庆祝的理念见第 12 章。

练习 11.4 打破束缚仪式

目的

本练习为人们提供了一种有力的方式来释放已不再适合自己的自我部分、关系、工作或其他情境。

何时使用

- 当客户清楚地知道自己想要放弃的习惯和模式时。
- 当无意识思维似乎正紧抓住客户想要释放的某些东西时。
- 帮助人们拥抱变化，并承认那些必须释放的东西以实现改变时。

材料

材料各不相同，取决于要打碎、焚毁、融化或撕碎的是什么。基本上，你需要的是一些能很容易就打碎或毁灭的东西，以及安全的实施方法和一个“清扫”计划。

指导介绍

步骤 1：确定客户（或你自己）想要释放的对象。指导客户要尽可能具体。如下引导客户：“精确地描述你想放弃的行为、关系或习惯，放弃它们的理由，以及它们是如何在你人生中引发问题的。”

步骤 2：让客户进行头脑风暴，想出一套象征符号或文字来代表他想释放的对象。

步骤 3：确定客户该如何制作这些能“打碎”的象征符号或者收集可以如此处理的它们的代表物。他可以将文字写在纸上，然后焚烧掉；可以将物品埋入土中；可以将物品打碎。他还可以用黏土制作任务和象征符号，然后把它压平，或者将文字写在气球上，再戳破气球。

步骤 4：策划仪式的日期、时间和地点。确定是否只是个人仪式还是会邀请其他人参加。

步骤 5：举行仪式。在合适的时间，以一种能让客户完全沉浸其中的方式实施。完成后清理场地。

步骤 6：和客户一起总结仪式，发现在实施过程中的体验和收获。仪式结束后追踪有关它的记忆在一段时间内是如何保持的。同时也关注与所释放对象有关的行为是否以及如何发生改变或者完全消失。

提示：

- 安妮的一个客户将文字写在塑料片上，用喷灯将塑料片融化，然后做成艺术品。还有个客户在彩纸写上了自己想要放弃的习惯，然后将彩纸撕成条状制成剪贴画，以此作为一个提示物。
- 鼓励在这个环节中充分利用想象力。越能同时深入地使用理性认知进程和直觉、情绪反应，越能更好地完成释放过程。

客户案例：安妮的盘子

对安妮而言，释放仪式是一种用来释放已不再适宜自己的关系的典型活动。她是这样举行仪式的：

“我和男朋友几年间一直分分合合。这段关系不会有任何结果，它妨碍我做出重大的人生选择。于是我结束了这段关系，但是几个月后，我发现自己还是很想见他，想打电话给他，没法开始新的人生。黛尔建议我创建一个过渡仪式——它能帮我象征性地打破这段关系对我的约束。我考虑了一段时间，想确定一个合适的象征物和需要遗忘的过往。有一天我灵感突发：我男朋友是一个陶艺家，我想释放来自泥土和陶土的‘约束’。

“一旦脑海中出现了这个隐喻，我很确信这就是我仪式的主题。于是我到商店买了一大堆一美元一个的白盘子。接下来的几个星期里，我用油性马克笔在每个盘子上写上想要释放的一个具体故事、受到的挫折、特质或事件。

“当再也想不出更多的内容后，我带着这堆盘子来到朋友的一座废弃砖房里。大声说出要将自己从一段无效的关系中解放出来的目的，然后，一个接一个地，我把每个盘子（连同上面的故事）对着墙壁扔过去，看着它们裂成碎片。结束后，我清扫了陶瓷碎片，把它们倒进垃圾桶，驾着自己的车扬长而去。我觉得这么做有点儿傻——却又那么地让人解脱。

“有意思的是，几天时间内我注意到所有那些旧的渴望都消失了。我很快开始重新规划我的生活和事业，让它们更符合我的愿景和目的。仪式的力量让我出乎意料——后来，我对自己和教练的客户还使用了好几次其他形式的仪式，都产生了良好的效果。”

CHAPTER 12

第12章

评估和庆祝结果

“我很少进行庆祝，我从未学会如何去庆祝。”

客户苏

教练服务中要不间断地关注客户在教练过程中是如何产生有关改变及调整的想法并提出建议的。当客户迎来了实现自己目标的里程碑时，我们也要和他们一起进行庆祝。我们发现在客户提升技能、培养洞察力和获得体验的进程中，记录进步并庆祝成功将让教练过程变得更有意义，为客户注入能量，继续实现富有创造性且目的明确的行为。

评估结果

评估的意思是回顾教练目标，衡量客户的进展。对客户的进展进行主观性衡量或者客观性衡量，取决于目标的内容。有些目标在实现过程中会产生具体存在的实物，如一份商业计划、一本营销宣传册或一个网站。还有些目标衡量进展的方式是必须要至少两个人认同取得了进展。例如，如果目标是要改善和项目组的沟通效果，那么衡量方式就必须包含来自项目组的反馈。主观评估通常能用工作绩效外在表现出来的改善或者监督复核进行确认。你和客户应该从一开始就商定好衡量进展和成长的方式。

我们鼓励你不要等到最终目标实现后才评估客户在教练过程中所取得的成果。在合同规定的教练环节结束前进行评估收益会最大化。评估过程能帮助你确定是否需要在教练过程中进行调整，也能让你回顾还未实现的里程碑。评估能帮助客户保持对自己所设定目标的专注。

在我们自己的教练实践中，会在每个教练环节结束前进行一次非正式的评估。通过常规性地与每个客户讨论当次教练环节的目标和关注点是否实现，让教练服务保持正确的方向，而我们也能知道如何提升自己的工作效能。这种非正式评估还有一个附加收益，那就是创造了一个自然的方式来暂停进程，庆祝客户所取得的成绩。

通常在评估过程中你和客户会进行一些调整，调整你们正努力实现的目标，调整所使用的学习模式，调整你们实施教练环节的方式。我们进行这种非正式评估的方法就是，询问今天哪些部分进展顺利，我们还能采取什么不同的做法（教练和客户双方）来让这个教练环节取得更好的成果。然后就整体的教练服务再次询问这两个问题。

在多环节教练服务过程中，当进行到 1/3 或 1/2 进度时实施一次更正式的评估也很有效。很多客户致力于长期目标或者有关他们的假设和行为的一个根本性转变。要达成这种类型的目标，教练关系可能要持续 3~6 个月甚至更长时间。如果过程中需要修正方向或实施调整，或者如果教练进程似乎失去了动力，我们会尽快做出识别并进行更改。这种正式评估的有效实施方法是，以电子邮件的形式发给客户一个简短的反思问题列表，让客户就教练过程和自己所取得的进展进行思考，然后在下一次教练环节前回复你。练习 12.1 提供了一个安妮认为有用的问题列表。

在接近教练服务尾声的时候，你可以询问类似的一系列问题，再次回顾进展情况。这也是决定教练目标是否已经实现、教练合约的条款是否已经履行的时刻。这时候，很多客户可能想要续签合同或者重新协商针对不同或者更广泛目标的教练服务。这对教练来说是一个微妙的平衡点：你不想鼓励客户产生不必要的依赖心理。我们的目标是帮助客户在人生中实现他们的目标后继续前行。然而，通常很多人在教练服务进程中识别到需要进行更深入的工作或者实现更广阔的愿景时，会想维持教练关系。我们也会向客户提出在希望客户独立与继续教练服务之间保持平衡的两难境地，然后共同决定是否继续教练服务，如果是，以何种方式进行。在某种程度上，这种讨论是最全面的评估形式。

庆祝成果

庆祝是对成功结果的表彰。当人们为积极的成果进行庆祝时，他们生成了创造性的能量，积累了让自己保持成长和变更的动力。登山就是一个典型的例子，在陡峭的山坡上经过长时间的攀登，当你最终达到顶峰，四下望去，顿时拥有极大的满足感。欣赏着顶峰无限风光的同时，也认可了抵达顶峰所付出的努力。欣赏你的成功并从中获得愉悦，这也为攀登下一座高山聚集了兴奋感和能量。

大卫学会庆祝成功

大卫是黛尔的一个客户。他写下了以下有关学习庆祝自己成就的成果描述。大卫就是第 6 章中那个陷入自我怀疑模式的成功顾问。曾经处理过的模式在和黛尔的教练服务中重现了：

“认识到这种倾向性的根源已经暴露无遗，黛尔和我都认为不应该再进行更深入的洞察。黛尔选择了另一条路径，她让我思考我的成就，从头回顾我的人生。我即时的回答是‘没有’。但是在黛尔的坚持下，我做了一个列表。

“当我们下一次见面谈话时，我已经可以承认是我否定并抹去了自己所有的成就，事实上我有很多值得被认可的成就。黛尔继续推进，促使我去思考还没有庆祝过自己的成就，而通常我都忽视了去这么做。对我而言，我不需要再问这么做的原因，我知道原因。之前的心理治疗让我有了清楚的认识。现在我需要采取行动了。黛尔建议我对成功进行庆祝。

“我尝试过对一些成功进行庆祝，但是我费劲九牛二虎之力，才能专注到庆祝的方向上。黛尔建议我，当感觉自己又陷入熟悉的旧模式时，我需要能够激励自己将思绪转向对自己的能力和潜能的认同感。她询问有什么能关联到我对音乐的爱好，能为我提供帮助。我立刻想起了路易斯·阿姆斯特朗（Louis Armstrong）的唱片《阳光大道》（*On the Sunny Side of the Street*），并把这首歌下载到计算机里。当没在计算机上听这首歌时，我开始在自己心里唱，用路易斯的方式唱。这种做法成为了我的一种快捷方式，提醒我自己有一个良好的成就和成功记录，曾经我也成功地实现了很多目标。这首歌的记忆暗示我要避开绝望，继续前行，相信自己能够继续实现自己所设下的目标。

“我很吃惊自己如此迅速地内化了那种充满希望和决心的感觉，并且如此地执着。我已经体会到一种砰然而出的创造性能量，以及它所带来的具体成果。我也发现自己更容易去接受人生各个领域中的创造性灵感。”

在工作中进行庆祝的价值

我们经常听到客户说，自己对个人成功或者职业成就都没有庆祝的习惯。我们也注意到在很多工作场景中确实如此。认可并且庆祝成功似乎出人意料地不获认同。当然也有例外，例如，伴随着新产品或者服务正式上市的活动（此时庆祝的目的是满足营销和公共关系的需要），或者告别或退休派对，此时庆祝的是一份职业的完成。但是我们很少见到为了表彰重大的团队成就而进行庆祝的事例。

我们提供教练服务的组织领导者说，一旦他们自己意识到庆祝成就的价值，他们会期盼为员工和团队成员创造庆祝的机会。他们发现庆祝能鼓舞士气、激励员工，并且提高生产力。这是因为集体共同尊重成就和目标能产生能量和动力，带领人们通向愿景的下一个阶段。庆祝标志着一个创意循环的结束，同时也是一个新循环的开始。

萨姆和工作团队一起进行庆祝

萨姆是一家成功企业的执行总裁。他总是将自己隔绝在公司的庆祝活动之外。他的经历和爱丽丝的创意 / 生存循环模式的故事很类似（见第 5 章），他常常缺席庆祝活动，即便是他为员工安排的那些活动。他回想了一次参加活动的经历，仅仅露个面之后，他就离开现场回到了办公室，开始处理一个自己知道并不紧急的项目。无数次他发现自己暂停了工作，为走廊里传来的庆典喧哗声所吸引。

萨姆是在一次教练环节中回想起这个经历的，当时他正在解决自己对要面临的下一轮项目缺乏动力的问题。带着几分好奇，他开始探索自己对举行庆祝活动的想法和感觉。他承认自己认同勤奋工作，却对受到赞赏感到不自在。他更喜欢身居幕后，不为他人所关注。

萨姆深谙身处人后之道，因为他的母亲从政，家里的关注焦点都在母亲身上。正因如此，他想象不到庆祝自己或者员工的成功所带来的价值。当他考虑在庆祝成功与行动动力之间存在一种关联的可能性时，决定用试验来验证。不久后，他召集了他的管理团队一起午餐，对他们最近的成功项目提出了表扬。之后发生的一切让他大吃一惊。“这种庆祝的东西很管用，”他反馈说，“整个团队非常吃惊，并心存感激。他们也赞扬了我对这个项目所做出的贡献，我接受了他们的肯定。这次活动后，我开始对自己一直在拖延的一个停滞不前的项目有了新的灵感。”和爱丽丝的团队一样，当萨姆让自己加入庆祝活动中，用语言和行动传递出自己理解认可成绩的价值时，他的团队也觉得可以自如地庆祝成功了。

何时庆祝

当客户实现了一个或多个教练目标，还未设立新目标时，安排时间对成绩和结果进行庆祝。在客户投身于自己下一个“待办”事项之前，和他一起进行庆祝将取得很好的效果。我们使用练习 12.2“成功和成果清单”来进行这项工作。

我们认为，帮助客户在每个教练环节庆祝教练进程所取得的进步也很重要。例如，我们可以认可客户使用了某种技能来处理一个棘手的情况或解决一个问题。我们可以建议一个适当的时机，和客户一起庆祝教练环节进展顺利的部分或者庆祝发现了一个可以处理的新障碍。这种做法将强化学习的效果，因为客户会经常感觉自己的努力得到了认可。大多数人都赞赏教练能安排时间让自己回顾通过努力所取得的成果的做法。

> “作为成长中的女性，没人教过我要庆祝自己所取得的成功，因为这被认为在炫耀。因此，有一个鼓励我庆祝成功的人来作为庆祝的见证者是很重要的。”
>
> 客户卡伦

评估和庆祝结果的练习

你可能想要鼓励客户对自己的努力和成功进行致敬，并且庆祝自己人生中的其他重要方面。我们在第 11 章的仪式中包含了一些这种类型的庆祝活动。庆祝的方法有很多，下面的练习中提供了一些实施庆祝的建议，客户很喜欢这些建议并把它们融入自己的生活中。这些建议形式各异，从“认可的卡片”到“庆功晚餐”。我们希望它们能激发你的想象，鼓励你和客户实施庆祝。

练习 12.1　评估结果的提问

目的

和每次教练环节结束后的检查相比，这些问题形成了对教练进程更为综合性的评估基础。他们适用于在教练服务进度的 1/3 或 1/2 时使用，同样经过改编也可以用于教练服务结束时的评估。

何时使用

- 回顾并庆祝一系列教练环节所取得的进步时。
- 识别并改进可改善的教练服务安排的任何方面时。
- 决定是否需要重新定义教练目标以及如何定义时。
- 结束一个教练合约并且决定是否继续新的教练服务来实现新的目标时。

时间安排

20~30 分钟。

材料

提问列表。

指导介绍

步骤 1：和客户商定对你们双方都适宜的时机来回顾实现目标所取得的进展或者教练关系的有效性。完成约定教练环节数量的一半或者接近完成所有约定数量时是关键性的节点。

步骤 2：为客户提供一份适合当前教练进程所处阶段的提问列表。建议客户进行反思并写出书面回应。商定好你们将在何时以何种方式讨论他的回应。以下是我们用于评估的一些问题。通常我们一次会限定在 4~6 个问题，这样提问列表才易于处理。

- 回顾你目前正在努力实现的首要目标或目的。它与你刚开始和我建立教练关系时的目标或目的有区别吗？如果有，区别在哪里？为什么会发生改变？
- 你对于我们要实现的目的所拥有的承诺度有多高？为了让你能完全投入目标的实现，这个目标有任何方面需要阐明或者再次定义的吗？
- 你在目标实现方面取得了什么进步？你是怎么知道的？
- 你是以什么方式或者想要以什么方式来表彰你的进步的？
- 你在哪里经历了挫折？你是如何解决它们的？如果它们还没有得到解决，还需要什么来解决？
- 你学到了什么？获得了什么技能？
- 你还有什么是没有实现的？
- 我们之间的教练关系符合你哪些预期？有哪些方面和你的预期是有差别的？

- 为了继续取得进步，你认为有任何方面是需要改变做法的吗?
- 为了增进教练关系的实效，你认为有任何方面是我需要改变做法的吗?
- 你会如何总结教练关系的价值? 你学到了什么? 还有什么是没掌握的? 明白了什么? 实现了什么?
- 你计划如何继续你的成长和学习?
- 你想继续教练服务吗? 如果是，你希望新的教练服务帮你解决什么问题?

步骤 3：和客户讨论对这些问题的回复。如果你们计划继续教练服务，商定对你们的教练进程将要做出的任何变更。而且，如果你的观点和客户的不一致，分享你的想法，验证你所做的任何假设。客户低估他们所取得的进步和学习收获是比较常见的。作为教练你可以发现客户已经取得的进展，即便他们自己还没有意识到。你们的会谈应该建立一个双方都认同的评估结果，以此作为对目前实际状态的准确描述。

提示：

- 我们通常会让客户在两次教练环节之间反思这些问题，如果可行的话，在下一次通话或者见面之前将回复通过电子邮件发给我们。这样能节约时间，也让教练有机会来回顾客户的评论和需求，同时做出自己对进展的评估和必要的调整。采用了这种做法，通常在教练环节只需要 10 分钟来讨论提问。
- 在和客户讨论她的回复时，帮助她做到尽可能地详细，如分享具体的实例和体现进步或问题的指标。这样的谈话通常能产生大量有效的信息，为以后实施干预手段建立了基础。

练习 12.2 成功和成果清单

目的

本练习用于帮助客户发现并认同自己的成果。在客户完成行动步骤或阶段性目标后，以及总结一个教练契约时使用本练习会有帮助。

何时使用

- 认可并赞赏成功时。
- 内化成功的喜悦时。

- 深化对庆祝所产生的力量的理解时。
- 作为他人成功的见证时。

时间安排

30 分钟至 1 小时，取决于清单的长度。

材料

白纸和笔。

指导介绍

步骤 1： 建议客户反思他为自己设定的目标和已取得的成果和成功。

步骤 2： 让客户告知你这些成功和成果。例如，"我让员工一起参与了决策过程，因此我们做出了一个更好的决定"或者"我准时地完成了年度报告"或者"我一周进行了三次锻炼"。教练就充当书记员的角色记录下客户的成功。清单的长度不限。当客户完成清单后，如果你认为他还有没列出的成果，可以将你的想法与他分享，询问他是否愿意将你注意到成果增加到清单上。

步骤 3： 向客户读出他的成果清单，进行概括，并且夹杂对他成功的事实叙述。可以增加他在教练环节分享的细节。例如，"你准时完成了年度报告，是因为你成功地做到了对自己的优先事项有更清晰的认识。"

步骤 4： 建议客户静坐片刻，体味他对成功的感觉和成果带给他的快乐。作为教练向他表示祝贺。

提示：

- 本练习所营造的庆祝成功的感觉是显而易见的，无论我们和客户是面对面进行教练环节，还是相隔几百里通用电话进行。客户反馈，进行这个活动后他们会觉得欣喜雀跃，对自己深感满意。他们还会重新回顾这些成功清单作为将来的一个提醒和激励。通常我们会为自己的人生建立"待办"清单。这是一份完全不一样的清单——"已做"清单，值得庆祝的清单。
- 在本练习中，教练的作用是一个书记员，一个讲述者，更重要的是一个见证者，像镜子一样为客户反映出他的成绩。见证者是教练需要扮演的一个重要角色；也可以建议客户考虑请其他人见证他的成功。
- 鼓励客户延伸庆祝的分享对象，在某个中餐或晚餐时和一个特殊的朋友、伙伴和家人分享他的成功列表，或者采用其他有意义的方式进行。（见练习 12.6“庆功晚餐”）

- 对教练和客户而言，认可并庆祝客户的成功与成果是重要的、有价值的、令人欣慰的。作为教练，也要给自己为客户成功所做出的贡献鼓鼓掌。重要的是要在教练环节之外的情境这么做，这样你的关注点在客户身上的同时，也不会忽略了自己。

客户案例：

黛尔的客户克丽斯塔告诉她："听到你读出我成功的故事，这种威力强大到让我吃惊。它完全不同于我告诉你清单的感觉。我能更好地吸收它们（成功）。"

以下是克丽斯塔的部分成功清单：

- 建立了一个静修中心。
- 促进了一个为期两年的培训项目。
- 制作了有关工作的视频。
- 拓展了领导力小组。
- 为员工创建了导师制。
- 变得更健康，减重了 25 磅。

练习 12.3　认可的卡片

目的

这个活动让教练能见证并祝贺客户的成功。教练和客户也能使用它来认可和庆祝自己的成果。

何时使用

- 认可实现了一个重要目标或里程碑时。
- 见证客户的成功并为其提供一个有形的提醒时。
- 见证自己的成功并提供一个有形的提醒时。
- 生成继续努力的勇气和动力时。

时间安排

15~30 分钟。

材料

祝福卡片或明信片。

指导介绍

步骤 1： 认可的卡片起源于教练环节中客户确定的一次成功。你可以根据在类似练习 12.1 和练习 12.2 这样的活动中客户所提到的内容进行选择，或者你自己能意识到客户已经完成了他的教练目标或者一个重要的里程碑。确定你想要认可的成果。

步骤 2： 仔细考虑你要赞赏的情境的具体细节，特别是为了实现这个目标，客户必须要去学习的或者必须要采用的不同做法。

步骤 3： 购买或制作一张合适的卡片（或明信片、信件、电子邮件）。对你所认可的成绩做出一些详细的陈述。例如，不要说“祝贺你完成了著书”，而要说“祝贺你完成了自己的第一次出版，在这个过程中你做出了很多牺牲，也确实提高了你的写作能力。你的时间管理能力得到了改善，你还学会了在需要的时候向他人求助。尽情享受成功的喜悦吧！”

步骤 4： 将卡片邮寄给客户。客户告诉我们，比起在教练环节收到我们直接递交的卡片，他们更喜欢在信件中发现一张卡片。

提示：

- 你也可以用电子邮件的方式庆祝客户的成功。
- 黛尔和安妮都喜欢通过专门为客户制作卡片来表达她们的创意。黛尔经常在卡片中加入艺术剪贴画，而安妮喜欢将刺绣与立体画结合使用。这样做能让教练关注客户和他所取得的特定成果，同时通过表达教练创意奖励了教练对这一份成功所做的贡献。很多客户告诉我们，他们将这些卡片保留了很多年，也有人把它们放入相框作为一个提示物，提醒自己能取得成功的能力。
- 到商店里购买一张你喜欢的卡片，寄给客户对他表示鼓励和祝贺。这种做法同样也是对作为教练的你的一种令人鼓舞的奖励。

练习 12.4　奖励自己

目的

本练习将帮助教练和客户认识到，不依靠来自外部的认可，肯定自己、认可自己的成就所能产生的巨大力量。

何时使用

- 帮助客户学会不依靠他人能自己发现并庆祝成就时。
- 作为教练，练习去发现并庆祝自己的成就时。
- 体验自我认可和庆祝的驱动力时。
- 帮助客户识别自己是如何真正地喜欢被认可和奖励时。
- 激发创意时。

时间安排

15 分钟至 1 小时。

指导介绍

步骤 1：和客户讨论（或自己确定）是否对进步、成果和成功进行奖励，如何奖励。然后如下进行建议："关注你是否会主动认可自己的成功，给予自己奖励。你会这么做吗？如果会，是怎么做的？如果不会，为什么不？"

步骤 2：接着说："大多数的人对自己的奖励都不够，充分地奖励自己通常可以激励我们，并激发出创造力。我们一起列出一些你可以用来奖励自己的方式。这些方法不一定要花钱或者占用很多时间。它们应该聚焦的是那些能真正给你带来愉悦并且激发你自豪感的关键点。"如果客户同意，进行头脑风暴列出 10~12 种自我奖励的方式。你分享一些自己的示例也会有帮助，例如，和朋友一起午餐，在吊床上放松 15 分钟，去一个最喜欢的博物馆参观 1 小时，或者在自己的爱好上花些时间。

步骤 3：向客户读出这份清单。让他考虑自己想庆祝的一个成果或者朝着目标又迈进的一步，特别是要与你们的教练目标有关。然后再让客户从奖励清单里挑选一种奖励方式，承诺会在下次教练环节前对自己实施这种奖励。请客户仔细关注在实施奖励活动前后他的想法、感觉和能量水平。

步骤 4：和客户总结练习。询问客户实施完奖励活动后他的能量水平和驱动力是否有改变，是如何改变的；精神能量和身体能量是增加了还是减少了，抑或是保持不变；和客户讨论为什么他相信这种体验确实发生了并如同他所描述的那样。建议客户继续练习一段时间的自我奖励——一周到几周——来跟踪练习的效果。

提示：

- 有时候客户对奖励自己会觉得愧疚。他们从小到大接收了太多的信息，认为花时间关注自己是“自我纵容”，或者应该服务于别人而不是自己。通常人们不会认识到自己需要自我奖励来补充能量，从而能更好地服务他人，发挥创造力。这个练习能揭露这个问题，帮助你和客户一起处理它。
- 对于没有奖励自己，客户提出的常见理由就是没钱没时间。帮助他们回想自己孩提时所享有的快乐——公园里散步、扔掷皮球、观察一朵小花——看看这些想法能否帮他们重新找到那些简单可行的方法来奖励自己。

客户案例：

艾利克斯和安妮建立了教练关系。身为三个孩子的母亲，还拥有一份劳神费时的全职工作，艾利克斯需要学会在家庭和工作中进行更多的授权。最近她得到了提升，但也意识到如果还继续大包大揽的活，新的管理职能很快会让她不堪重负。在前两个月的教练服务中，艾利克斯在识别可授权的事项和进行有效沟通委派任务方面取得了显著的进步。但是她对似乎没人关注到她的进步表现出了失望。

安妮询问艾利克斯她想要的或者期望的认可方式是什么。“嗯，”她说，“我以为我老板能关注到我的压力减少了，但成果却增加了；我以为我丈夫能感到高兴，因为我不再因为忙于家务很晚都不睡觉，还能和他一起坐下来聊聊天，看看电视。当然他自己也做了更多的家务活儿，但是他总说自己乐意干，看起来也确实如此。”“你和他们两个人分享过你正努力的目标吗？”安妮问道。“没有全部。主要是和我丈夫沟通，没有和老板说太多。我似乎觉得，如果他知道我不得不学会授权他人工作，会认为提拔我是一个错误。”

安妮和艾利克斯讨论了她可以如何向老板验证自己的假设，同时也谈论了艾利克斯很少奖励自己的成果。艾利克斯觉得如果必须由自己来奖励自己，而别人都没有关注到的话，这个成果某种意义上说是没有价值的。因此，安妮和艾利克斯决定要设计一个练习让艾利克斯奖励自己，试验她是否能减少对他人的依赖——他们甚至可能都不知道她的目标和期望——来肯定和奖励她的成果，仅仅通过自我奖励来实现自我激励。通过练习 12.4，她们列出了一个有趣又不贵的项目清单，艾利克斯可以在 30 分钟之内对自己能够更有效地进行授权做出奖励。

起初艾利克斯的练习进展不太顺利。她很难想出自己喜欢的奖励方式。“你知道吗，我以前唯一的奖励方式就是给自己买东西——新鞋子、新衣服、巧克力——但是我们现在不能采用那么贵的方式，而且不管怎样，那种方式似乎也太物质化了。”安妮鼓励艾利克斯回想她在小学和中学时最喜欢干的事情。“哦，”她说，“我喜欢在雨中漫步；我喜欢坐在公园里读书；我还喜欢去市场的鲜花店，去看看美丽的花朵，闻闻花香。事实上，高中时我还在摄影大赛上获了奖，照片的主题就是市场和在市场上售卖的人们。”过了一会儿，艾利克斯就有了一个很长的清单，都是她可以在午餐时间或者工作后花几分钟完成的事项。她和安妮将实施这些活动与成功完成一次工作授权联系起来。每次按照她俩共同设定的标准成功完成工作授权后，艾利克斯就在清单中挑选一项来实施。

大约一个月后，艾利克斯给出了这样的反馈：“我没法想象我是如此享受善待自己的感觉。我有了更多的能量，它也让我感觉到工作授权是一件很有意思的事。另外我还重新恢复了摄影的爱好。我的主要奖励方式是午餐后花 15 分钟时间走到我想拍照的地方，让自己沉浸在摄影中。这么做产生了意想不到的收获，当我回到办公室，通常会发现自己对一些项目有了更多创意，或者对以前一直绞尽脑汁的一个问题有了解决的办法。我觉得自己已经被充分认可了，不再需要依赖他人。有意思的是，从奖励自我获得的自信在某种程度上又促使他人给了我更多的反馈——很多都是积极的反馈。”

练习 12.5 创作奖品

目的

本练习通过让人们为自己创作奖品或者让团队成员互相创作奖品的形式来认可成果。它是庆祝学有所得和取得进步的一个简单有效的方法，同时也能将成功了的实践深深的植根于我们的行为中。

何时使用

- 认可一个重大的成果时。
- 通过表彰学习收获来结束一个教练服务或培训活动时。
- 认可他人的贡献或他们引以为豪的成就时。
- 为推动未来富有创造性且目标明确的行为创作一个有型的成功提示物时。
- 制造乐趣时。

时间安排

15~40 分钟。

材料

笔和纸，美术材料（如发光小饰物、贴纸、牛皮纸和彩色马克笔）。

指导介绍

步骤 1：确定客户想要认可的一个成就。建议客户制作一个简单的奖品并举行一个小型的授奖仪式，以此作为一种有趣的、快乐的方法来庆祝成功，同时也可以将成功的实践锚定在潜意识中，引领未来的成长、发展和进步。

备选项：如果是团队客户，建议每个人选择一个伙伴，两个人互相分享各自引以为豪的成就，然后互相为对方制作奖品。作为团队练习，可以采用一种有趣的方式来结束这个练习。例如，向对方展示自己制作的奖品，复述对方要庆祝的成就，然后将奖品赠予对方。也可以当着整个团队成员的面赠予奖品，这样每个人都可以庆祝他人的成就和贡献。

步骤 2：如果客户喜欢这个建议，确定客户制作奖品的时间和所需的材料。如果是个人教练服务，给客户提供材料，鼓励她挑选任何对自己有吸引力的物品，即便她还不知道在制作中要如何使用它。（见资源库部分我们喜欢常备的美术材料列表。）如果你提供的是远程教练服务，确定一个时间让客户去购买奖品制作材料（这个行程本身也是一种个人奖励）。办公用品及工艺品店是一个比较好的购物地点，客户也可以使用他们手头上现有的材料。

步骤 3：提醒客户，制作奖品的目的是认可和庆祝成就，不是为了创作“艺术”。鼓励客户保持活动的简单性、趣味性和游戏性。

步骤 4：让客户和你谈论她所获得的奖品，准确重复自己被认可的原因。建议她将奖品放在一个经常能看到的地方，以此作为获得成功的提示物，也是一个继续成功的激励因素。

提示：

- 奖品的形式可以很简单。有些客户仅仅在海报纸上列上一个清单，装饰上彩色的饰边，然后贴在自己的办公室里。他们说这种感觉就像得到了一张"优异成绩单"，令人非常振奋。
- 本练习的目的是奖励你（或者他人）的那些想受到认可的做法。制作"答谢"的奖品也会让人感到高兴，这样做主要是为了学会使那些在实现自我过程中引以为傲的事物能被看见、被听到、被奖励。

练习 12.6　庆功晚餐

目的

"晚餐"——或者一种共同用餐的形式——在很多文化中都是一种典型的庆祝仪式。本练习运用这种古老的社交方式来促进对成就的认可。

何时使用

- 纪念一个重大的成就时。
- 纪念为实现较大的目标而达成了关键性里程碑时。
- 和他人分享成就感时。
- 制造乐趣并在记忆中锚定成绩和成功的实践时。

时间安排

1~2 小时。

材料

食物和一个愉快的氛围。

指导介绍

步骤 1：建议客户为自己筹备一个"庆功宴"来庆祝一个重大的成就。事实上它可以是一天中的任何一餐——早餐、午餐，或者就是坐下来喝杯咖啡。它也可以采用一种“活动”的形式，如一次聚会或者一场特殊的远足。重要的标准是，它应该是和他人分享的，应该包含了对成就的正式认可，也应该对客户而言是有趣的（没有义务感）。

步骤 2：处理因为举办细节或者所需时间和费用等问题而出现的任何障碍。这个过程可能很简单也可能很复杂。重点帮助客户明确到底什么才能让他感觉到完全认可了自己的成就。

步骤 3：如果客户还需要某些东西才能推进她的筹备工作，询问客户需要的是什么。有时客户需要协助制订一个庆祝活动的“项目计划”。安妮和黛尔经常提醒客户要安排人手在现场照相，因为这些照片本身会成为珍贵的纪念物和奖励。

步骤 4：商定客户何时和你一起总结这个庆祝活动，以什么方式进行总结。即使庆祝活动是在你们的教练服务结束之时或之后举行，也要鼓励客户与你分享体会，告诉你结果怎么样，是否觉得庆祝活动是有意义的，又是如何有意义的。这是你作为教练可以给自己的奖励。

提示：

- 安妮的一个客户安排了一场庆祝式的棒球比赛，以此庆祝一次成功的“投球”——他的新公司获得了第一个大客户。他的朋友为活动增加了亮点，安排体育馆的大屏幕在比赛其间几次滚动“嘿！戴夫，你成功了！”来鼓励客户超越传统，创造一些对他们有意义的奖励方式。
- 作为教练，你可以和客户举行一次庆祝活动。将教练环节安排在附近的咖啡馆进行，享用甜品，庆祝教练目标所取得的进展或成功，以及教练服务的结束。

第 3 部分

合并使用不同的干预方式

到目前为止，我们在本书中已经提供了一些理论基础及大量的工具、技巧和练习。但是要怎样将它们合并使用——清楚在什么情境下采用什么方式？我们希望能给你一个魔幻水晶球，帮你准确识别正确的解决方案组合，知道在什么场合应该奉上什么样“佳肴”。然而，就像烹饪美味的大餐一样，可以选择的菜单不胜枚举。本书第 3 部分的两章将提供一些建议，帮助你设计自己的干预方式来满足每一个客户的需要，然后整合这些干预方式助力客户实现目标。

第 13 章“设计你的干预方式”旨在帮助你做两件事。第一，希望能帮你定制属于自己的练习和方法，满足你和客户的需求。第二，我们认为这同样重要——希望能帮你进入并扩展自己的创造性潜能。我们相信这么做将让你成为一名更优秀的教练，能为自己和客户提供更多的可能性。首先请让自己保持创造性的思维，然后我们会和你分享一些能有效促进创意过程的提示。

第 14 章“整合模式，成功教练”，首先阐述的是在教练服务伊始，需要和客户建立一个结构化的清晰关系。只有这样，你才有一个框架来支撑我们在本书中提出的各种干预方式。接下来我们会给出一些提问和引导，协助你在涵盖了所有模式的各种干预手段中选择合适的方法，并进行整合。然后我们会提供一些来自典型教练场景的具体案例，解释选择这些干预方式背后的考量。作为本章及本书中工具包的总结，我们提供了一个

“合并使用”的练习。该练习包含了一系列教练场景，它们能如催化剂般促使你去思考可以满足你和客户需求的最佳组合方案。在“资源库”部分（见第 14 章“练习场景的操作性建议”），我们提供了关于处理每一个场景的建议，希望能帮你用自己满意的方式来“合并使用”各种工具、技巧和练习。

CHAPTER 13
第 13 章

设计你的干预方式

如果你已经翻阅了本书其他的章节，可能现在已经想到，世间没有一种“万能”的干预方式。我们分享了很多真实而可靠的练习和技巧，它们在很多情境下都能发挥很好的效果。与此同时，我们也总是在创建新的干预方式。为适应一个特定的问题或者使用一个具体的隐喻而设计新的干预方式，这种方式通常对客户而言是独一无二的。还有些时候，灵光一闪，又发现了能解决一个典型教练情境的新方式。希望通过对我们所提供方法的探索激发你的想象力，为客户提供更加有效、更具针对性的干预方式。

设计自己的干预方式是你为每个客户定制教练服务的一种途径，也是你和自己的创造过程保持联系的一种方法。频繁地使用自己的创造性思维会让它变得更加强大。我们相信随着你深入拓展自己的创意，你和客户在一起时会变得更加好奇、更有活力，同时也能促使客户变得更有创造力。

本章提供了一些启发和指引，帮助你开发自己的干预方式。

让自己去创造

没有一个所谓“正确”的方法来设计干预方式。自己可以随意进行构建，大部分你设计的方式都会符合需要。有时可能效果不理想，但带来的后果微小到可以忽略不计。

你和客户从每次的干预过程中都能有所收获，只要有所得，你们就是在向前推进。

我们遇到很多教练——还有领导者、引导者和普通大众——深陷于自己的内在批判之中。他们总说“可是我缺乏创造力”“可是我没法像你这样做个艺术家”。我们并不认可这样的说辞，每个人都有能力去创造，问题主要在于对自己创造力的有限界定，还有总是对结果不完美的试验进行评定的内在批判。创意需要试验，任何试验都可能不成功，只要你放弃追求完美、永远正确的心态，开始冒一些险，你可能就会发现你的想法开始产生结果了。

创意是……
• 用不同的方式进行认知和运用。 • 对既有的理论、概念、事务和事实进行重新整理。 • 理解所有事务和想法的内在关系。 • 更容易从差别中显现出来。 • 当严格限定了什么才是“可能的”，或者总是期待固定的结果时，更难以形成。 • 为“错误”所驱动。 • 当你能够培育并尊重那个内在的自我时，它会增强并得到释放。

尽情挖掘生命的馈赠

大多数的干预方式都来源我们的生活。我们花了很多时间来提供教练服务，也意味着从客户和他们的故事中获得了很多极佳的理念。理念的源泉无处不在，所需要的只是保持你对生活经历的关注和感受，坦然接受任何的可能性。如果你读了一首气势磅礴的诗歌，欣赏了一场鼓舞人心的电影，观察到小鸟在筑巢，或者听到一则引人注目的逸事，思考你所体验到的一切对一些过往教练情境的哪些环节会有帮助，能产生怎样的帮助，然后策划你能如何融合这个理念，并且在将来的教练情境中进行使用。只要你想得到这些可能性，当它也适合客户时，有关这个可能性的想法就是可实现的。

很多年前安妮改造她的房子时，查阅了大量有关改造和设计的书。当地书店售卖的一本书立刻让她直觉上觉得很有吸引力——《喜欢／不喜欢的设计》（Love, 1999）。这本书里满是五彩缤纷的图片和各种练习，帮助像我们这样有一点儿设计感的人发现并提升装饰房间的个人品位，从而打造一个能带给你鼓舞与欢欣的室内环境。这本书圆满地完成了任务，之后就被束之高阁了。突然有一天，当安妮在思考一个客户陷入困境、难以阐明自己到底想要什么时，有关喜欢 / 不喜欢的设计的理念又重回心头。借助装修经历所带来的灵感，她创建了第 10 章中的练习 10.5“喜欢还是不喜欢”。之后，这个练习帮助了很多客户。

还有另一个案例，安妮的一个客户总在创建一个又一个的愿景宣言，却迟迟不努力实现任何一个。这个客户看起来非常聪明，才华横溢。但是，多年来一直从事一份自己不喜欢的低收入工作。尽管安妮和他讨论了无数次是否完全发挥了他自己的才华，他总是能找出很多让自己维持现状的借口。然后有一天，安妮建议他去看一部名为《心灵捕手》（*Good Will Hunting*）（Bender & Van Sant，1997）的电影。这个客户在紧接着的那个周六晚上从家里打来电话，嘴里说出的第一句话就是：“哦！上帝！我竟然在干同样浑蛋的事儿！”尽管安妮好一会儿才弄清楚来电者是谁、说的是什么，这通电话讨论最终取得了丰硕的突破性进展。周一上午，客户已经精心制定了一个全新的愿景，连同实施计划和行动时间表。

使用当下任何可用的资源

大部分我们使用的干预方式都不需要太多道具和材料。即使是艺术练习，很多也能仅用手边的简单材料进行实施，这一点从前言中罗杰的故事就可以证实，他将愿景画在了餐厅的一张餐垫纸上。我们身处的环境富有各种可能性，要做的只是培养自己的自发性和“童真”。你可以去观察孩子们，比起大人给他们买的益智玩具，他们通常更喜欢摆弄身边所能发现的东西——石头、水、壶、锅、刀叉，还有他们的食物。尝试重新发现未被束缚住的这一部分的你，运用这种善于发现、创新思维的特质来提升你的教练能力。

贝特西充分利用现有的环境

在教练工作坊中，我们会用大量的时间来帮助参会者练习设计干预方式。其中最有趣也是最有效的一个干预方式是在 2007 年引导型教练工作坊其间，由一个叫贝特西的参会者设计的。当时她被要求就一个场景创建一种干预方式，场景的设置是教练一个经常劳累过度的客户，他想去做太多的事情，而且还在不断接受新的项目。贝特西邀请了另一名参会者扮演那个客户，要他围绕着培训教室快速地走动，走动的同时拿上任何对他有吸引力的东西。现在看来当时房间似乎不能给我们带来什么灵感，但是贝特西看到了可能性。她怂恿“客户”，鼓励他说：“拿起任何对你有吸引力的东西，哪怕就只有一点儿吸引。你只要喜欢它的形状或是颜色，就把它拿起来。”

很快，客户就变得负担沉重。就在他手里堆着的东西摇摇欲坠之时，贝特西从后面扶住他的腰，然后开始慢慢往后拖，以此代表在我们选择的工作承诺之外出现的所有非预期负担。整个课堂都笑做一团，大多数人在某种程度上理解正发生的一切。客户最终停步在地板中间，说：“我实在应付不了了。我已经不堪重负了！”

“好！”贝特西说，“那么集中注意力，看看你手上有什么。只保留你最想要的，是你能应付又不会觉得负担过重的，同时也能符合你正寻求实现的目标的。”犹豫了片刻，客户放下其他的东西，只保留了一本书和一盆漂亮的盆栽。接着，贝特西询问他对于卸下负担并做出清晰选择的感受。客户生动地描述了他对此能感受到的解脱感，以及从中能收获到对承担过多工作这一做法的深刻体会。这是一个威力巨大的干预方式，借用了当时环境下能用上的物品即时创建而成。

设计干预方式的十大提示

1. 让自己去创造。
2. 尽情挖掘生活的馈赠。
3. 使用当下任何可用的资源。
4. 使用你的直觉。
5. 基于客户循序渐进。
6. 建立对比。
7. 聆听隐喻、比喻或丰富多彩的语言。
8. 改造已知的方式。
9. 保持好奇心和玩乐心。
10. 和客户及他人共同创造。

使用你的直觉

直觉在形成干预理念过程中起到了非常巨大的作用。客户在教练环节提到的一个词或短句经常就能激发有关干预方式的理念，而有时这只是你的一种“第六感”，觉得某个方法可能对这个客户有效果。如果你还不习惯进入并信任自己的直觉，使用工具包里的一些表达性模式（如艺术表达、反思性书面表达、故事讲述），开发你的直觉力。

基于客户循序渐进

人们通常都有一个想要完成的项目或要实现的目标，这样可以从具体而有针对性的行动开始去完成这个项目，但千万不要尝试立即就推进得过于深入。

最开始你可以询问：“你为什么想这样做？”“什么让你感到激动？”然后设计干预方式帮助客户回答这些问题。当你使用基于对比或反思的简单方式进行干预时，留心听取让客户或团队停滞不前的地方。他们在哪里被自己绊倒了？在哪里出现了怀疑和缺乏自信的表现？然后通过更多的干预方法处理这些疑问和恐惧，这一步采用的干预手段可以深入未被承认的想法、感觉和未曾讨论过的话题。

建立对比

描述问题和想法的过程大多都包含了比较和对比。将对比嵌入试验练习中能帮助客户阐明自己想要什么（和自己不想要什么）或者什么有效和什么无效。通过将关注点从不想要的事物转移到想要的事物，最终完成干预过程，这一点非常重要。否则，所产生的行动就是为了避免不想要的，而不是生成真正的创造性的回应和选择。

工具包中很多练习的基础都是建立对比。如果对你而言，以对比为基础创造干预方式还是全新的概念，可以从试验一些本书中我们提供的这类练习开始尝试。这样的练习有练习 5.5“创意 / 生存循环练习”、练习 7.4“制定列表：一个或两个”、练习 7.5 “你和我：矛盾关系中的异同”、练习 8.4“了解你的天赋和困境”、练习 8.8 “对比体验”、练习 9.6“保持平衡”和练习 10.5“喜欢还是不喜欢”。

聆听隐喻、比喻或丰富多彩的语言

建立并扩大作为干预基础的视觉表达和对比性语言表达。

例如，当客户说他觉得自己被分成碎片了，请他把自己画出来，再将自己的画像剪碎，然后给每个碎片命名。有客户可能说“通往我下一步行动的大门只是半开着的。”类似这样的句子能够作为视觉表达或书面表达的催化剂。当客户说他想像儿时玩要时那样，对自己的工作充满兴奋感，首先让他进行一个反思性书面表达，写出他在孩提时喜欢做的事儿，然后帮助他识别这些活动的特质，让他能将这些特质带入成人的现实中。

改造已知的方式

似乎很多人都认为“创造力”就是有能力写出一部精彩小说或者创做出一幅艺术作品。其实对已知的事物进行调整、改造也是创造力的表现（我们这个时代很多伟大的发明就是通过这个方式诞生的）。最开始，你可能在最接近自己舒适区——你的经验和首选的学习方式的模式下对自己常用的干预方式进行改造。然后试用一些真实而可靠的干预方式，这些方式可以来自本书中的工具包、其他教练资源和信任的同事。一旦你开始熟悉新的干预方式，获得更多信心，开始对它进行试验。你可能吃惊地发现，通过练习你能变得如此具有创造性。而通过每一次重复，练习本身也在不断完善和演变。

保持好奇心和玩乐心

总想让事情保持“正确轨迹”或者让它们永远可预测，这样的做法会立刻让你的创意能量大门关闭。我们这个时代很多伟大的创造者和发明家都被认为充满好奇而顽皮的。他们总是保持着孩子般的求知欲，想了解“如果……会怎样？”例如，有关托马斯·爱迪生的传闻多不胜数，有的是有趣的故事，有的是恶作剧（McGee-Cooper，1990）。他一生中保存了超过 3 500 个笔记本，里面满是天马行空的联想和看起来不相关的想法。爱迪生毕生努力从事发明创造，但是他从未对即便是最基础的试验失去好奇心。在他的笔记本中记录于 1877 年 5 月的一条简短记录包含了这样的观察表述：“如果你使劲凑近看任何印刷品，近到连字都变得非常模糊时，你会看到重影……其中一个总是蓝色或者是深紫色的。”（Insight, 1996, 第 26a 页）

所以眯着眼看看这张页面，从一个新的视角来看待事情。试试 “闲混胡闹一把”。这不会对你造成伤害，却可能发现一种新的干预可能性。

和客户及他人共同创造

我们会共同创造、验证很多干预方式，当你能承受他人的意见时，创造的过程会更简单也会更有趣。过程中你可以犯错，对错误只需一笑置之，然后弄清楚在实际的教练情境下会有效的干预方式。客户也经常愿意进行试验，只要你向他们坦诚：你正在尝试一些新的东西或者验证一个新的灵感。当你和客户已经建立了一个可信的教练关系，这段关系让你们能感受到人类成长 、 发展的快乐和美好时，你对客户的坦诚将达到最佳的效果。很多客户喜欢和你一起创造，这能激励他们的教练过程，但是要确保你试验的目的是满足客户的需求，而不是满足你自己的。

CHAPTER 14

第 14 章

整合模式，成功教练

“做好准备，缪斯自会降临。”

黛尔·施瓦茨

黛尔所说的缪斯是客户和我们自己的灵感缪斯。它是帮助我们“合并使用”的创意源头。作为教练，我们被要求在保持关注当下、真诚的同时，做到反应迅速、用心回应、自如应对。提供教练服务最令人兴奋的是，没有两个教练环节是一样的。本章将引导你做好准备，通过整合不同的认知模式实现成功的教练环节。

构建关系为实施干预提供支持

在与客户的初次会谈时，他很可能简单介绍自己寻求教练服务的原因。教练关系建立的初期就是阐明客户目标的阶段。客户可能需要分享有关待解决问题的背景信息，这样你能详细了解清楚。

与此同时，这也是你们达成默契、建立互信关系、深入讨论教练方式的过程。在这个过程中，你们需要讨论客户喜欢的学习和表达模式，主要的焦点是收集信息，为实现令人满意的教练合约关系做好准备。就像所有新建立的关系一样，对方的期待、需求及将如何建立联系，这些问题都还不明确。

在回答这些问题之前，我们会给客户一份教练协议，让他们在第一次约见前阅读，见面时大家就可以阐明合约的细节了。在讨论时，要考虑以下问题：

- 客户对合约内容清楚吗？
- 他有任何顾虑吗？
- 你将如何评估进展？
- 你将如何判断终止教练服务契约的时机？
- 客户对教练关系的承诺是什么？
- 教练服务契约将规定多少次教练环节？

类似这些问题的答案将为你和客户的教练环节建立一个坚实的基础。这就像在上菜前摆好餐台一样，当菜已经上桌了，就很难再倒回去重新布置餐桌了。

整合认知模式

黛尔将模式比作你和客户一起做的一顿饭，你们仔细挑选能取悦客户味蕾的美味食物，精心选择作为主菜的身体意识、视觉表现、口头和书面语言等表达形式。作为调味品，你可能还会加些引导式图像练习，或者探索隐喻，或者创立仪式。在共同协作下，教练和客户确定了最有营养价值的食材来准备这顿大餐，并在此时此刻满足客户对富有创造性且目的明确的行为的渴求。在做选择时要运用我们的直觉和有意识的思考。

对于整合认知模式而言，有个好消息是，没有一个真正正确的方式来享用这顿大餐。合并使用是一种技巧，而不是确定的方案。客户会给你即时的反馈，告诉你，他是满意而愉快的，还是无所适从、无法接受的，或者还未满足而需要更多。这是一个持续学习的过程，需要进行试验，发现错误，再进行练习，帮助你逐渐了解客户的口味。

我们的整体性方案根据客户的需求，融合了多种认知方式和不同的表达方式。每一种都能为客户带来独特的互补式帮助。我们持续地设计流程，当客户希望进入更深层次的自我，发掘自己内在的智慧和真实的自我时，鼓励他们向自己展现自我。

偶尔有客户知道了我们工作的性质后，会宣称：“教练环节中我不打算画画儿。”让客户确信画画儿并不是教练环节必需的内容之后，我们会收集信息，了解客户偏爱的学习方式。例如，我们可能这样问：“你的最佳学习方式是什么？如果你想学习园艺，你会读一些有关园艺的书籍，向园艺大师请教，在互联网上搜索相关信息，参观漂亮的花园，或者参加培训课程吗？”

我们也会发现客户对不同表达形式的兴趣。每一个客户都有一个或者多个喜爱的表达形式，为其所吸引。有时，甚至都没有意识到自己的这种偏爱，或者没去继续发掘它们。客户们经常承认说：“私底下，我想成为一名作家。但是在我们家姐姐才是作家，所以我从没有追寻过这个梦想。”“我梦想成为一名艺术家。以前画了很多年，后来就没画了。”“我一直想成为一名单人喜剧演员。”使用不同的表达方法揭示了未曾开发的自我表达能力，让它们得以展现出来。作为额外的收获，很多客户都意外地尝到了自我表达所带来的纯粹快乐，发现了自己后来开始追寻的潜在才能。

在了解客户偏爱的认知世界和表达自己的方式，并与其进行讨论之后，我们可以考虑哪种认知模式适合教练服务。有时我们会使用符合客户利益和喜好的模式；有时我们也会挑战他们，让他们尝试一种“新菜”。以下三个关键性问题是我们一直要铭记于心的：

- 客户需要的是什么？
- 是否有一种形式，在本质上就能更好地满足客户的需求？
- 客户愿意尝试冒险和试验吗？她愿意走出自己的舒适区吗？

这些问题是我们和客户进行谈话的关键性内容。我们也会邀请客户尝试不同的表达方式，通过这样的方法，客户了解并亲身体验了哪些认知模式最适合他们的需求。有了这种体验，客户成了我们的知情伙伴，大家一起挑选合适的方式。

选择形式的基本规则

以下提供了更多选择形式的建议供参考。当你和客户识别最佳方法时，它们就是识别过程的组成部分。

- 以客户的状态为导向，跟随他的引领，从客户身上发现线索。
- 在选择和设计模式实施形式和过渡形式时要践行合作原则。不要求做到能读取客户的想法，恰恰相反，和客户一起去探索他们的需求，讨论什么模式能更有效地解决问题，为他们提供重要的信息，帮他们锚定感悟，吸收知识，从而最终实现他们的目标。
- 保持好奇心。不要对客户的偏好和利益或者走出自我的能力进行假设。宣称“我不想尝试艺术形式”的客户，通常在后来当我们询问“你想尝试一些新方法吗”

时，会欣然接受艺术形式的方法，让我们和他自己都大吃一惊。

- 提供选择和备选方案。以本书中的练习作为起点，供你和客户进行改进、创建和改编。
- 建议一种形式时，解释你的推理："我建议采用角色扮演，因为我听你说过，你曾在脑海里预演过在会议上要说些什么，但是不确信这些话听起来效果如何。我认为角色扮演能让你有直接感受。"
- 记得和客户确认他是否赞同你的建议："我认为这个练习会有帮助，因为……你认为呢？"
- 使用一种或多种认知模式来更加深入地锚定感悟，因为这样能用到更多的感官。可以采用语言表达加书面表达，身体意识加视觉表达，或者其他任何合并方式。
- 提醒客户，当我们建议的模式和练习不能让他们产生共鸣时，可以坦率地拒绝。
- 和客户保持协调一致。根据客户感悟和学习的节奏调整使用的形式。
- 保持放松心态。当你越是从容不迫，分析性思维和直觉性思维越会顺畅流动。相信自己的智慧、感受和直觉性的灵光一闪，然后和客户检验这些灵感。
- 放弃必须要"知道"最佳形式的心态，接受让自己处于未知的状态。
- 如果你的大脑完全为找最佳干预方式的执念所占据，你和客户在一起时就无法做到关注当下。
- 仔细留意客户有关画面、隐喻、比喻和类比的口头语言，它们是重要的指标，展示了客户如何给自己的经验建立框架。从这些指标中识别客户是如何描述、体会和处理信息的。他们感觉到一种情绪了吗？他们正在视觉化一个画面吗？他们正在思考一个抽象的想法吗？他们在描绘身体感知吗？有时客户的语言能够激发灵感，感觉到他们可能倾向于考虑的形式是什么。
- 留意客户的语调和发声模式：是生动的、单调的，还是平稳的？声调能直觉感知客户的感觉和能量水平。尤其是在电话教练环节时，辨别声调特别重要。
- 关注客户的无声语言：姿势、面部表情和能量水平。这些都是你可以和客户一起探索的线索。（但是注意，不要假设自己知道这些无声语言的含义，除非你询问过客户。）
- 为教练环节注入跃跃欲试的兴奋感与勇于探索的冒险精神。同时游戏似的生成创造性的过程，帮助客户明白自己的前进方向。

设计教练环节时需考虑的问题
• 客户最需要的是什么？ • 让客户感到兴奋的是什么？ • 让客户感到畏惧的是什么？ • 能与客户的能量水平产生共鸣的活动是什么？ • 什么方法能探寻内容问题？ • 客户和我之间的信任程度如何？ • 客户愿意尝试冒险或者他需要呆在自己的舒适区吗？ • 教练服务现在处于什么阶段？ • 本次环节中的选择点是什么？它们出现在哪里？ • 客户对问题的探索达到了他所满意的程度吗？

建议认知模式的催化剂

在教练过程中，有很多向客户建议认知模式、设计干预手段的良机。以下教练和客户之间的对话将展示在会谈中的这样一些典型时机点，可以促使教练进程转化到干预阶段，使用包含了一种或多种认知模式的干预手段。这些对话由黛尔和她客户的对话整理而成。

基于客户的隐喻产生想法

当你听到客户说了一个隐喻，暂停一下，仔细聆听她使用语言的特定方式。这个隐喻提到了或者体现了她正要解决的问题吗？它能和她的目的产生共鸣吗？如果我听到她的措辞，我的直觉和理性思维对这些问题的回答都是“是的”，那么谈话会这样进行下去：

客户：对于最近的这次升职，我感觉就像正在通过一段急流，不知道未来会怎么样。我身在一片泛着浪花的水面上，什么都看不到。

黛尔：这是一个很强烈的隐喻。我很好奇，如果我们对它再进一步进行探索，会不会有帮助。你怎么看？

客户：听你这么说，我意识到我想要的是将船划到平静的水域，脱离湍急的水面。

这就是我想寻求的隐喻。我需要脱离动荡。

在这个示例中，停止让客户继续表述，与他一起检查出现的隐喻，引导客户阐明他的焦点。我们可以确定探讨“平静水域”的隐喻是一个内涵丰富的清晰方向。然后讨论可能的认知模式，包括画出平静的水域，写出有关它的文字，或者使用引导式图像练习来创造平静水域的画面。

基于以前的成功经历产生想法

你提供给客户的方法可以是这个客户或者其他客户以前使用过的方法。

客户：我不太确定我想要表达什么，但是今天我想谈谈我和我姐姐的一次艰难互动，因为我被激怒了。我觉得有时我和她建立联系的方式和我与工作伙伴间的互动有相似之处。我不知道该如何解开纠结。（客户大致描述了争吵的经过。）

黛尔：你对于相似之处的感悟让我想到了两个方法能帮助你理解事情的原委。以前你进行过发现相似点和差异点的练习，要找到你和一个相处不太顺利的同事间的异同点。那个练习似乎对你很有效果，我可以引导你继续这样的练习。通过这种做法，发现你和你姐姐间的异同点，然后是你和你的工作伙伴间的异同点。这是第一个选择。

另一个选择是采用角色扮演的方式，你来扮演你的姐姐。也就是说，你要用她的身份来说话。然后同样由你来扮演你的工作伙伴。这样的两种方法可以探索你的思维，比较两种关系间的互动作用。你觉得怎么样？还有其他建议吗？

客户：角色扮演的方式听起来不错，也许还能进行书面比较的练习。

这个教练环节接下来进行的就是客户的角色扮演，然后总结她的感觉、想法和感悟。作为家庭作业，她可能完成一份异同点的练习（“你和我：矛盾关系中的异同”，练习 7.5）。

客户自行产生对模式的想法

当客户产生了想法后，你们共同探讨、选择能满足他们需求的练习。当你和客户的教练关系已经建立了一段时间，以下这样的对话可能发生。

客户：我想就目前的形势进行书面梳理。我觉得这会有助于厘清事情的方方面面，从而制定策略。

黛尔：很高兴你知道自己想做什么。你心里已经有一个书面表达的结构或练习了吗？或者你愿意我给你一些建议吗？

客户：我认为我想要的是安静地写上一段时间，不受任何结构的束缚。但是在开始之前，你能指引我进行一次引导式图像练习吗？这会帮我回顾曾向你描述过的各种可能性。我觉得这样做有助于我的书写更加深入，让我的思维能集中于关注点上。

黛尔：当然可以。这主意不错。

接下来进行的就是引导式图像练习和书面练习。

教练与客户对如何进行干预都有想法

如果你和客户都有了想法，有时你们的想法是一致的，也有时是完全不同的。无论哪种情况，这都是一个很好的机会，教练和客户能分享各种想法，再进行测试。

客户：关于如何察看……我有个想法。

黛尔：好极了。我很高兴听到你的想法，我也有一个想法。我们可以一起弄清楚哪个更好。你觉得呢？

接下来进行的就是先分享想法，再精心设计方法。一般来说，这个过程会比较迅速。当客户在进行干预时，你可以在需要时逐个建议更改和替代选择。在你和客户进行协作时要保持创造性思维。

教练与客户都陷入困境时

当你和客户都不知道该如何向前推进时，请记住，你不一定要扮演一个拯救者的角色，你不需要知道所有的答案或者因为自己不知道而责备自己。当你承认自己和客户都没有头绪时，会让心里的兴奋感增强。这是你们共同创造的一个好机会。

将你的思维过程向客户公开。暂停对话去思考并理顺你的思路是完全可以的。这也同样给了客户思考的时间。

黛尔：我不知道该如何帮你弄清楚你描述的这个问题，它太复杂了。你有什么想法吗？

客户：没有。我还希望你会知道怎样帮我处理这个混乱的局面呢。

黛尔：我们一起来想办法。我觉得有点儿兴奋，这让我们有机会一起做一些创造性思考。

客户：好呀！但是我没有任何头绪。

黛尔：给我点儿时间，让我想想。

黛尔：我在考虑将这个问题的不同方面分离开可能有帮助。我没法想清楚如何推进，因为有太多的问题交织在一起，而我不知道哪些是你优先考虑的对象。你觉得呢？

客户：是，我同意你的观点。我完全束手无策。

黛尔：我也是，只能坐在这儿听你说话。似乎我们已经达成一致，先讨论能解开不同问题的分析过程。你也是这么理解的吗？

客户：是的，这是一个很好的起点。（语气热切）

在这种情况下，我可以指引客户进行一个事项列表活动如练习 7.4 “制定列表：一个或两个”和练习 7.1 “制定决策标准”。也可以采用完全不同的方式，让客户制作一幅包含了所有相关问题的拼贴画，然后讨论分别位于前景的问题和作为背景的问题（练习 8.7 “愿景拼贴画”的改编形式）。

三道主菜加甜点的大餐：逐渐融合多种认知模式

使用多种认知模式能更加有效地锚定学习收获，因为多种模式让更多的大脑部件参与其中——更多的感觉器官和更多的认知方式。根据需求，通常在教练环节过程中和环节间的空余时间，我们会从一种模式转换到另一种模式。下面的案例展现了黛尔和客户是如何进行模式转换的。

身体意识、视觉表现和对话让安妮塔头脑变得清晰

安妮塔二十岁出头，聪明伶俐，具有冒险精神，有着超出实际年龄的睿智。她动作灵敏，并且很满意自己的健美体型。她寻求教练服务的目的是解决她拯救他人和受害者的行为模式，同时厘清职业发展路径。以下对话发生时，我们的教练关系已经建立了两个月。这是一次面对面的教练环节。对话还附加了备注，帮助你深入了解黛尔对于转换活动形式的思考。

安妮塔：我觉得自己被来自四面八方的力量牵扯。（她说出这些牵扯的名字时，用姿态比画出不同的方向。）

备注：“感觉被牵扯”是一个清晰的动觉隐喻，这是一个会让她感觉舒适的途径。

黛尔：我不知道你是否愿意再琢磨琢磨这个隐喻，找出更多关于被牵扯的信息。你觉得呢？

安妮塔：好呀！你有什么想法了吗？

备注：我做出假设，运动会加深她“被牵扯”的感觉，由此帮助她做出选择。

黛尔：我的想法是我们可以把你的隐喻表演出来。我们都站起来，然后我拉着你的一只手，向不同的方向拉扯，就像你所描述的那样。这样你可以关注这个过程中你的情绪、想法和感觉，然后我们就从你的这些感受开始着手。你觉得怎么样？

安妮塔：好的！我们开始吧。

当我们绕着房间移动时，我从不同的方向拉扯她的手。

安妮塔：当你拉扯我的手时，我会失去平衡。这正是我所感觉到的。我不想失去平衡。

我们停止动作，静止站立。

黛尔：你想要什么？

安妮塔：我想要回归中正，想保持中正。我不想自己被 X，Y 或 Z 扯来扯去。

备注：因为她在练习冥想和瑜伽，我知道她有能力让自己处于中正（找到自己的内在平静和平衡）。

黛尔：你可以现在让自己处于中正吗？

安妮塔：可以。

安妮塔静止站立，闭上双眼，将自己的能量转换到平静状态。这个过程持续了一段时间。睁开双眼后，她说感觉自己已经处于中正状态了。我们彼此微笑着点头致意，然后继续对话。

黛尔：我有一种感觉，如果你把两种体验都画下来可能有帮助，这样你可以继续对它们进行反思。同样，这两幅画也能作为一种纪念物来提醒你做出的选择。你觉得怎么样？

备注：我知道使用多种认知模式有助于锚定学习收获。她喜欢艺术创作，很明显这是一个可以建议的模式。

安妮塔：我喜欢画画儿。她选择了材料然后开始作画。（见图 14.1）

当她画完，我们对她的作品进行了讨论。

安妮塔：首先，我画了自己被来自不同方向的力量牵扯的图。（她标明了不同方向的名字）。然后右边这个雕像一般的紫色人物是平静而中正的自我。当我处于平静时，我能保持坚定。

黛尔：你愿意进行一次简短的引导式图像练习来理解你的平静而中正的自我吗？

安妮塔：（点头表示愿意。）

备注：动觉是她的特长之一，通过理解她的身体意识和情绪所创建的图画，并且将图画用语言描述出来，重新回归使用动觉的模式，这样会有效果。同时也以此结束她的体验过程。

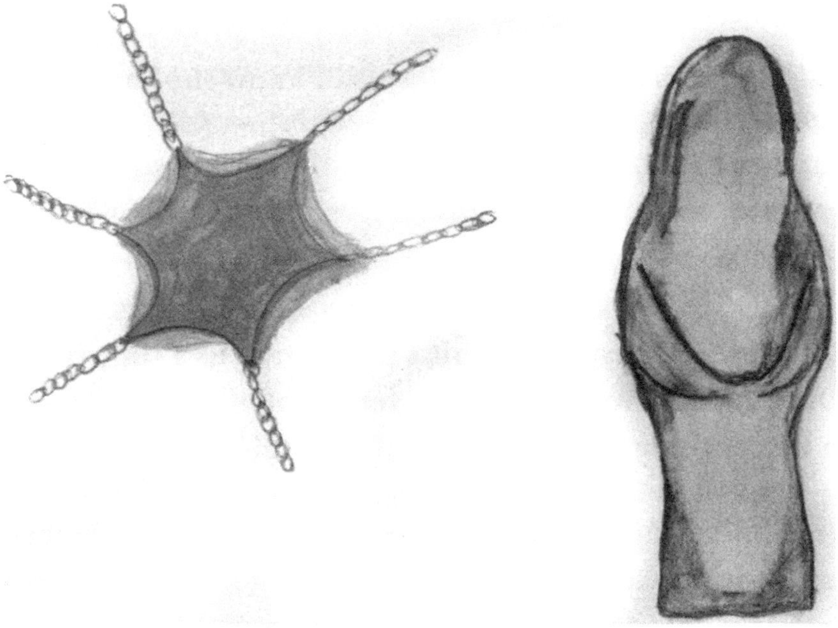

图 14.1 安妮塔的第一幅画

黛尔：按照你所画的雕像的姿势站好。现在闭上眼睛，开始和你体内那个中正、平静的自我建立连接。让你的呼吸进入那个地方，随着每一次呼吸，让你的平静逐渐扩展。关注你的感觉……

备注：我们最终转换的认知模式是语言模式：一个简短的引导式图像练习，然后就她的体验进行了一次简短的对话。她描述自己的能力得到了加强，能从动荡不安转换到更加深入的内在平静。至此，我们的教练环节实现了一次圆满的循环，最终结束。

餐后甜点：更多的绘画和反思性书面表达

几个月后，安妮塔继续了这个主题，她画了自己保持瑜伽姿势的同时平衡整个世界的画面，并深受鼓舞（见图 14.2）。作为家庭作业，她完成了这副画并且写出以下文字：

“我是自己的主宰。保持微笑，我欣赏自己，能以平常心对待自己。同时我又能认真而严谨地对待这个世界，对待我的生活。我不会让世界轰然倒塌。我在细致地维护着对世界的掌控，让它不会偏向任何一个非我所愿的方向。我怎么会拥有如此强大的力量？那是源于对自我的热爱。力量与自爱总是并肩前行，它们共同协作。这需要平衡，也能创造平衡。这种相互依存的关系以背景中黄色三角形来体现。这个画面是我的人生契约，它提醒着我要珍爱自己，欣赏自己，只有这样，我才能在体内创造能量，去平衡组成我人生的所有部分。”

安妮塔将这幅画放入镜框内，作为一种意义重大的纪念物进行保存，提醒自己这是人生契约。

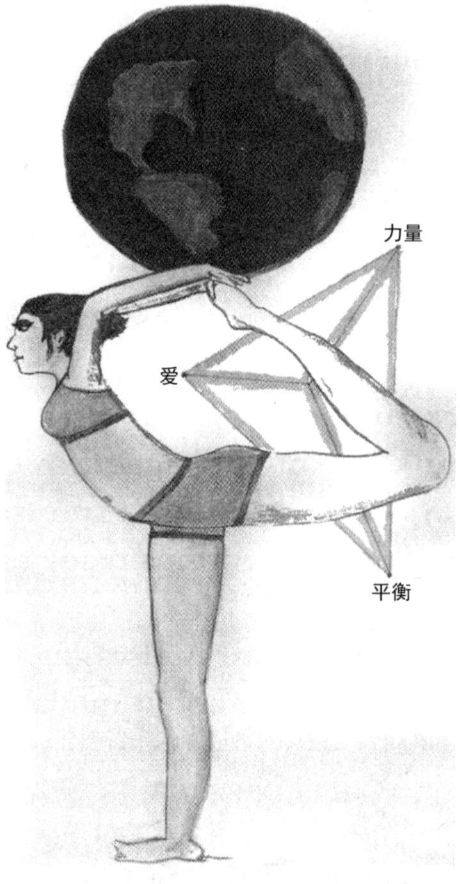

图 14.2 安妮塔的人生契约

结束教练关系

你和客户共同决定何时结束教练关系。结束的基础通常是客户实现了自己的目标，掌握了技巧，能够采取富有创造性且目的明确的行动。有时候，会提早结束。例如，在教练工作还未完全结束前，预算限制可能导致关系结束，还有健康方面的突发事件的出现，或者客户被调离了，这都可能是原因。无论结束是如何产生的，要回顾客户计划完成的目标，庆祝取得的成就（更多做法见第 12 章）。作为道别的一部分，我们会和客户分享我们看到她所取得的进步，在她身上所欣赏到的品质，以及我们喜欢和她合作的方面。我们也会对与她的合作关系和共同完成的协同工作表示赞赏。通过这样的结束方式，对客户所付出的努力、所取得的成就及自己与客户间的关系示以尊重。我们通常将它称为毕业典礼。

最后一句鼓励的话：使用不同认知模式的过程饶有兴味。客户和我们都处于一个创造性的过程，我们从不知道将发生什么。这让教练环节变得新鲜又生动。本书即将进入尾声，你也准备好逐渐实施这些练习。我们为你准备了以下的结束练习，供自行试验。

合并使用：选择和合并模式的练习场景

以下是一些典型的教练场景，取材自安妮和黛尔的实际经历。我们建议你至少挑选一个自己感兴趣或者能代表你和客户正在进行的教练内容的场景。然后写出至少两种在类似场景下你觉得会推荐给客户的干预手段，这些干预手段采用了各种我们所分享过的认知方式和表达方式。这种练习能有效地帮助我们预备好干预方式，一旦出现合适的时机，就可以使用了。

“资源库”部分（第 14 章练习“场景的操作性建议”）提供了一些我们对于认知模式选择的思考和我们可能针对每个场景所采用的干预方式——但是你可能采取的是同样有效但不同方向的方法。

场景一

你正在为斯蒂夫提供教练服务，原因是他的压力过大，正苦苦支撑着自己的工作项目。他的问题之一就是解决各种关键的工作时限问题。斯蒂夫说：“我觉得简直要招架不住了。我的胃在翻腾，头都要爆了。我不知道将怎样如期完成工作。”

场景二

你和一位经理建立了教练关系，他对手下一名雇员的表现非常挑剔。他似乎都无法克制自己的失望感，和这个雇员进行一次有效的谈话。客户说：“我简直对我的助手失望透顶，以至于怒火中烧。我总是控制不住要发火。我甚至没法坐下来和他心平气和地谈一谈。”

场景三

你正在为詹娜提供教练服务，她总是抱怨时间不够，自己被各种任务和责任弄得不堪重负。但是她还一直接受新的项目。詹娜说：“我当然想让自己所做的一切都能最好。可我不能做到面面俱到，这种感觉就像总有东西从满满的货车里掉出来，可我又在不停地把新东西加进去。帮帮我！”

当你询问她，如果可以选择，她准备放弃货车里的哪些东西来为想加进去的东西腾位置时，她又答不上来。

场景四

你客户的公司刚刚与另一家公司合并。他的部门将迎来一位来自另一家公司的新领导，但是团队成员被完整地保留了下来。大家对从外部空降一名新领导觉得很不情愿。客户希望你能帮他和团队克服他们的沮丧和埋怨心理，为新领导履任后的协同工作建立基础。

场景五

你和所在社区的一个非营利组织的董事会建立了教练关系。在董事会战略规划静修会上，团队成员为来年规划了两个重大项目。但是静修会之后，他们的资金急剧减少。团队达成一致，认为与其同时进行两个限制版本的项目，不如集中资源实施一个项目。然而，成员们却因为选择哪一个项目而分为两派，各持己见。

场景六

你的客户本认为，公司董事会已经采取了好几个行动来削减他的权力。他正在考虑是否要采取行动处理这种状态，该如何处理，以及是否要找份新工作。本说：“当我一想到要和董事长去聊聊时，千言万语的洪流就会涌上心头。我无法选出最佳的策略。”

附录

引导型教练基础模型

APPENDIX A

附录 A

引导型教练模型*

安妮和黛尔使用一种包含九个部分的模型来指导她们的引导实践。我们改进了这种模型，使其能代表教练关系中所有重要的且有多面性的特征。虽然引导型教练主要聚焦于本模型中的诊断和干预平面，但是我们无法脱离指导原则、支持诊断的基础理论和教练灵活使用工具所必需的内心活动，而孤立使用模型中的工具、技巧和练习。我们所进行的任何工作都会涉及模型中的各个平面。以下为此模型的简单概述。更完整的信息请参阅《专业引导技巧实践指导》(Schwarz, Davidson, Carlson & McKinney, 2005) 第 57 章“引导型教练”。

引导型教练金字塔模型

我们将复杂的教练过程看成一个简单的几何形状：就像一个金字塔 (见图 A.1)。外部的平面 (平面 1~平面 4) 代表了教练体验中更为广泛的内容：客户寻求教练服务的目的、客户的内心活动、教练的内心活动、客户与教练建立的契约关系。这些平面形成了一个有机的整体。将金字塔模型从顶端打开，可呈现出其内部平面 (平面 5~平面 8 及金

---

* 本附录内的材料改编自 R · 施瓦茨，A · 戴维森，P · 卡尔森和 S · 麦金尼的《专业引导技巧实践指导》，第 57 章“引导型教练”(第 457–477 页)。加利福尼亚州旧金山市，乔西 · 巴斯，2005 年。经乔西 · 巴斯出版社许可使用。

字塔的底部)。内部的平面包含了经常“在后台运作”的指导原则和各种流程。

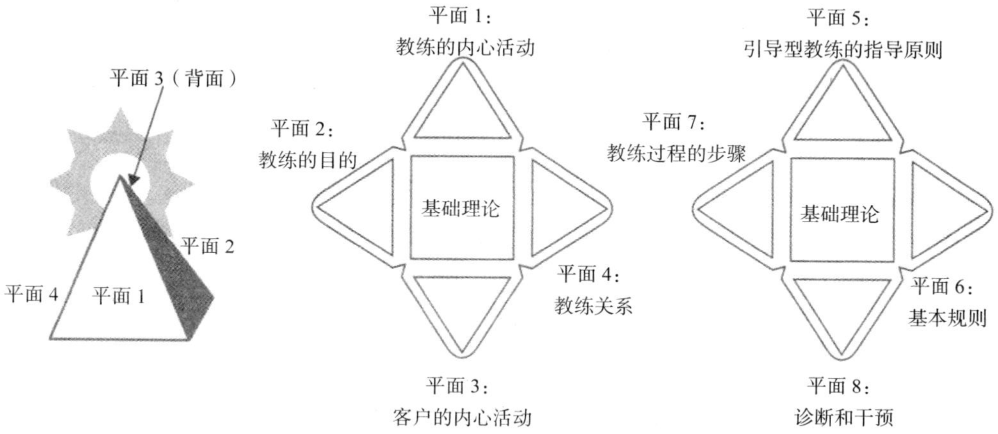

图 A.1 完整的金字塔模型

金字塔的底部的基础理论包含了有效的团队和个人互动的理论:交互学习模式和单边控制模式,创意循环和生存循环,以及戏剧三角形(见图 A.2)。这些基础理论指引我们进行干预活动,推动我们努力实现完整性和一致性。(基础理论模型的详细信息,请见附录 B~附录 F。)

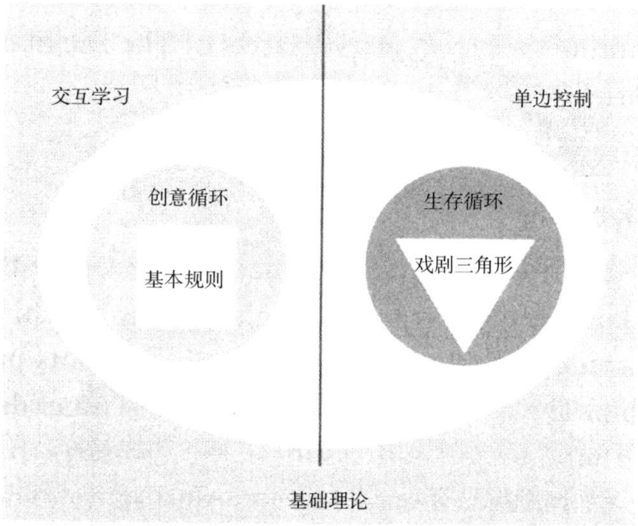

图 A.2 理论基础

金字塔内部的保护空间是我们的学习实验室，让教练和客户能够试验新的思维方式，尝试新的行为方式。在实验室的中心是一个学习螺旋，代表着教练和客户所共同拥有的深层次内心活动，它总是在不断成长、蜕变、后退，然后再向前。如果我们的教练活动取得成果，这个学习实验室所生成的能量将升至金字塔的顶峰，并向外迸发到现实生活中，形成富有创造性且目的明确的行为，实现客户的目标和最深切的渴望（见图 A.3）。

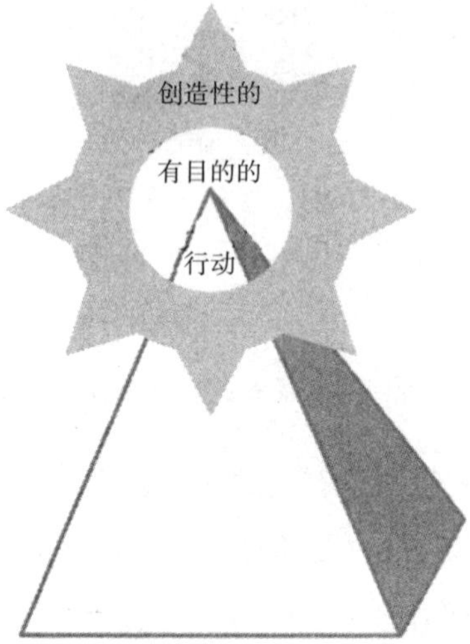

图 A.3　学习实验室

引导型教练模型的四个外部平面

我们将审视引导型教练金字塔的外部平面。

平面 1：教练的内心活动

真诚帮助客户的教练必须先让自己做好准备，然后平衡在任何教练关系中发挥作用的各种力量，并保持下去。教练自身的力量、天赋、困境和盲点将深刻影响教练关系。保持关注并解决这些问题需要深刻的个人意识和内在成长，这意味着教练活动不适合意志薄弱的人。我们认为高效的教练必须建立以下四种基本能力：

- 对自己和他人抱有深切的同理心。
- 采取完全与交互学习模式一致的行为。

- 知道自己的天赋和困境所在。
- 全情关注自己和他人的当下。

这些能力从根本上彼此相互嵌入，你中有我，我中有你，当思考一种能力时很难不触及其他。我们可以将这种关系想象成如图 A.4 所示的一系列嵌套圆圈。

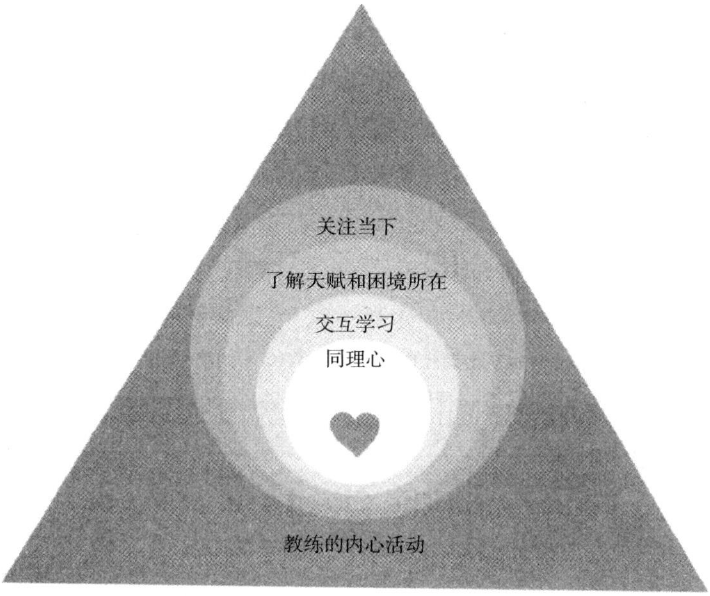

图 A.4　教练的内心活动

平面 2：教练的目的

教练的目的是帮助人们实现自己的目标。通常在教练过程中，客户大致了解过去自己是如何阻碍自身发展的，然后尝试采用一些更有效的行为改变，帮助自己实现渴望的目标。在对自我进行探索和反思之后，客户最初寻求教练服务的目标经常都会变得更加广泛。我们把这种状况比作爬楼梯，向着一个越来越高的目标攀登，正如图 A.5 所示。

图 A.5 实现教练的目的

平面 3：客户的内心活动

客户的内心活动（见图 A.6）和教练的内心活动类似。在教练环节中客户学会了如何关注当下，如何看待自己过去的行为模式，这让他们得以发现自己的单边控制和求存性意识。在教练引导下，客户也能发现自己的天赋和困境所在，了解的程度至少可以满足建立教练关系的目的。客户的部分工作是提升对自我的同理心，充分理解现在已不适用的模式原本是对早期所面临困境的创造性应对。通过教练服务，客户进入了自己的灵魂之门，和教练一起共同完成了一支精细复杂的学习之舞。在这个过程中，双方不断发掘自我，并帮助彼此更加符合共同的核心价值观。需要强调的是，教练在服务客户的过程中总是会保持关注当下。

图 A.6 客户的内心活动

平面 4：教练关系

教练关系是一个有生命的实体。它在具有清晰的角色、边界、指导原则和工作契约的背景下，由教练和客户共同创建并持续演化。教练承担了一个同盟的角色，不进行任何评判地引导并支持客户实现她表述出的目的。教练对过程掌控的专长有助于客户借助自己的内在智慧来做出人生的选择（见图 A.7）。

图 A.7 清晰的教练关系

坚实的教练关系开始于一份清晰的工作合约。这份合约的内容包括阐明双方的期望，强调教练过程要共同设计、共同当责。当有潜在客户联系我们时，我们会提供具体的示例，说明我们在教练环节中会做些什么，说些什么，在探讨是否以及如何建立教练关系时，我们会示范我们的核心价值观和方法。在教练关系开展过程中，当我们重新定义客户目的，决定是否要深入或者停止教练服务，或者要采用不同形式的干预方式时，重新制定协议也是必需的。很多时候，在每次教练环节的开始，教练和客户共同设计教练环节的内容时，会制定一份新的合约。

教练模型的基础和内在平面

罗杰·施瓦茨（2002）研发专业引导技巧的基础理论和概念，并在此基础上构建了引导型教练金字塔模型基础。我们在单边控制模式和交互学习模式，以及戏剧三角形和创意 / 生存循环模式的基础上开展工作。在这个基础之上建立了金字塔模型的四个立面，每个立面的内部代表了更为翔实的教练原则和过程。

平面 5：引导型教练的指导原则

其中一个内在平面包含了对最广泛的指导原则的简单陈述：我们的目的是激发每个人的内在创造力来实现积极改变（见图 A.8）。我们认为可以通过以下承诺来实现：

- 同理心。
- 诚实与尊重。
- 投入交互学习中。
- 基于自由和知情选择的共同设计。

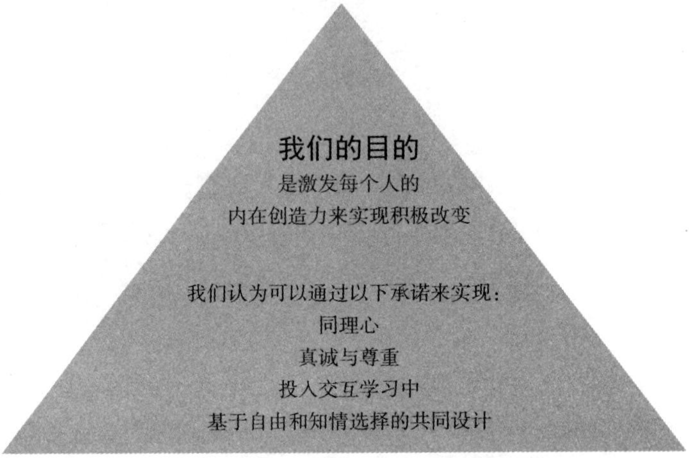

图 A.8 教练模型的指导原则

我们发现对最广泛指导原则的陈述有助于我们总结教练方法。在制定合约进行讨论时，从解释我们所采用方式的价值和如何开展工作的内容开始会很有益处。然后当我们介绍教练模型的其他平面时，可以更加详尽地定义这些原则。

平面 6：基本规则

我们将所有的专业引导基本规则作为实施教练的基本策略（完整列表参见附录 C）。我们为客户提供了一份简短的清单，用以指导我们的教练会谈。清单所列出的都是我们在这种一对一的约谈时经常会使用的规则。我们持续关注自己和客户在谈话中对这些策略的使用。有意识地改变我们的谈话以符合这些基本规则，当客户没有解释他的推理，或者做出了假设并归咎于他人时，我们可以使用这些基本规则进行干预。图 A.9 展示了基本规则。

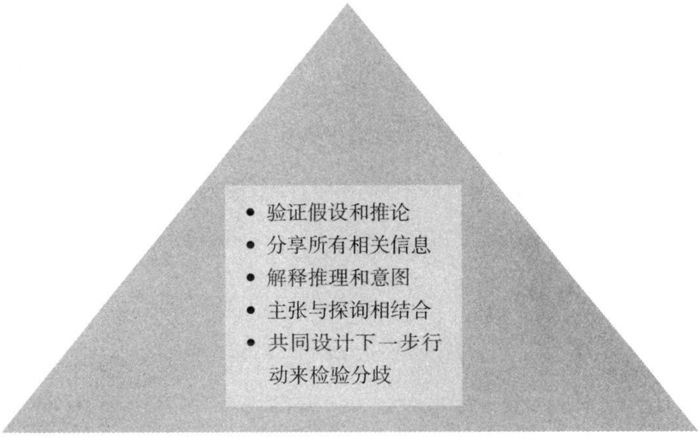

图 A.9　基本规则

平面 7：教练过程的步骤

我们着重强调教练过程的六个关键步骤。它们既是宏观层面的也是微观层面的，也就是说，我们可以采取这些步骤创建教练关系并推动整个进程，同样也可以在每次教练环节中采用这些步骤。这些步骤可以重复进行；在教练环节或者教练合约关系中，我们可能倒退，在再次诊断和进行干预的步骤间多次反复。在教练环节中，我们可能回头重新阐明本次环节的目标，而当我们深入行为模式和心智模式的议题后，我们经常会重新定义教练关系的目标。图 A.10 展示了我们遵循的这六个步骤。

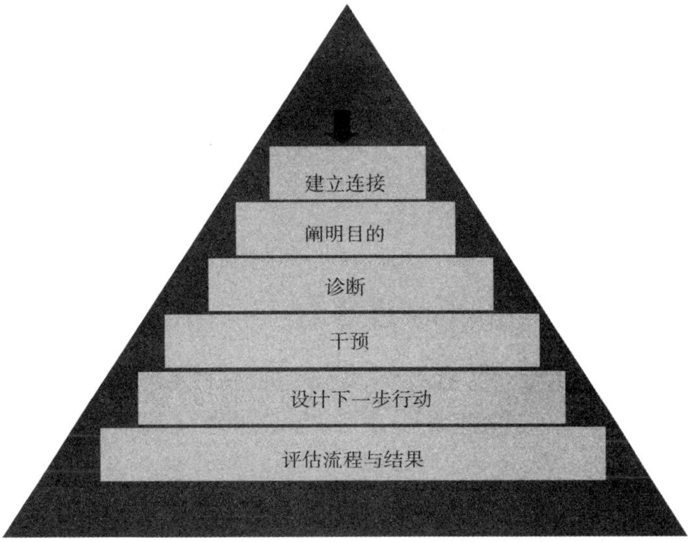

图 A.10　教练过程的步骤

平面 8：诊断和干预

金字塔模型的这个平面表明了我们的教练过程就是从客户的言谈举止中寻求意义，和客户一起决定是否以及如何解决他的需求问题。我们会运用本工具包中所分享的各种工具和技巧实现这样的过程。图 A.11 中所展示的图形描绘了这种诊断–干预过程。图形的中央是专业引导诊断–干预循环（见附录 D），它引导我们选择谈话的内容、时机和方式。环绕“诊断太阳”的光芒代表我们会融合使用的不同方法。其中，主要的方法有语言表达、视觉表达、书面表达、身体意识、改善心智、培养关注当下和专注的能力、举行仪式和庆祝成功。我们的这些干预方式旨在帮助客户开发个人的领悟和尝试新的行为模式。根据客户的情况和具体的情境，每一道光芒都是一种不一样的过程，帮助客户对问题产生新的认识。

图 A.11　诊断和干预

庆祝富有创造性且目的明确的结果

成功的教练服务将促进客户朝着自己最深层次的渴望和目的前进。客户和教练都会收集教练过程中所汲取的经验教训，衡量大家一起取得的进展。这样的方式形成了学习螺旋，指引我们一步步向人生中真正的目的靠近（见图 A.12）。

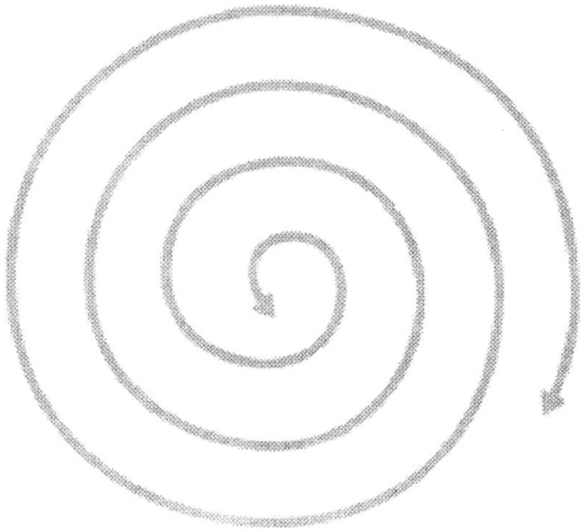

图 A.12 学习螺旋

可能是最重要的同时也经常被忽略的最后一个步骤就是庆祝成功。我们很多人都不会暂停脚步为自己的努力付出而庆祝，也不习惯犒劳自己，和他人分享自己的成长。庆祝是成长过程的一个重要部分。它能强化我们保持创意循环模式的状态，同时也是能量再生的源泉，让我们得以开始一段新的学习周期。我们认为，与其把结果看作理所当然或者片面关注评估的过程，停下脚步为成长而庆祝将更有成效。如果你和客户的教练工作进展顺利，我们相信你们将为所采取的富有创造性且目的明确的行为而庆祝，这些行为会最大可能地实现目的。

APPENDIX B

附录 B

单边控制和交互学习模式

第 2 章“指导原则”解释了单边控制和交互学习模式的区别。图 B.1 和图 B.2 再现了代表这两种模式的模型。每个模型都包含了三个部分：一套作用于我们行为设计方式的核心价值观和假设（一种心态）；一套源自这些价值观和假设的行为方式；一系列因为这些行为所造成的典型后果。我们很多人从孩童时就被灌输了很多行为策略，这些策略被深深嵌入了单边控制模式的价值观和假设。在引导型教练的方法中，我们所做的一些最重要的工作就是帮助人们分析他们所采用的策略，检查它们是否建立在单边控制模式的基础上。我们帮助人们思考他们的行为可能带来的后果，决定是否转变到交互学习模式下的假设和行为状态，以实现更加有效或者更符合期望值的结果，同时决定转变的方式。

更多关于如何转换思维和行为以更加符合交互学习模式的信息，请见资源库中第 2 章和第 5 章所列出的克里斯 · 阿吉里斯和罗杰 · 施瓦茨的著作。

为了总结交互学习模式的技巧，帮助客户记住当下所期望的行为方式，我们经常会和客户分享并强调以下五个核心价值观：

- 透明。
- 好奇心。
- 当责。
- 知情选择。
- 同理心。

心态		行为	结果
价值观	假设		
❑ 只能赢不能输 ❑ 保持正确 ❑ 一切尽在掌控	❑ 我了解情况，持不同意见的人不了解 ❑ 我是正确的，持不同意见的人不正确 ❑ 我动机单纯，持不同意见的人动机有问题 ❑ 我的感觉和行为是公正的 ❑ 我没在制造麻烦 ❑ 改变我的观点是懦弱的表现	❑ 不征求他人意见就陈述自己的观点 ❑ 隐瞒相关信息 ❑ 不公开自己的推理过程，也不询问他人的推理过程 ❑ 行动缓慢 ❑ 控制谈话的目的和方式 ❑ 避免或者加剧负面感觉	❑ 决策质量降低 • 无效解决方案 • 造成不必要的成本 ❑ 承诺度降低 • 决策后执行不利 • 无效的解决方案 ❑ 执行时间延长 ❑ 工作关系紧张 • 减少信任 • 引起防备心理 • 无效的矛盾 ❑ 个人满意度降低 • 错过成长和发展的机会 • 不必要的压力 ❑ 学习成果减少 • 因为错误而否定和责备他人 • 固执 • 过于依赖他人 • 误解

图 B.1 单边控制模式

心态		行为	结果
价值观	假设		
❑ 透明 ❑ 好奇心 ❑ 当责 ❑ 知情选择 ❑ 同理心	❑ 我了解部分信息；其他人了解另一些信息 ❑ 我们每个人采用与他人不一样的方式看待事情 ❑ 我可能要对这个困难的发生负责 ❑ 分歧是学习的良机 ❑ 人们可能和我有不同的意见，但动机是单纯的 ❑ 他人的选择对其本人而言是合理的 ❑ 当人们做出了知情选择，会对选择结果有更高的承诺度	❑ 陈述自己的观点，也询问他人的看法 ❑ 分享所有相关信息 ❑ 使用具体的示例，就关键用词所代表的含义协商一致 ❑ 解释推理和意图 ❑ 验证假设和推论 ❑ 共同设计下一步行动 ❑ 关注利益而不是立场 ❑ 讨论不可讨论的问题	❑ 决策质量提升 • 创新性解决方案 • 节约成本 ❑ 承诺度提升 • 遵照决策执行 • 有效的解决方案 ❑ 执行时间缩短 ❑ 工作关系改善 • 信任增加 • 防备心理降低 • 无效矛盾减少 ❑ 个人满意度改善 • 成长和发展的机会增加 • 压力减少 ❑ 学习成果增加 • 接受错误并从中取得收获 • 适应性增强 • 理解性增强

图 B.2 交互学习模式

APPENDIX C

附录 C

高效团队的基本规则

高效团队的基本规则是实施交互学习模式行为的策略。它们提供了具体的指导，指引我们的言行与交互学习模式的核心价值观和原则保持一致。尽管这些基本规则形成于我们引导和教练团队客户的工作中，也同样适用于一对一的教练会谈，效果是一样的。事实上，我们经常把它们诠释成“有效沟通的练习”，而不是“基本规则”。当客户寻求一种朝向富于创造性的交互学习模式状态的转变时，我们也会传授他们这些基本规则。但是千万记得提醒客户，只有在核心价值观和假设发生根本性转变，符合交互学习的模式后，才能真正有效地运用这些基本规则。

图 C.1 列出了专业引导技巧的九大基本规则。本书第 2 章“指导原则”中也对我们在引导型教练活动最经常使用的一些基本规则进行了解释。有关所有基本规则的更多信息，请翻阅《专业引导技巧》和《专业引导技巧实践指导》。在 www.schwarzassociate.com 的网页上也可以找到一本名为《高效团队的基本规则》的小册子，介绍了这些规则的早期版本。同时网站上还能找到其他有关基本规则的资源（如卡片和海报等）。对那些想初步了解这些基本规则，并提醒自己在日常活动中进行实践的客户而言，这些物品非常有用。

1. 陈述自己的观点，也询问他人的看法
2. 分享所有相关信息
3. 使用具体的示例，就关键用词所代表的含义协商一致
4. 解释推理和意图
5. 验证假设和推论
6. 共同设计下一步行动
7. 关注利益而不是立场
8. 讨论不可讨论的问题
9. 采用可生成所需承诺程度的决策规则

图 C.1　高效团队的基本规则

APPENDIX D

附录 D

诊断–干预循环*

专业引导者所使用的诊断–干预循环提供了一种包含六个步骤的结构化流程，让你能够对谈话中发生的一切进行清晰地思考，然后采取一种符合交互学习模式核心价值观和原则的干预手段。第 3 章“工具技巧使用指南”介绍了在引导型教练框架下如何运用诊断–干预循环。

图 D.1 说明了诊断–干预循环的六个步骤。前三个步骤显示了当你观察行为时在内心进行的诊断（步骤 1），探索该行为的意义（步骤 2），选择是否采取干预措施以帮助个人或团队提升效益及干预的方式（步骤 3）。后三个步骤显示了当你在验证自己观察准确性时具体的谈话内容（步骤 4），验证你推断出的含义（步骤 5），然后帮助他人决定是否通过共同设计下一步行动方案来改变他的行为，以及改变的方式。

这个循环的两部分是同时发生的：步骤 1~3 探究的是你内心的诊断过程，而步骤 4~6 让你能将自己的观察和推论与他人分享，确认大家是否意见一致，如果可以，为对方提供选择重新设计他们的行为。也就是说，在步骤 4 中，你将自己在步骤 1 获得的观察公

---

* 本附录内的材料介绍了由罗杰・施瓦茨联合公司（Roger Schwarz and Associates）于 2008 年研发的诊断–干预循环的修订版本。该版本改编自早期的版本，融合了更易于客户理解的语言，内容与早期著作呈现的版本保持完全一致。关于诊断–干预循环更为详尽的解释，请见《专业引导技巧实践指导》中佩吉・卡尔森所撰写的第 6 章“诊断–干预循环”。

开分享；在步骤 5 中，你将自己在步骤 2 推断出的含义进行分享；然后在步骤 6 中，你帮助客户个人或者团队成员决定是否改变他们的行为以及如何改变。

每一个干预步骤（步骤 4~6）都包含两部分。每个步骤的第一部分都如上所述：分享你的观察、所推断出的含义，并且共同设计下一步行动方案。步骤的第二部分包含对不同观点的验证，在这一部分里，你会检验他人对你的观察（步骤 4），推断的含义（步骤 5）和建议（步骤 6）是赞同还是有歧义。这种明确的验证过程强化了检验的重要性，以确保在开展下一步行动前，他人认同你的评估意见。任何步骤下，如果要实施干预的对象对你的观察或者诠释有不同意见，你不能单方继续进行干预活动。对不同观点的验证保证人们能自由选择接受或者拒绝你的干预方式。

诊断–干预循环的结构让你能以一种透明的方式实施干预手段，通过公开分享内心的推理，让他人了解你的想法和进行干预的依据。遵循这种循环为引导型教练关于共同设计、交互学习、诚实而尊重和同理心的指导原则提供了依据。

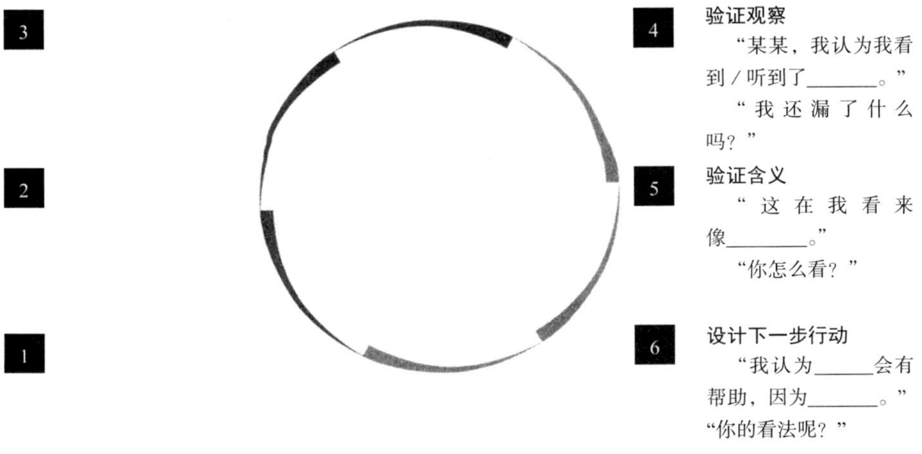

图 D.1　诊断–干预循环

APPENDIX E

附录 E

人生学习（创意/生存）模式™*

由吉列尔莫·奎拉尔（Guillermo Cuellar）研发的人生学习模式™是引导型教练模型的三大基础理论之一。它概述了我们在人生中是如何基于恐惧和爱而做出决策，绘制出当我们面临人生选择时可以选择的选项和可能性的。奎拉尔认为我们在人生中有两个基本的策略：一个是创意，另一个是生存。因此创意 / 生存是我们提到这一模式时使用的缩略语。

正如奎拉尔所解释的，我们对这个世界最基本的假设——恐惧和爱——创造了最为有效的行为策略和自我暗示。我们可以在任何情境下进行创造；或者总体就人生而言，创造出一个基于创造性意识的、可以自我维持的良性循环或者一个因恐惧而导致可能性减少的、可以自我维持的恶性循环。人生学习模式提供了一个来帮助人们检验这些基本假设的框架。就其本身而言，它将单边控制（以恐惧为基础）心智模式和交互学习（以创意为基础）心智模式进行对比。通过这个有效的方式，很多人能够将这两种心智模式及其导致的后果区别开来。对于那些想审视自己最深层次应用理论的人而言，借助这个

---

* 本附录内的材料改编自《专业引导技巧实践指导》中吉列尔莫·奎拉尔所撰写的第 54 章“使用创意和生存循环来发现并提升心智模式”，第 433–435 页，以及创新意识中心（Center for Creative Consciousness）网站（www.tocreate.org）有关内容。经吉列尔莫·奎拉尔和乔西·巴斯出版社许可使用。

模式他们将形成深刻的洞察，了解自己对人生可能性的基本假设，即他们的应用理论。

图 E.1 描绘了创意 / 生存循环过程。我们会使用这张“地图”向客户解释人生学习模式，并带领他们一步步地完成工具包中的练习 5.5。和客户分享以下一些关键原则和解释会有帮助。

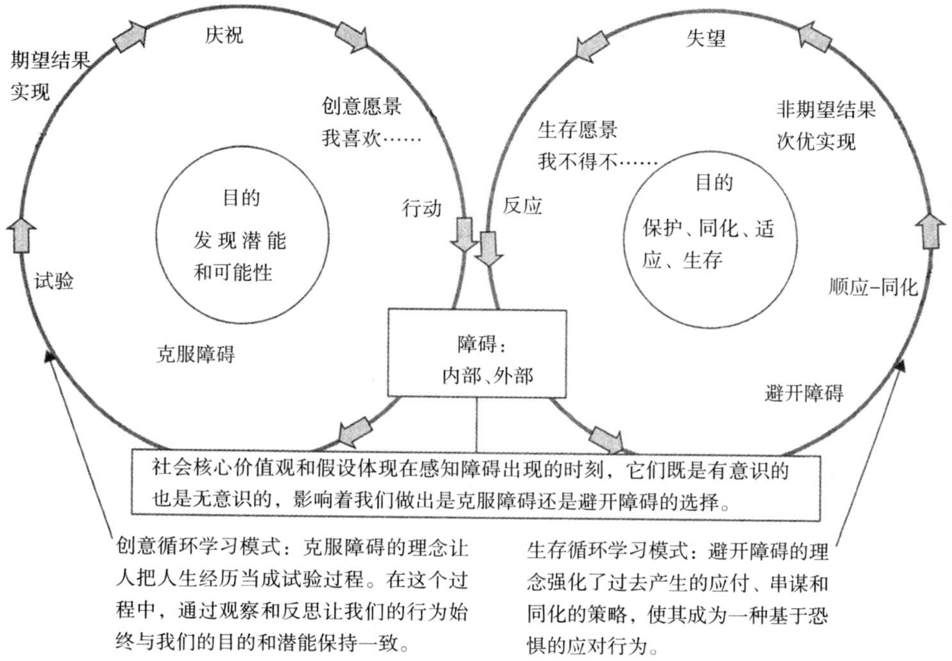

图 E.1 创意 / 生存循环

本模式基于这些关键原则：

- 我们都有基于创意和生存进行选择的能力，创意来自爱和自由，生存的起源是恐惧和顺应。
- 在创意行为和生存行为间反复是人类活动的现状。尽管我们可能希望自己的人生更多地处于创意循环中，但并没有所谓正确和错误循环的区别。我们从两种循环中都能有所收获，这两个循环也是共存的。
- 我们在比较中学习，这个模型能让我们更为清晰地观察自己创意循环和生存循环的对比。
- 我们的生存策略起初是对环境的创造性应对，通常是人生初期形成的一种应对策略。在那个阶段我们总是可以创造性地找到应对方法。当情境发生改变时，我们仍然采用这种生存策略进行应对，尽管它已不能满足我们的目标。（有关这种动态变化的例子，请见第 4 章中的案例“苏珊和她的内在批判”。）

- 我们的核心价值观和假设体现在感知障碍出现的时刻，它们既是有意识的也是无意识的，影响着我们做出是克服障碍还是避开障碍的选择。
- 我们可以选择从生存循环向创意循环转变。我们拥有同理心的能力会帮助我们进行学习，从而实现转变。

创意和生存循环间的本质区别

在创意循环中，我们会因为自己的能力、才能和天赋所带来的可能性感到兴奋。在描述自己的愿景时，会使用一些积极的语言，如“我选择……”“我想……”“我喜欢……”我们把障碍看成一种机会来进行观察、思考、试验和学习。这些试验让我们的行为始终与我们的目的和潜能保持一致。在创意循环中，我们为自己的身份赋予定义，最终会实现自己期待的结果，感受自我实现的成就感，庆祝自己取得的成绩。

与之相反的是，在生存循环中我们总是充满恐惧，被动应对。我们在描述愿景时采用的是义务式的语言，如“我应该……”或者“我不得不……”我们被动地应对障碍，并尽量避开它。躲避强化了在困难出现时产生的应付、串谋、顺应和同化的旧策略，这些都是基于恐惧的应对行为。在生存循环中，我们的身份是被动由他人定义的。随之而来的，我们的目的得不到实现，产生失望的情绪。作为一种终身的习惯，这种方式所产生的效能有限，缺乏目的性和意义。

使用创意 / 生存循环模式将开启创造性选择的可能性

生存循环和创意循环在我们的人生中都是必不可少的，因为我们在学习一个模式的过程中会了解另一个模式。通常我们在面临真正威胁到生命、肢体或者生计的危险时，采取生存性的应对是最恰当不过的了。同时，因为生存模式几乎包含了我们对生活的所有习惯性无意识反应，使用这种模式的策略，至少在早期，能让我们善于得到自己想要的东西，满足很多需求。但也会带来问题，我们很难发现由于不必要或不恰当运用生存循环策略所造成的后果，这些后果通常都出乎意料。

我们中的大多数人都意识不到还存在另一种更适用于自己的世界观。当我们发现自己的行为无法实现自己期望的结果时，就是从生存性循环转换到创意循环的时机。如果我们能审视自己的心智模式，调整自己的核心价值观和假设，采取不一样的行动策略，就经常能产生更加令人满意的结果。随着时间的推移，我们能让自己的行为符合发自内心最深层次的价值观和渴望。

我们通常会在教练服务的最初阶段向客户介绍人生学习模式，因为这个模式能让我们对客户的思维和行为模式有一个总体的认知。同时也提供了一个框架帮助客户识别自己的核心价值观和信念。通过这个模式很多人得以提升自己习惯性的无效决策模式和行为模式，产生了更多创造性的可能性。通常，人们一旦开始理解自己过去基于生存性思考所做出的选择，就会为自己和自己的人生转换一个新的、更具创造性的目的。

APPENDIX F

附录 F

戏剧三角形*

作为引导型教练第三大基础理论的戏剧三角形模式，是一个用来理解单边控制行为的有效方式。它包含了三个基本角色：拯救者、迫害者和受害者。人们在人际关系中做出各种假设和推断，在未对它们进行验证的情况下，会不自知地承担了这三种角色中的一种。

作为一个胸怀慈悲之心的助人者，我们承担了戏剧三角形中的某个角色。有时我们承担了拯救者角色，认为自己清楚对他人最有利的是什么。当我们认为他人的行为不负责任，不遵守规定、指令，行为不符合自己的期望，我们会试图控制他们的行为，此时我们也承担了迫害者的角色。当我们处于受害者的角色时，我们会怀疑自己的能力，请求他人告知自己该做什么以避免承担责任，让他人最终掌控自己的命运。

戏剧三角形概念符合单边控制模式。当我们试图以单边保护、助人为乐的行为或者放弃自己合法权利的方式与人相处时，所建立的无效关系被戏剧三角形模式更加清晰地进行了定义。这个模式也让我们更为深入地洞察到自己基于单边控制的应用理论是如何设计行为方式的，即便在那个时刻我们甚至还认为自己是在助人为乐，是在为他人提供适宜的指导，或者态度很谦逊。理解戏剧三角形的动态关系和如何避免它们为我们提供

* 本附录内的材料改编自《专业引导技巧实践指导》第 53 章“戏剧三角形：一种帮助他人的单边控制模式”，第 421–431 页。经乔西·巴斯出版社许可使用。

了一种有力的方式，帮助专业人士和领导者重新设计人际关系，让其变得真诚、有效，并且符合交互学习的模式。在教练活动中，当我们开始审视生存循环模式或者通过角色扮演和左手栏案例法分析单方控制假设时，就会发现戏剧三角形模式的发生。

戏剧三角形角色的描述

拯救者

一个处于拯救者角色的人会：

1. 低估他人的能力，从而帮他处理自己的问题。
2. 尝试“帮助”他人的方法通常是，替别人做他能做或者他自己应该做的事情。

例如，一个 12 岁的孩子向妈妈抱怨自己得到了一个不公正的评分。他不会直接向老师抱怨，于是妈妈出马“拯救”，代表他去见老师，投诉成绩的不公。通过“拯救”行为，拯救者表现自己乐于助人的需求得到了满足，但事实上，这种帮助让受害者为自己行为当责的能力被忽视。这种方式也限制了受害者的学习机会。

迫害者

一个处于迫害者角色的人会：

1. 对他人的行为非常挑剔。要么不能理解其行为背后的理由，要么将负面的意图归咎于他人，无论这个负面意图是否存在。
2. 对他人进行评判和目标不明确的批评。

迫害的定义是指贬低他人，或者回应他人的方式让对方觉得自己能力不足、难为情、不称职。迫害者觉得这种情境中自己的做法是理所当然、责无旁贷的。例如，主管给雇员下达了不完整的指令，然后却批评这个雇员的工作让人不满意，此时，主管就在扮演迫害者的角色。

受害者

处于受害者角色的人会：

1. 低估了自己的能力、学识或者技巧。
2. 最终发生的情形要么是被人照顾（被拯救），要么是被人批评（被迫害）。

当一个人处于受害者角色时，会将自己成功或失败的原因归咎于他人，而不是尝试自己解决问题或者基于自己的能力采取适当行动。

戏剧三角形动态关系

戏剧三角形是一个非常稳定的结构；也就是说，在一段关系中，人们经常从一个角色转换到另一个角色，而不是完全脱离所有非真实的角色重新建立一个动态关系。图 F.1 展现了这种稳定的内在关系，我们会使用这个图表向客户解释这个模型。

根据戏剧三角形的原则，所有受害者都参与了迫害自己的行为。那些失败、需要帮助、运气不好的人，要对自己的问题承担不可推卸的责任。每一段拯救者 / 受害者互动关系最终都将转变成迫害者 / 受害者关系，原本的受害者开始迫害原本的拯救者。这是拯救行为可以预料到的结果。你的受害者在某种程度上将掌控你。

戏剧三角形帮助我们理解为何我们认为给予最多帮助的人表示的感激之情最少，也有助于解释为何我们会经常发现，对那些自己最倾向于“帮助”的人有种愤怒或者被迫害的感觉。用符合交互学习模式的方式提供帮助，意味着影响他人的方式要能让他们使用自己的能力、技巧或者学识来解决他们的问题。这种帮助方式的定义是，当他人真正面对不可逾越的局限性时，为其提供必需的资源。提供真正帮助时所秉持的基本原则让需要帮助的人以一种不贬低自己的方式解决自己的问题。

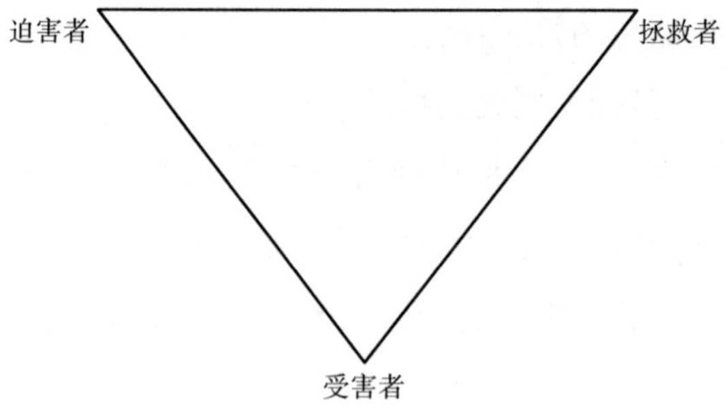

图 F.1 戏剧三角形*

* 本模型由史蒂芬 · B · 卡普曼博士（Dr. Stephen B. Karpman）（1968）研发，可在 www.itaa-net.org/TAJNet/articles/karpmanOl.html 上获取。经卡普曼博士和乔西 · 巴斯出版社许可使用。

作为教练，我们认为内心活动的一个重要部分就是学会作为一个真正的帮助者来与客户建立联系，避免拯救和迫害的倾向性，或者将自己或他人带入受害者角色。作为客户，了解戏剧三角形模式，学会使用交互学习原则来停止和避免戏剧三角形行为模式。这能激发根本性的转变，释放过去因为戏剧三角形的动态关系而被束缚住的巨大创造性能量。

资源库

深入学习的资源库

本部分提供了大量的资源帮助你深入学习有关教练、引导、顾问和咨询的专业知识，也展示了较为全面的文献资料，这些资料支撑我们在工具包中探索的每一种不一样的认知方式。以下是黛尔和安妮最喜欢的书籍资料，我想它们可能对本书各章节的主题帮助极大，很多都是跨领域的著作。希望读者能在自己的热情与好奇心指引下，涉猎其中。

第 1 章　扩展教练技能的重要性

Cameron, J.（1992）. The artist’s way. New York: Tarcher.

Cameron, J.（2003）. Walking in this world. New York: Tarcher.

Goleman, D.(1995). Emotional intelligence: Why it can matter more than IQ. New York: Bantam Books.

Keirsey, D.（1998）. Please understand me II: Temperament, character, intelligence. Del Mar, CA: Prometheus Nemesis Book Company.

Lawrence, G.（1982）. People types and tiger stripes, a practical guide to learning styles. Gainesville, FL: Center for Applications of Psychological Type.

Markova, D.（2000）. I will not die an unlived life: Reclaiming purpose and passion. Boston, MA: Conari Press.

McGee-Cooper, A.(1990). You don't have to go home from work exhausted. Dallas, TX: Bowen 8c Rogers.

Myers, I.B.(1980). Gifts differing: Understanding personality type. Mountain View, CA:

Davies-Black.

Nachmanovitch, S.（1990） Free play: The power of improvisation in life and the arts. New York: Tarcher Putnam.

第 2 章 指导原则

第 3 章 工具技巧使用指南

Argyris, C.（1982）. Reasoning, learning and action. San Francisco, CA: Jossey-Bass.

Argyris, C.（1993）. Knowledge for action. San Francisco, CA: Jossey-Bass.

Argyris, C., & Schon D.A.（1974） Theory in practice: Increasing professional effectiveness. San Francisco, CA: Jossey-Bass.

Chodron, P.(1997). When things fall apart: Heart advice for difficult times. Boston, MA: Shambhala Press.

Chodron, P.（2001）. The places that scare you: A guide to fearlessness in difficult times. Boston, MA: Shambhala Press.

Flaherty, J.（1999）. Coaching: Evoking excellence in others. Boston, MA: Butterworth-Heinemann.

O`Neill, M.B.(2000). Executive coaching with backbone and heart. San Francisco, CA: Jossey- Bass.

Silsbee, D.（2004）. The mindful coach. Marshall, NC: Ivy River Press.

Schwarz, R.（2002）.The skilled facilitator: A comprehensive resource for consultants, facilitators, managers, trainers, and coaches（new and rev. ed.）. San Francisco, CA: Jossey-Bass.

Schwarz, R., Davidson, A., Carlson, P., & McKinney, S.（2005）. The skilled facilitator field- book: Tips, tools, and tested methods for consultantsy facilitators, managers, trainers and coaches. San Francisco, CA: Jossey-Bass.

Ting, S., & Scisco, P.（Eds.）.（2006）. The CCL handbook of coaching. San Francisco, CA: Jossey-Bass.

Whitworth, L., Kimsey-House, H., & Sandahl, P.(1998). Co-active coaching. Palo Alto, CA: Davies-Black.

第 4 章　从自己开始

Csikszentmihali, M.（1990）. Flow. New York: Harper & Row.

Csikszentmihali, M.（1993）. The evolving self. New York: HarperCollins.

Miller, A.（1984）. Thou shalt not be aware: Society's betrayal of the child. Toronto, Canada: Collins Publisher.

Quenk, N.L.(1993). Beside ourselves: Our hidden personality in everyday life. Palo Alto, CA: CPP Books.

Senge, P., Scharmer, C.O., Jaworski, J., 8c Flowers, B.S.（2005）. Presence. New York: Currency.

Stone, H., 8c Stone, S.(1993). Embracing your inner critic: Turning self-criticism into a creative asset. New York: HarperCollins.

第 5 章　改善心智

Patterson, K., Grenny, J., McMillan, R., 8c Switzler, A.（2002）. Crucial conversations: Tools for talking when stakes are high. New York: McGraw-Hill.

Stone, D., Patton, B., & Heen, S.（1999）. Dijficult conversations. New York: Penguin Books.

Suzuke, S.（1971）. Zen mind, beginners mind. New York: Walker/Weatherhill.

Wilson, T.D.（2002）. A stranger to ourselves. Cambridge, MA: Belknap Press.

Zander, R.S., & Zander, B.（2000）. The art of possibility. New York: Penguin.

第 6 章　说清楚

Adams, M.G.（2004）. Change your questions, change your life. San Francisco, CA: Berrett- Koehler.

Gawain, S.（1978）. Creative visualization. Novato, CA: New World Library.

Goldberg, M.C.（1998）. The art of the question. Hoboken, NJ: John Wiley & Sons.

Isaacs, W.（1999）. Dialogue and the art of thinking together. New York: Doubleday.

Levine, S.（1991）. Guided meditations, explorations and healings. New York: Anchor Books Doubleday.

Naparstek, B.（1994）. Staying well with guided imagery. Clayton, Victoria, New Zealand: Warner Books.

Naparstek, B.（2004）. Invisible heroes: Survivors of trauma and how they heal. New York: Bantam Books.

Peris, F.S.（1974）. Gestalt therapy verbatim. New York: Bantam Books.

Strachan, D.（2007）. Making questions work. San Francisco, CA: Jossey-Bass.

Zinker, J.（1987）. Creative process in gestalt therapy. New York: Vintage Books.

第 7 章 写出来

问题解决和制定决策

Brassard, M.（1996）. The memory jogger plus+（rev. ed.）. Salem, NH: GOAL/QPC.

Kelly, M.R.（1992）. Everyone`s problem solving handbook. Portland, OR: Productivity Press.

Streibel, B.J., Joiner, B.L., & Scholtes, P.R.（2003）. The team handbook（3rd ed.）. Madison, WI: Oriel.

书面表达和反思性书面表达

Cameron, J.（1998）. The right to write. New York: Tarcher.

Lamott, A.（1994）. Bird by bird. New York: Doubleday.

Progoff, I.（1992）. At a journal workshop（rev. ed.）. New York: Tarcher.

Rico, L.（2000）. Writing the natural way. New York: Tarcher.

Sarton, M.（1984）. At seventy: A journal. New York: Norton.

Vance, T.（1999）. Letters home. New York: Pantheon Books.

诗歌

Bly, R.（1986）. When grapes turn to wine. Cambridge, MA: Yellow Man Press.

Bynner, W.（1944）. The way of life according to Lao Tzu. New York: Penguin Putnam.

Faulds, D.（2002）. Go in and in: Poems from the heart of yoga. Greenville, VA: Peaceable Kingdom Books.

Faulds, D.（2006）. From root to bloom: Yoga poems and other writings. Greenville, VA: Peaceable Kingdom Books.

Kinnell, G.（1965）. Body rags. Boston, MA: Houghton Mifflin.

Milosz, C.（Ed.）.（1996）. A book of luminous things: An international anthology of poetry. Orlando, FL: Harcourt Brace & Company.

Moyne, J., & Barks, C.（Trans.）.（1984）. Open secret versions ofRumi. Putney, VT: Threshold Books.

Neruda, P.（1986）. 100 love sonnets.（S.Tapscott, Trans.）. Austin, TX: University of Texas Press.

Oliver, M.（2004）. New and selected poems: Vol. 1. Boston, MA: Beacon Press.

Oliver, M.（2007）. New and selected poems: Vol. 2. Boston, MA: Beacon Press.

Rilke, R.M.(1994). Rilke on love and other difficulties.(J.J.L. Mood, Trans.). New York: W.W. Norton.

Silsbee, A.（2003）. Orioling. Los Angeles, CA: Red Hen Press.

Silsbee, A., & Jacobik, G.(Ed.).(2006). Fullest tide: Poems of Ann Silsbee. Cincinnati, OH: WordTech Communications.

第 8 章　看得见

Bayles, D., & Orland, T.（1993）. Art &fear. Santa Barbara, CA: Capra Press.

Diaz, A.（1992）. Freeing the creative spirit. San Francisco, CA: Harper.

Field, J.（1957）. On not being able to paint. New York: Tarcher.

Frost, S.B.(2001). Soul collage: An intuitive collage process for individuals and groups. Santa Cruz, CA: Hanford Mead Publishers.

Ganim, B., & Fox, S.（1999）. Visual journaling. Wheaton, IL: The Theosophical Publishing House.

London, P.（1989）. No more second hand art. Boston, MA: Shambhala Press.

Richards, M.C.（1962）. Centering: In pottery, poetry and the person. Middletown, CT: Wesleyan University Press.

第 9 章　动起来

Anderson, B.（2000）. Stretching（rev. ed.）. Bolinas, CA: Shelter Publications.

Caldwell, C.（1996）. Getting our bodies back. Boston, MA: Shambahala Press.

Cope, S.（1999）. Yoga and the quest for the true self. New York: Bantam Books.

Faulds, R.（2005）. Kripalu yoga: A guide to practice on and off the mat. New York: Bantam Books.

Heckler-Strozzi, R.（1993）. The anatomy of change. Berkeley, CA: North Atlantic Books.

Heckler-Strozzi, R.（2007）. The leadership dojo. Berkeley, CA: Frog, Ltd.

Howard, P.J.(2006). The owners manual for the brain(3rd ed.). Austin, TX: Bard Press.

Schiffmann, E.（1996）. Yoga, the spirit and practice of moving into stillness. New York: Pocket Books.

第 10 章　实地调查与试验

第 11 章　举行仪式

Imber-Black, E., & Roberts, J.（1992）. Rituals in our times: Celebratingy healing, and changing our lives and our relationships. New York: HarperCollins.

建议使用的美术材料

以下是我们最喜欢使用的美术材料清单，客户也常常乐在其中。你可以从清单中选择一些基本物品使用，也可以根据需求增加其他更多东西。

- ❑ 水彩蜡笔
- ❑ 油画棒
- ❑ 彩色马克笔（细笔、粗笔）
- ❑ 彩色铅笔
- ❑ 彩色圆珠笔
- ❑ 蜡笔
- ❑ 蛋彩颜料
- ❑ 水彩颜料盒
- ❑ 各种尺寸的画笔
- ❑ 便利贴
- ❑ 闪光胶水
- ❑ 各种尺寸的画纸和画板
- ❑ 用于剪贴画的杂志
- ❑ 废纸板
- ❑ 剪刀
- ❑ 透明胶带
- ❑ 美纹胶带
- ❑ 订书机
- ❑ 胶水（Elmer’s 品牌产品，橡皮胶水，固体胶水）
- ❑ 塑型黏土
- ❑ 毛根
- ❑ 纸巾
- ❑ 湿纸巾

第 14 章　练习场景的操作性建议

场景一

你正在为斯蒂夫提供教练服务，原因是他的压力过大，正苦苦支撑着自己的工作项目。他的问题之一就是解决各种关键的工作时限问题。斯蒂夫说："我觉得简直要招架不住了。我的胃在翻腾，头都要爆了。我不知道将怎样如期完成工作。"

建议

斯蒂夫采用的语言是动觉类型，聚焦于情感和身体感知。他听起来也很紧张，因此最开始可以采用他自己的主要模式开展教练活动：身体意识。你可以向他建议一种关于身体智慧的练习，也可以合并使用一个有关身体意识的引导式图像练习。之后，验证他是否做出了假设，认为所有的工作时限都是同等重要并且都是不可协商改变的，或者觉得自己无法与能提供帮助的人沟通自己的困境以获得支援。通过这种方式，帮他改变思维。斯蒂夫可能还需要学会一些特定的技能，例如，和他人分享相关信息或共同设计项目方案以利于项目的管理。另一个可能的选择是建议他进行一些现场调研，和一些成功的项目经理交流，了解他们是如何处理相同或类似问题的。与此同时，如果这看起来是问题的一部分，那么这可以帮助斯蒂夫学习如何将项目分解成可操作的步骤。

我们会建议的练习包括：

9.3　身体扫描

9.5　保持中正

6.2　对基本规则的干预

5.2　践行理论干预法

10.6　天赋评估：访谈朋友和同事

7.3　项目完成的踏脚石

场景二

你和一位经理建立了教练关系，他对手下一名雇员的表现非常挑剔。他似乎都无法克制自己的失望感，和这个雇员进行一次有效的谈话。客户说："我简直对我的助手失望透顶，以至于怒火中烧。我总是控制不住要发火。我甚至没法坐下来和他心平气和地谈一谈。”

建议

既然这位经理为自己愤怒的情绪所牵制，我们的起步可以从探索这种愤怒着手。能想到三种可能性：①创造一个图像或者黏土雕塑来代表他的愤怒，然后就这个雕塑进行一些反思性书面表达（让雕塑和他对话）；②采用身体意识练习，更加清晰地定义他的愤怒存在于身体的什么部位，以什么方式存在，与愤怒建立身体联系并从中获得深刻见解；③把这种愤怒当成一个“敏感话题”（hot button）处理，识别分析具体的情况，如助理激怒经理的行为。根据客户的偏好及可用的时间和精力，我们建议使用以上一种或全部三种练习。然后进行左手栏案例练习，通过练习，你和经理一起探索在一场他与助理发生过的或者想象中将发生的对话背后所隐含的思维模式，这有助于进一步解除那些阻碍他和助理进行有意义沟通的思维和假设。最后再进行角色扮演，演练经理打算和助理发生的谈话，这将是帮助他将提升了的意识转化成行为的重要部分。

我们会建议的练习包括：

8.3 塑造你的现实

9.3 身体扫描

9.8 身体塑像

5.1 敏感话题

7.11 寄出的信件和未寄出的信件

5.3 左手栏案例法

6.6 角色扮演

场景三

你正在为詹娜提供教练服务，她总是抱怨时间不够，自己被各种任务和责任弄得不堪重负。但是她还一直在接受新的项目。詹娜说：“我当然想让自己所做的一切都能最好。可我不能做到面面俱到，这种感觉就像总有东西从满满的货车里掉下来，而我又在不停地把新的东西加进去。帮帮我！”

当你询问她，如果可以选择，她准备放弃货车里的那些东西来为想加进去的东西腾出位置时，她又答不上来。

建议

詹娜表达了一个非常强大、视觉效果明显的隐喻。我们会建议从探索这个隐喻开始，最好邀请詹娜画出或者创做出这个隐喻，这样她可以和所有她正在“堆积”的对象产生更多的接触。合适的启动方式可以是针对她的小车进行一次引导式图像练习，然后让她用某种方式将小车创做出来。接着詹娜可以进行一段时间的自我观察，关注自己对时间的安排，所做的事情是否以及如何关联到自己的优先考虑事项。当然，如果詹娜并不清楚自己的指导目的，她可能很难辨别自己想要如何安排时间。这种情况下，可能要采用一些愿景或者目标设定的活动。此外，这里可能还与创意 / 生存循环模式有着非常强烈的联系：詹娜可能出于对拒绝他人的恐惧，作为一种回避机制，会在很多情境下都说“好”来获取他人的认可，或者她的行为是拯救他人模式的一部分。因此一些基于创意–生存循环对比和戏剧三角形的深入性探索工作可能特别有效。

我们会建议的练习包括：

6.8 引导式图像练习

8.1 这个或那个：比较和对照

8.8 对比体验

10.3 关注并追踪你的行为

8.7 愿景拼贴画

7.6 创建愿景

7.2 阐明目的和目标

11.2 固化意向

5.5 创意 / 生存循环练习

场景四

你客户的公司刚刚与另一家公司合并。他的部门将迎来一位来自另一家公司的新领导，但是团队成员被完整地保留了下来。大家对从外部空降一名新领导觉得很不情愿。客户希望你能帮他和团队克服他们的沮丧和埋怨心理，为新领导履任后的协同工作建立基础。

建议

假设整个团队同意与你建立合作，由你担任这个小型团队的教练，我们认为有效的第一步是询问一系列问题来确定他们准确的感受和想法。我们会采用群体提问的形式进行，这样每个成员都能更加全面的了解他人的想法和感受。似乎大部分团队成员对新的领导及他到来后的情境做出了很多假设。确认这些假设并将它们和单边控制或者求存性思维的模式关联起来，这种方式可能有效果。此外，建立团队共事的时间线，突出强调团队共有的重要时刻和取得的成就，也会让他们受益。一旦团队对现实有了部分认识，我们会鼓励他们实施一个过渡仪式。这将帮助他们庆祝曾并肩努力的过去，识别他们可以继续打造的团队力量，承认一个新的未来即将拉开序幕。

我们会建议的练习包括：

6.4 打开心门：反思性问题

6.5 讲故事

6.2 对基本规则的干预

5.2 践行理论干预法

5.5 创意 / 生存循环练习

11.3 过渡仪式

场景五

你和所在社区的一个非营利组织的董事会建立了教练关系。在董事会战略规划静修会上，团队成员为来年规划了两个重大项目。但是静修会之后，他们的资金急剧减少。团队达成一致，认为与其同时进行两个限制版本的项目，不如集中资源实施一个项目。然而，成员们却因为选择哪一个项目而分为两派，各持己见。

建议

我们认为这种情境需要团队成员更清楚自己的利益是什么，建立对他人需求和利益的同理心。根据我们的经验，让人们花一些时间去思考对他们最重要的方面是什么，然后再和他人分享自己的想法，这种方法会有帮助。同时在这个情形下，更要强调“关注利益而不是立场”的基本规则。理想情况下，团队能形成一个或更多个解决方案，满足大部分的团队利益。这有助于让团队回顾他们的成功和成绩，追溯并聚焦让他们实现这些目标的才能。然后，人们可以将关注点集中在他们能创造出什么，而不是与对方的冲突上。

我们会建议的练习包括：

7.7　日志：来自无意识智慧的指导

12.2　成功和成果清单

7.5　你和我：矛盾关系中的异同

7.1　制定决策标准

6.2　对基本规则的干预

7.2　阐明目的和目标

场景六

你的客户本认为，公司董事会已经采取了好几个行动来削减他的权力。他正在考虑是否要采取行动处理这种状态，该如何处理，以及是否要找份新工作。本说："当我一想到要和董事长去聊聊时，千言万语的洪流就会涌上心头。我无法选出最佳的策略。"

建议

本使用语言和视觉表达的方式描述了他内心的体会，因此我们可以从让他描述这个语言的洪流开始。因为他说很难在脑子里理顺语言，可能更有效的做法是让本写出这些词语。我们也可以基于他的"洪流"隐喻开展工作，帮助他在两个画面间进行对比，一个是由零散语言构成的洪流画面，另一个是由清晰信息构成的洪流画面。本似乎在权力和控制方面有些问题。所谓"削权"可能是真实的，也可能是他自己认为的，我们觉得帮助本明晰这个问题非常重要。如果他愿意思考自己的心智模式对问题的发生所产生的作用，最终确定哪种策略最符合交互学习的模式，这将对他很有帮助。他也暗示了可能想寻找新工作，这是一个很关键的创意 / 生存选择。他考虑重新找工作是为了逃避解决与董事会间的难题，还是因为他有了新的愿景，在不同的岗位可能实现自己的渴望、做出更多成绩。我们会倾向于帮助本解决这些深层次的问题。一旦他清楚自己想和董事会沟通的内容，提前和他就这场谈话进行角色扮演，这种演练可能发挥很好的作用。

我们会建议的练习包括：

6.7　创建隐喻

5.4　内心的故事

7.8　任务：主题日志

7.10　剧本：明确想象的谈话和回想的谈话

8.8　对比体验

8.5 镜像绘画

5.2 践行理论干预法

5.3 左手栏案例法

5.5 创意 / 生存循环练习

简致咨询简介

简致咨询（**K.S Consulting**）是2013年成立的一家具有国际视野的中国本土咨询机构，目前在中国香港设立了研究中心，在广州设立了办公室。公司的创始团队包括前企业高管、资深引导师、教练和培训师，项目服务团队则整合了美国、新加坡、中国香港、中国台湾和中国大陆地区的资深教练和引导师，致力于协助组织直面经营挑战，并在专研组织发展相关专业技术的基础上，为企业提供独具特色的领导力发展和组织发展专业服务。我们相信，企业内的群体研讨能够有效打破边界，发现创新/优化机会，为组织澄清战略方向，创造组织协同并增强执行承诺，是企业经营、组织发展和人才发展的核心支点。因此，我们致力于在实践场景中研究探询式对话技术（Inquiring Dialogue Technology），协助企业直面经营和领导力方面的挑战，推动组织的健康成长。

- 愿景：成为受人尊敬的专业咨询机构
- 使命：透过改善团队表现，促进组织提升效能
- 价值观：真诚、协作、担当
- 行为准则：直面沟通、互相支持、善尽职责

简致咨询围绕专业定位和产品模型，打造了五类不同焦点而又相辅相成的专业服务品牌，简述如下：

- 酷盈™：经营加速器，经营绩效提升专业服务

酷盈™经营加速器是指专为独立绩效单元（事业部/经营团队）提供的指向经营绩效提升的专业服务，从企业战略规划、营销策略创建到持续性的绩效改进都涵盖在经营加速器的专业服务范围内。服务形态则涵盖了独立的工作坊和完整的绩效干预项目，根据企业实际需求而定。主要产品有“共创式战略规划工作坊™”及延伸性项目、“营销策略共识创建工作坊™”及延伸性项目和“绩效改进行动学习工作坊™”及延伸性项目。

- 迭变™：组织发展专业服务

迭变™是组织发展顾问服务品牌。随着外界环境的剧烈变化，组织的变革（包括战略转型、架构调整、流程优化）与发展变得越来越重要。组织发展专业服务致力于为企业提供组织有效性方面的诊断和干预，协助企业解决变革难题，提升组织的健康程度以支撑企业的快速成长。服务内容包括：对组织有效性进行诊断，基于结果而提供个性化干预以促进组织发展的专业服务（诊断式 OD 服务）；提供聚焦 OD 的各类对话式群体教练专业服务（对话式 OD 服务）。

- 思尊斯™：领导力发展的整体解决方案

思尊斯（Strength）™是领导力发展品牌，主要目的是协助组织培养足够数量的、满足业务发展需要的领导者。我们有标准化的版权课程来迅速提升领导者的特定技能，也能够根据企业的需要定制完整的领导者和领导力发展解决方案。主要产品系列包含国际版权/原创版权课程、涵盖高/中/基层的分层人才发展与继任计划和针对中高层领导者的领导力发展整体解决方案。

- 见教™：一对一高管教练服务

见教™是高管教练品牌，专门为企业家、企业高管和创业者提供一对一的高管教练服务。高管教练的本质是帮助组织的高级领导者解决经营/管理上的两难困境，推动领导者直接将学习转化为组织的绩效结果。见教™平台上的内部教练和签约教练大多拥有大型组织的高管工作经历，并具备丰富的教练实践经验。可分为企业家/高管的生活教练和创业者的商业模式教练两大类。

- 智询™：群体与团队教练服务

智询™是群体和团队教练品牌，专门为企业家群体（如私董会、商业联合会等）、高管团队和创业型团队提供专业教练服务。针对群体和团队的教练主要能够帮助团队中的个体成员增强个人贡献，以及与团队一起帮助成员高效利用资源从而提升团队的有效性。简致咨询的教练队伍在引领团队解决实际问题并促进团队学习方面具备专业素养和丰富的实战经验。服务对象包含高级领导团队（CEO 及其团队）、私人董事会和创业团队（创始人及创业团队）。

电话：020-37889550

地址：广州市珠江新城富力盈丰大厦北塔 A 座 2401

邮编：510000

官网：www.jzlearning.com

五学社，是一个由简致咨询发起的互助型专业成长社区。关注五大专业主题：组织发展、领导力发展、群体与团队教练、高管教练和团队引导。

本书译者简介

邝耀均　具有 10 年的咨询行业专业经验，在过程咨询、行动学习、群体教练、团队引导等组织发展和领导力发展的专业领域具备扎实的理论功底，超过 500 小时的群体教练经验和大量的企业项目实操经验，为企业组织的领导力发展、人才培养、组织变革、战略共识达成、绩效改进等关键任务提供专业支持。具备 WIAL（国际行动学习协会）的行动学习教练认证导师资格以及新加坡 Inquiring Dialogue 的“提问的力量”认证导师资格，也是美国 Emergenetics International 和 Center for Positive Change 的认证执行师。

生　娜　具有超过 10 年的咨询培训行业经验，经历过从 HR 到外部讲师、外部教练的转型。致力于提高团队协作和效能，创造深度对话，利用群体智慧解决挑战性问题，同时，对于管理者的自我认知、情绪认知、人际关系和冲突管理方面也有实践；主要的实践领域：建立高效能的团队，培养教练型领导者和新任管理者的领导力发展。她是美国 Persona 公司 Leadership 版权课认证讲师、美国 NASA 4D 卓越团队系统认证教练和加拿大埃里克森学院认证专业教练。

吴　娟　从事人力资源管理工作 14 年，具有多年团队学习教练和领导力教练经验。曾为多家企业提供人力资源咨询服务，项目涵盖组织变革、人才管理体系搭建、人才盘点等。历任上市公司人力资源总监、总裁办主任。负责公司战略人力资源管理、人力资源策略制定及实施、组织建设、组织效能提升、文化建设，以及推动组织变革、落地战略、组织制定经营规划并跟进实施等工作。是 WIAL 国际行动学习受训教练、DDI 能力工作坊受训导师、北大应用心理学在职研究生、国家二级心理咨询师。

本书审校者简介

王小红 具有20多年知名快消品企业任职经验。从一线销售成长为营销副总裁、CEO。创立有商贸公司和咨询公司。在市场营销、战略管理等领域具有丰富实践经验。获得工商管理硕士学位后转型为私董会教练、高管和团队教练、组织发展顾问。曾多方面学习相关方法论及技术并获得多项认证。是WIAL行动学习认证教练、埃里克森学院认证专业教练；中山大学黄埔私人董事会教练团团长、美国NASA 4D卓越团队系统认证教练；The Heart of Coaching伙伴教练认证引导师；AACTP国际注册培训师；领越领导力认证讲师。中科院心理研究所博士方向研修课程在读。

高牵牛 从事企业管理实战20年、企业教练12年实践，带领过30多个企业教练团队；致力于提高团队协作和效能，创造深度对话，利用群体智慧解决挑战性问题，同时，支持管理者自我认知、情绪认知、人际关系和领导力突破；主要的咨询（授课）领域：建立高效能的团队，经理人的教练技术和管理者的领导力发展，行动学习，私董会，引导组织变革。是中科院心理研究所博士研究生、中国首批认证训导师、中华大地之星优秀教练师百家名师、生成式企业教练创始人、加拿大埃里克森学院认证教练、NLP高级执行师。